마음의 탄생

마음의 탄생

말, 앎, 마음

김명석 지음

도서출판 겸

내 글을 무척 좋아했던
옛친구 공지혜에게
미안함과 고마움을 담아
이 책을 바칩니다.

목차

생각, 말, 뜻, 참, 앎,
마음은 무엇인가?

철학은 오랫동안 이 물음을 묻고 또 물었다. 나는 이 물음이 철학 물음임을 깨달은 뒤 물리학 공부를 미루고 철학 공부를 시작했다. 거의 30년 가까이 이 물음을 물었지만 내 답변은 아직 어설프다. 내 설익은 답변을 이 책에 담으려 하는데 내가 예전에 쓴 글을 간추리고 보탰다. 이 책에는 하나 마나 한 하찮은 주장과 미덥지 못한 주장이 뒤섞였다. 어느 쪽 주장이든 오랜 철학 성찰과 탐구 끝에 이르렀다.

이 책 제I부는 말과 뜻이 무엇인지를 다룬다. "나는 말한다"는 밝고 뚜렷이 참인데 이는 "나는 뜻을 드러낸다"로 달리 쓸 수 있다. 표현이 뜻을 가지려면 그 표현은 표현 바깥과 관계 맺어야 한다. 뜻은 몸속이나 머릿속에 있지 않고 내가 바깥과 접촉한 역사 안에 있다. 하지만 물리 신호, 유전자, 호르몬, 신경, 반사는 바깥을 알려주지 않는다. 나는 나 혼자 힘으로 바깥을 알 수 없으며 다만 다른 이의 도움으로 바깥을 알 수 있다. 내가 뜻을 갖고 말하는 과정은 자연 과정이라기보다 말길 과정이다. 말길 또는 논리는 자연 세계에 난 길이 아니라 해석 세계에 난 길이다.

그다음 나는 앎이 무엇이며 이 앎으로 드러난 세계의 모습이 어떠한지를 이야기한다. 나는 앎에 이르는 길을 크게 세 가지로 나누는데 그것은 추론, 측정, 해석이다. 추론은 모든 과학의 공통 방법이고, 측정은 자연과학의 고유 방법이며, 해석은 인문사회과학의 고유 방법이다. 측정의 방법으로 앎을 얻으면 세계는 코스모스로 드러나지만, 해석의 방법으로 앎을 얻으면 세계는 코뮌으로 드러난다. 측정을 이끄는 원리는 한결의 원리고 해석을 이끄는 원리는 사랑의 원리다. 나는 제II부에서 한결, 측정, 자연과학, 코스모스의 관계를 다룬 뒤 사랑, 해석, 인문사회과학, 코뮌의 관계를 이야기할 테다.

마지막 제III부는 마음이 무엇인지를 이야기한다. 내 몸은 코스모스 안에서만 테두리지을 수 있고 내 마음은 코뮌 안에서만 테두리지을 수 있다. 이 때문에 내 마음이 내 몸 안에 있다는 생각을 버려야 한다. 또한 어머니 뱃속에서 내 몸과 함께 내 마음이 생긴다고 생각해서도 안 된다. 나는 처음에 마음 없는 짐승으로 태어나지만 다른 이의 사랑으로 나에게 차츰 마음이 깃든다. 코뮌 안 사람들은 내 머리에 이런저런 논리 회로를 심음으로써 이런저런 명제 짜임을 믿고 바라는 이로 나를 키운다. 이렇게 짜인 내 믿음과 바람은 나의 마음을 이룬다.

코뮌 안에서 자란 나는 코뮌 안 다른 마음과 뜻을 나눈다. 뜻나눔 또는 의사소통으로 나는 코뮌의 믿음 체계와 바람 체계를 바꾸는데 이는 코뮌 자체를 조금씩 바꾸는 일이다. 이것이 생각의 역사, 뜻의 역사, 마음의 역사, 사람의 역사다.

프랑스말로 쓴 데카르트의 『방법서설』은 프랑스 철학을 열었고, 영국말로 쓴 로크의 『인간지성론』은 영국 철학을 열었으며, 독일말로 쓴 칸트의 『순수이성비판』은 독일 철학을 열었듯, 한글과 한말로 쓴 철학 고전이 나와야 비로소 한국 철학이 열린다고 나는 믿는다. 언어철학, 과학철학 및 인식론, 심리철학 탐구를 종합하는 나의 이 책은 감히 그것을 시도한다. 이 땅의 대부분 사람은, 나를 아끼고 높이 사는 철학 동료들조차도, 이 책에 담긴 내 생각을 하찮게 여기리라 예상한다. 다만 때가 한참 무르익은 나중 언젠가 나의 시도, 도전, 애쓰는 마음 자체를 누군가 귀엽게 봐주기를 바란다. 나아가 한말을 귀담아듣고 한글을 새겨읽는 몇몇 사람의 마음에 나아가 코리안 코뮌에 이 책이 뿌리내리기를 바란다.

나는 물리학 석사과정을 자퇴하고 해군 복무를 마친 뒤 제도권 학교를 영영 벗어나 섬에서 혼자 공부하려 했다. 돈을 버는 가족 2명의 갑작스러운 죽음으로 24살 청년의 무모한 꿈은 아예 접거나 미루어야 했다. 적절한 대안으로 제도권 학교에 다시 들어가 철학 강사로 일하며 청년 가장 노릇을 하려 했다. 실제로는 두 동생에게 가장의 책임을 미루었고 나는 지금 그냥 변변치 않은 철학자가 되었다. 가진 것도 없는 시골 사람이 사람 사랑과 나라 사랑에 너무 많은 시간을 쓰는 바람에, 공부가 부족해 좋은 철학 작품을 그동안 거의 남기지 못했다. 약간의 책임과 역할을 맡아도 꾸준하지 못하고 틀에 어긋나게 처신하거나 하던 일을 그만두기 일쑤였다. 내 청춘의 그 무모한 예전 꿈은 내 안에 여전히 꿈틀거리는데 다만 그 꿈이 지금 향하는 곳은 물리학 탐구에서 철학 탐구로 바뀌었다. 여러 번 계획하고 그때마다 새로 다짐했지만 뚜렷한 성과를 내지 못했다. 빼어난 철학자로 자라려 애쓰는 내 마음을 그동안 많은 분이 응원했다. 그 가운데 시영주 선배, 신오현 선생, 임헌규 선배, 이영경 선생, 박창균 선생, 박성준 선생, 이경은 학우, 김로이 원장의 사랑은 특별했다.

제 II 부

／

앎 ✳

제I부

말

;

01. 모든 말이 참이지는 않다

;

0101. 나는 말한다

철학에는 온갖 물음이 있고 이 물음에 답하는 여러 길이 있다. 철학 물음에 답하는 첫걸음은 누구나 쉽게 내디딜 수 있는 걸음이어야 한다. 만일 누구나 쉽게 걷고 따라갈 길이 아직 나지 않았다면 내가 그 길을 처음 내고 첫걸음을 내디딜 테다. 17세기의 데카르트에게 그 첫걸음은 "나는 생각한다"다. 생각하는 이는 누구나 "나는 생각한다"를 생각한다. "나는 생각한다"는 누구나 쉽게 내디딜 수 있는 첫걸음이다. 데카르트의 첫걸음은 철학의 새 길을 내었고 오늘날 우리는 그 걸음을 내딛지 않을 수 없다. 하지만 데카르트의 몇몇 걸음은 보이지 않는 걸음이며 잘 드러나지 않는 걸음이다. 생각은 잘 드러나지 않는 걸음이다. 생각은 보이지 않는 걸음이다.

다른 사람은 내가 생각하는지 안 하는지 잘 알아보지 못할 수 있다. 하지만 그는 내가 말하는지 안 하는지는 잘 알아볼 수 있다. 말이나 낱말은 생각이나 관념보다 더 잘 보이며 더 잘 드러난다. 나는 "나는 생각한다" 대신에 "나는 말한다"를 내 철학 탐구의 첫걸음으로 삼는다. "나는 말한다"는 "나는 생각한다"만큼 누구나 쉽게 내디딜 수 있는 첫걸음이다. "나는 생각한다"를 거짓이라 '생각하는' 사람이 없듯 "나는 말한다"를 거짓이라 '말하는' 사람도 없다. 나는 말한다. 나는 방금 "나는 말한다"고 목소리를 내었고 "나는 말한다"고 썼다. 놀라운 사실이 하나 더 있다. 그것은 방금 너가 "나는 말한다"를 듣고 읽었다는 사실이다.

20세기 철학자 데이빗슨은 "나는 말한다"로 철학의 길을 걸었던 이들 가운데 하나다. 데카르트는 "나는 생각한다"로부터 "나는 있다"는 생각으로 나아간다. 그는 "나는 생각하는 이로서 있다"를 철학의 바탕, 으뜸 생각, 처음 앎으로 삼는다. 그는 다른 앎들이 '생각하는 나의 있음'에서 비롯된다고 생각한다. 데이빗슨은 "나는 말한다"로부터 "너는 있다"는 말로 나아간다. 그에 따르면 말을 듣는 다른 이 또는 말하는 다른 이가 없다면 나는 말할 수 없다. 그는 철학의 바탕, 으뜸 말, 처음 앎이 여럿이라 말한다. "나는 말하는 이로서 있다"와 더불어 "너는 말을 듣는 이로서 있다"도 으뜸 말이며 처음 앎이다. 그는 '나의 말을 헤아려 듣는 너의 있음'이 다른 앎들을 떠받친다고 말한다.

0102.　사람은 뜻을 드러낸다

"나는 말한다"는 내 철학의 첫걸음이다. 요한복음은 태초에 말씀이 있었다고 쓴다. 다른 이는 태초에 '함' 또는 '행위'가 있었다고 말한다. 말함이나 표현함은 함의 일종이다. 내가 말할 때 나는 말하는 행위를 한다. 이 점에서 내 철학의 첫걸음은 행위다. 몸짓을 만드는 일, 말소리를 내는 일, 글 쓰는 일 따위는 모두 말함이다. 다른 행위가 그렇듯 말하는 행위도 세계에 변화를 낳는다. 하지만 모든 변화, 모든 바뀜, 모든 움직임이 행위이지는 않다.

　　무슨 변화, 무슨 바뀜, 무슨 움직임이 말하는 행위일 수 있는가? 그것은 뜻, 의미, 의도, 의향을 표현하는 움직임이다. 말하는 일은 뜻, 의미, 의도, 의향을 표현하는 일이다. 몸말은 몸짓으로 뜻을 표현하고, 말소리는 목소리로 뜻을 표현하며, 글은 얼룩이나 자국으로 뜻을 표현한다. 몸짓, 소리, 얼룩, 자국, 새김 따위를 통틀어 보통 "신호"라 한다. 말하는 일은 이들 신호로 뜻을 표현하는 일이다. 뜻은 무엇인가? 넓게는 행위로 표현된 무엇이다. 좁게는 말함으로써 표현된 무엇이다. 철학의 첫걸음 "나는 말한다" 안에는 '함', '말', '뜻' 따위의 엄청난 수수께끼가 담겼다.

　　자석은 물체들에 다르게 반응하고 다르게 움직인다. 오늘날 자연과학에 따르면 생물의 움직임은 무생물의 움직임과 크게 다르지 않다. 생물이 환경에 맞게 움직이고 다른 물체의 바뀜에 따라 자기도 바뀌는 일은 신비로운 일이 아니다. 생명과학은 단백질, DNA, 세포막 같은 다소 복잡한 분자들로부터 세포가 생기고, 세포들이 모여 다세포 생물이 생기고, 그로부터 영장류가 나타나는 일을 매우 설득력 있게 이야기한다. 이 이야기에 신비로움이 들어올 틈이 없다.

몇몇 생물은 손짓, 발짓, 몸짓, 눈짓 따위로 뜻을 드러낸다. 나는 '사람'을 '뜻을 드러내는 사물'로 정의한다. 말하고 표현하고 행위하는 일은 언제나 뜻을 드러내는 일이다. 나의 정의에 따르면 무엇이든 그것이 말한다면 그것은 사람이다. 무엇이든 그것이 표현한다면 그것은 사람이다. 무엇이든 그것이 행위한다면 그것은 사람이다. 뜻을 드러내는 일은 세계를 사물들로 가르고, 사물들을 몇몇 모임으로 갈래짓고, 한 모임 안 사물들 가운데서 한 사물을 가리키는 일이다. 20세기 철학자 데닛은 이 일을 할 수 있는 짐승을 "그레고리 생물"이라 했다.

만일 한 생물이 세계를 가르고 갈래짓고 가리킨다면 이것들은 뜻을 드러내는 셈이다. 하지만 가르고 갈래짓고 가리키는 일은 이 상황에서 이렇게 반응하고 저 상황에서 저렇게 반응하는 일과는 다르다. 아주 옛날 처음 자연학자들은 "자석은 마음을 지닌다"고 말했다. 오늘날 몇몇 자연과학자도 풍향계, 바이메탈, 나침반, 아메바, 해바라기 따위가 마음을 갖는다고 말한다. 그들은 해바라기가 세계 안에서 해 아닌 것과 해를 분간하고, 저기 바깥에 해가 있음을 알고, 해가 뜨면 해를 가리킨다고 말한다. 이 말은 바람이 하느님의 입김이라는 말만큼이나 어리석은 말이다.

0103.   뜻은 신호에서 비롯되지 않는다

나는 공기 안에서 숨 쉴 뿐만 아니라 공기 안에서 뜻을 나눈다. 진화의 역사 덕분에 내 몸 안에는 소리 내거나 들을 수 있는 신경회로가 설비되었다. 나는 내 목청을 떨어 공기 안에 파동을 만들고 이로써 너의 고막을 흔든다. 내가 공기에 일으킨 꼴은 내가 의도를 갖고 애써 만든 신호다. 내가 이 '의도'를 어떻게 가질 수 있었는지는 따로 나중에 길게 이야기할 테다. 그보다 먼저 '신호'를 이야기한다. 신호 또는 시그널은 모종의 차이, 변화, 바뀜, 운동, 움직임이다. 공기의 밀도 차이, 종이의 얼룩, 전류 펄스, 전자기마당의 진동은 모두 신호다. 동위원소들의 비율, 방사성 원소의 반감기, 수중 생물의 산소요구량, 나이테 따위는 자연히 생긴 차이며 자연 신호다.

　　　자연과학자는 자연히 발생한 신호를 수집하고 이를 분석함으로써 자연에 관한 사실 또는 자연에 관한 '정보'를 구성한다. 하지만 신호들의 패턴으로부터 정보를 구성하는 일은 신호 자체를 정보로 여기는 일과 구별되어야 한다. 눈에 들어온 빛알로부터 앞에 빨간 딸기가 있음을 우리가 알 수 있다는

　　　　　　　　　　제I부 말

까닭에서 "빛알은 정보다"고 말하는 이들이 있다. 나는 이와 같은 매우 느슨하고 매우 게으른 쓰임새를 반기지 않는다. 나는 표현 "정보"를 마구 쓰는 대신에 표현 "신호"를 쓴다. 신호는 그냥 차이 또는 변화다. 해석되지 않은 신호나 측정되지 않은 신호는 아직 정보가 아니다. 또한 신호 그 자체로부터는 아무것도 추론할 수 없다. 신호, 차이, 변화, 움직임은 그 자체로는 정보, 뜻, 앎을 낳지 못한다. 신호는 뜻이 아니다.

사람은 "내 눈 안으로 빛알 신호가 들어 왔다"로부터 "내 앞에 빨간 딸기가 있다"를 추론하지 않는다. 사람은 고작 100여 년 전에 비로소 세상에 빛알이 있음을 알아차렸다. 지금도 대부분 사람은 빛알이 있는지 없는지 모른 채, 자기 눈 안으로 빛알이 들어오는지 안 들어오는지 모른 채, 빛알 자체를 의식하지도 않은 채, 나아가 시각 신경이나 시각 중추에서 무슨 일이 일어나는지 모른 채 "내 앞에 빨간 딸기가 있다"는 앎을 갖는다. 사람의 이 앎을 설명하려면 사람이 표현 "내", "앞에", "빨간", "딸기가", "있다" 따위를 배우는 역사를 되돌아보아야 한다.

내 몸은 이 상황에서 이렇게 반응하고 저 상황에서 저렇게 반응한다. 아이가 한 상황에서 소리 "눈이 부시다"를 처음 듣는다면 또한 그와 비슷한 상황에서 소리 "눈이 부시다"와 비슷한 소리를 여러 번 듣는다면 아이는 그와 비슷한 상황에서 "눈이 부시다"와 비슷한 소리를 옹알이한다. 여기서 '비슷함'은 매우 중요한 요소다. 다른 누군가 아이의 이 옹알이를 강화하도록 조건화한다면, 빛알이 시신경을 자극한다는 사실을 몰라도, 그 아이는 "눈이 부시다"고 소리 낼 수 있다. "이것은 딸기다"도 마찬가지다. 내가 "내 앞에 빨간 딸기가 있다"는 앎을 갖기 전에 딸기가 놓인 공간에서 다른 누군가 나에게 "이것은 딸기다"고 말하는 역사가 선행되었다. 소리 "눈이 부시다"의 뜻과 소리 "이것은 딸기다"의 뜻은 역사에서 비롯된다. "나는 생각한다"와 "나는 말한다"는 이미 엄청난 역사를 지녔다.

0104. 뜻은 반사가 아니다

스위치를 켜면 전구에 불이 오고 스위치를 끄면 전구에 불이 꺼지도록 전기회로를 만들 수 있다. 스위치의 작동은 입력 신호고 전구의 불빛은 출력 신호다. 생물학자는 '자극'이나 '신경 촉발'을 스위치 작동과 비슷하게 여기고 생물의 반응을 전구의 불빛과 비슷하게 여긴다. 물론 전기회로는 인공 회로다. 하지만 신경계를 갖춘 생물한테는 이와 비슷한 신경 회로가 자연히 생긴다. 생물 안에 신경 회로가 생기는 신경생리 과정은 오늘날 충분히 연구되었다. 특정 신경 회로를 갖추지 못한 생물이 자연환경 안에서 자연히 도태된다면 그 신경 회로를 우연히 갖춘 생물만이 살아남을 테다.

　　우리가 손으로 뜨거운 것을 만지면 곧장 손을 떼는데 이는 반사 반응이다. 반사는 말하자면 생물의 신경 회로다. 유전, 수정 이후 학습, 출산 이후 학습 과정을 거쳐 온갖 신경 회로가 생물한테 생긴다. 타고난 신경 회로는 무조건반사고 태어난 뒤 새로 생긴 신경 회로는 조건반사다. 초식 동물은 대체로 먹는 풀과 못 먹는 풀을 가리는 반사 능력을 지닌다. 못 먹는 풀을 가릴 수 없다면 그 짐승은 살아남을 수 없다. 이를 가리는 일은 유전자 차원에서 진행된다. 특정 풀을 피하도록 조정하는 유전자를 가진 짐승은 세대를 거듭하면서 살아남고 그렇지 못한 짐승은 차츰 사라진다. 일부 반사 능력은 어미나 아비로부터 배우는데 사실 배움조차도 유전자에 크게 빚진다.

콰인은 사람의 말함이 먹는 풀과 못 먹는 풀을 가리는 일과 비슷하다고 주장한다. 나아가 사람의 말은 개미의 페로몬, 벌의 춤, 새소리, 개 짖는 소리, 원숭이 울음과 비슷하다. 그에게 말함, 뜻함, 표현함은 생물의 반사 반응에 지나지 않는다. 실제로 한 상황에서 소리 "눈이 부시다"를 처음 들은 아이가 비슷한 상황에서 "눈이 부시다"와 비슷한 소리를 옹알이하는 일도 반사의 일종이다. 무조건반사와 조건반사는 진화의 역사에서 비롯된다. 만일 뜻이 역사에서 비롯된다면 그 역사는 반사의 역사, 진화의 역사, 자연의 역사인가? 하지만 반사만으로는 뜻이 생기지 않는다. 뜻이 생기려면 다른 역사가 있어야 한다. 나는 그 역사가 무엇인지 차근차근 드러낼 테다.

해바라기가 해 쪽으로 굽는 까닭은 식물의 줄기 안으로 들어온 빛알에 따라 줄기 안에 있던 호르몬 옥신이 해 반대쪽으로 쏠리기 때문이다. 옥신은 식물의 생장을 촉진하는데 옥신이 줄기의 한쪽으로 쏠리면 그쪽 줄기가 늘어나고 그 결과 해바라기 줄기가 해 쪽으로 굽는다. 해바라기의 움직임은 빛알과 옥신의 상호작용으로 잘 기술될 수 있다. 이에 자신감을 얻어 자연과학자는 사람의 앎, 가리킴, 갈래짓기, 뜻함, 말함까지도 그 사람 몸 안 호르몬, 신경전달물질, 신경회로로 모두 기술될 수 있다고 믿는다. 하지만 앎, 가리킴, 갈래짓기는 호르몬, 신경전달물질, 신경회로의 활동이 아니라 생물의 반응을 기술하는 과학자의 활동이다.

옥신은 세계 안에서 해 아닌 것과 해를 분간하지 않으며, 저기 바깥에 해가 있음을 알지 못하고, 해를 가리키지 못한다. 마찬가지로 옥신은 빛알을 알지 못하고 그것을 가리키지 못한다. 이를 보건대 해바라기가 해 쪽으로 굽는 일 자체에는 앎, 가리킴, 갈래짓기, 뜻함, 말함이 개입되지 않는다. 사실 해가 없더라도 밝은 전등이 있다면 해바라기는 그쪽으로 굽는다. 사람이 제대로 아는지 잘못 아는지, 제대로 가리키는지 잘못 가리키는지를 따지려면, 우리는 신경 회로 바깥의 사물 나아가 몸 바깥의 사물을 언급해야 한다.

오늘날 자연과학자는 생물 개체, 그 개체 바깥에 놓인 사물, 그 사물로부터 그 개체 안으로 들어가는 기체 분자, 그 기체 분자가 개체의 감각기관에 일으킨 자극 입력, 그 개체 안에 설비된 신경 회로, 그 개체의 반응을 객관 그림으로 제시한다. 그가 이 그림을 그릴 수 있는 까닭은 그가 이미 세계를 여러 사물로 가르고 갈래짓고 가리킬 수 있기 때문이다. 그 자연과학자는 이미 말할 수 있는 존재며 뜻을 드러내는 존재다. 뜻이 무엇이냐는 물음에 더 철저히 답하려면 세계를 여러 사물로 가르고 갈래짓고 가리키는 일 자체를 더 철저히 따져야 한다. 이를 따지는 일은 자연과학자의 일이라기보다 인문사회과학자의 일이며 철학자의 일이다.

0105. 생물에게 바깥은 흐릿하다

19세기 생리학자 이반 세체노프는 몸뿐만 아니라 마음도 기계장치라 생각하고 사람의 모든 감정과 행동이 반사 현상이라 주장했다. 그는 물리학자들이 물체의 낙하 운동을 거의 완전히 이해했듯 언젠가 생리학자들도 두뇌 현상을 비슷한 방법으로 완전히 이해하리라 믿었다. 이에 크게 영향받은 생리학자 이반 파블로프는 개의 신경계가 소화, 심장박동, 혈압을 어떻게 조절하는지를 알아내는 실험을 줄곧 했다. 음식이 입에 들어오기도 전에 침이 나오는 일은 누구나 겪는 일인데 그는 이 일을 "심리 분비"라 했다. 그는 이것이 태어난 뒤 겪는 환경 조건 때문에 생긴 반사 반응이라 생각하고 이를 밝히는 실험을 되풀이했다.

　　　　종소리가 울린 뒤에 음식을 주면 개는 종소리가 울린 뒤 곧바로 침을 흘리도록 조건화할 수 있다. 파블로프는 반짝 빛을 보면 침을 흘리도록 개를 훈련했다. 그다음 반짝 빛이 비치고 3분 뒤에 먹이 주는 일을 되풀이했다. 그랬더니 개는 반짝 빛을 보고 3분 뒤에 침을 흘렸다. 조건반사를 형성하는 조건은 정확히 무엇인가? 생리학자는 개 바깥으로 나가서 종의 소리나 전등의 빛에 개의 반응이 조건화되었다고 말한다. 하지만 조건반사를 형성하는 실제 사건은 사실상 개의 신경 체계 안으로 들어온 전체 신경 생리 사건이다. 파블로프는 이미 실험에서 사람, 장소, 잡음, 진동, 그림자까지 개의 반응에 영향을 끼치며 다른 실험 결과를 내었음을 보고했다.

옥신이 바깥을 알려주지 않듯 신경 체계 안으로 들어오는 전자기파, 음파, 분자, 압력 따위 신호도 바깥을 알려주지 않는다. 아이가 "눈이 부시다"와 비슷한 소리를 옹알이하도록 조건화할 때 아이가 조건화된 상황은 아이가 놓인 당시의 전체 배경 상황이거나 아이를 자극한 당시의 전체 신경 생리 사건이다. 마찬가지로 아이가 "이것은 딸기다"와 비슷한 소리를 옹알이하도록 조건화할 때 아이가 조건화된 상황은 아이가 놓인 당시의 전체 배경 상황이거나 아이를 자극한 당시의 전체 신경 생리 사건이다. 그것이 아이 몸 바깥에 놓인 딸기라고 말하는 일은 신경생리학의 추론을 넘어서는 일이다. 반사는 바깥을 알려주지 않는다.

소들은 서로 유전자를 공유하기에 대체로 먹는 풀과 못 먹는 풀을 가릴 수 있다. 콰인은 생물이 비슷한 뜻으로 말을 나누려면 그 생물이 유전자를 공유해야 한다고 결론 내린다. 개별 생물들이 계통을 공유하면 이들은 자연히 유전자를 공유한다. 하지만 개별 생물들이 유전자를 공유하는 일만으로 그들이 환경에 제대로 적응할 수는 없다. 한 생물이 놓인 환경과 다른 생물이 놓인 환경이 비슷하지 않다면 두 생물의 움직임은 다른 생존 결과를 낼 수 있다. 콰인은 유전자와 계통의 공유뿐만 아니라 당연히 환경의 공유도 인정해야 했다. 마침내 그는 아이가 어른의 말을 배울 수 있고, 사람이 서로 의사소통할 수 있고, 학문할 수 있는 것도 사람이 비슷한 환경 안에서 진화의 역사를 공유하기 때문이라 결론 내린다.

　　　몸 안의 신경 생리 사건만으로 그 사건을 일으킨 몸 바깥 상황을 역추적할 수는 없다. 따라서 만일 생물의 반응이 몸 전반에서 일어난 신경 생리 사건에 조건화된다면 그 생물에게 바깥 환경은 이 사물과 저 사물로 개별화된 세계가 아니다. 뜻, 말, 말함이 이루어지려면 당연히 바깥 환경이 있어야 한다. 하지만 콰인에게 그 바깥 환경은 그냥 막연하고 흐릿한 배경이며 무질서한 세계다. 그가 그린 바깥 환경은 황량한 사막, 적막한 우주 공간, 망망대해와 비슷하다. 거기에 비슷한 유전구조를 지닌 사람들이 각자 따로따로 서 있고, 유랑하고, 표류한다. 먼지와 가스와 전자기파가 그들의 피부에 일제히 휘몰아친다.

　　　콰인의 주체는 본디 고독한 주체다. 그에 따르면 한 사람이 말할 수 있기까지 다른 사람의 도움이 필요하지는 않다. 사람을 강제하는 흐릿한 바깥 환경만으로 사람은 말하고 생각하는 이로 자랄 수 있다. 사람들은 환경 및 유전자를 공유하기에 한 사람은 다른 사람과 의사소통할 수 있고 환경에 어울리는 비슷한 이야기를 지어낼 수 있다. 진화와 반사의 역사를 거쳐 사람이 일단 말을 배운 뒤에는 사람은 온갖 사물을 이야기한다. 사람은 돌, 막대기, 눈, 귀, 알갱이, 빛알, 자극, 신경세포, 신경전달물질, 호르몬, 유전자 따위가 있다고 말한다. 콰인은 "자극에서 과학까지"를 이 같은 방식으로 설명한다. 하지만 그는 과학 문장에 나오는 사물들이 '실재'라고 생각하지는 않는다. 그것들은 말의 무대에 등장하는 배우들일 뿐이다.

0106. 뜻은 사람과 사람 사이에서 생긴다

아무도 제 홀로 말할 수는 없다. 16세기 인도 무굴 제국의 악바르 대제는 1560년 무렵 매우 끔찍한 실험을 했다. 아이들이 저절로 말할 수 있는지 없는지 알아보려는 실험이다. 악바르는 서른 명의 갓난아기들을 '벙어리 집'에 모아 사람의 말을 가르치지 않은 채 키웠다. 그는 그 아이들이 저절로 자기 나랏말을 하리라 바랐지만 아이들 가운데 말할 수 있는 이는 아무도 없었다. 이 아이들이 어른이 될 때까지 기다리더라도 말하는 사람이 저절로 생기지는 않을 테다. 이 아이들의 무리가 몇 세대를 거쳐 생존하면 이들 가운데 말하는 이가 나타날까?

아이는 복잡한 소리를 내는 잠재능력을 지닌 채 태어난다. 태어난 다음 옹알이하면서 어머니와 아버지의 목소리를 흉내 낸다. 이로써 아이는 뜻을 지니고 다른 이와 뜻을 나눈다. 콰인에게 '뜻을 나눔'은 '비슷한 반사 능력을 지니는 일'이다. 이 일은 유전자의 공유에서 비롯된다. 콰인에게 유전자의 공유는 '미리 맞추어진 어울림'이며 '예정 조화'다. 이 예정 조화는 자연도태의 역사를 거쳐 마련되었다. 하지만 자연도태와 반사의 역사로 설명할 수 있는 것은 다만 아이의 목소리 흉내 내기 능력까지다. 앵무새의 경우를 보건대 목소리를 흉내 내는 능력과 말하는 능력은 매우 다르다.

호모 사피엔스의 이이는 어디에 사는 누구의 아이든, 그를 과학자로 키우면 과학자가 되고, 예술가로 키우면 예술가가 되고, 공학자로 키우면 공학자가 된다. 이런 일의 바탕에 당연히 호모 사피엔스의 유전자가 있다. 하지만 이것이 다가 아니다. 우리는 아이에게 말을 가르친다. 악바르의 실험이 말해주듯 유전자는 골과 뼈와 힘줄과 힘살을 만들고 허파와 목청과 입을 만들 뿐 말 그 자체를 만들지 못한다. 목소리를 내고 흉내 낼 수 있는 유전자를 갖춘 일은 어쨌든 진화의 역사에서 비롯된다. 하지만 목소리는 저절로 말소리가 되지 않는다. "나는 말한다"고 말하는 사람이 이 세계에 나타났기에 첫 사람이 나타나는 사건도 세계 안에서 벌어졌다. 하지만 만일 이 사건을 다시금 자연의 역사 안에 넣는다면 '뜻'은 사라지고 '소리'만 남을 테다. 뜻은 어디에서 비롯되는가?

소리 "이것은 딸기다"가 아이의 몸 안 신경 생리 사건에 조건화되더라도 이 소리가 곧바로 뜻을 지니지는 않는다. 그 소리가 바깥 사물 딸기에 대해 말하는 일이 되려면 그 소리가 바깥 사물 딸기와 조건화되도록 만드는 이가 있어야 한다. 아이의 반응이 아이 몸 바깥에 놓인 사물 딸기에 조건화되었다고 말하는 일은 이미 말을 배운 어른의 일이다. 말을 가르치는 사람은 자기 바깥에 딸기가 있음을 믿고 이 딸기가 아이 몸 바깥에 있음도 믿는다. 그는 아이의 옹알이 "이것은 딸기다"가 바깥 사물 딸기에 조건화되기를 바란다. 그는 애써 딸기를 밝은 곳에 두어 돋보이게 하고, 손가락으로 딸기를 가리키고, 아이 눈앞에서 딸기를 흔들고, 소리 "딸기"를 거듭한다. 이처럼 소리 "이것은 딸기다"가 뜻을 얻는 역사에는 반드시 바깥 사물이 있음을 믿는 이가 참여한다. 그는 뿌옇고 흐릿한 바깥 환경 속에서 사물을 헤아려 알아보고 그 사물을 공통의 공간에 자리매김한다. 객관 사물이 사람과 사람 사이의 공통 공간에 놓이듯 뜻도 사람과 사람 사이에서 생긴다.

0107.   뜻은 문장에 실린다

"나는 말한다"는 문장이다. 나는 문장을 말한다. 콰인은 사람이 문장을 소리 내는 일이 짐승의 울음과 비슷하다고 주장한다. 달리 말해 짐승의 울음은 문장의 발화다. 그는 왜 "야옹", "멍멍", "꺄악" 같은 짐승의 소리를 문장의 발화라 주장하는가?

그것은 뜻이 담기는 기본 단위가 문장이기 때문이다. 하지만 문장은 무엇인가? 우리가 주어진 표현이 문장인지 문장이 아닌지 곧장 알아챌 수는 없다. 나중에 말하겠지만 사람은 가장 바탕이 되는 문장을 먼저 배운다. 그것은 "응"과 "아니"다. "응"과 "아니"는 문장의 바탕일 뿐만 아니라 말의 바탕이며 나아가 뜻, 앎, 마음의 바탕이다.

　　　　한 소리가 문장의 발화면 그 소리는 뜻을 지닌다. 일단 한 소리가 뜻을 지니면 그 소리의 토막도 뜻을 지닌다. 한 얼룩이나 자국이 문장외 기제면 그 사국은 뜻을 지닌다. 일단 한 자국이 뜻을 지니면 그 자국의 토막도 뜻을 지닌다. 한 몸짓이 문장의 표현이면 그 몸짓은 뜻을 지닌다. 일단 한 몸짓이 뜻을 지니면 그 몸짓의 토막도 뜻을 지닌다. 따라서 새소리든 짖는 소리든 울음이든 그것이 뜻을 담으려면 그것은 문장을 표현하거나 문장의 부분을 표현해야 한다.

　　　　문장은 나름의 내용 또는 뜻을 표현한다. 만일 짐승의 행동 신호나 소리 신호가 문장의 출력이면 그들의 문장은 무엇을 표현하는가? 그 문장의 내용 또는 뜻은 무엇인가? 콰인에 따르면 그 문장의 뜻은 짐승의 출력 신호를 일으키는 무엇이다. 그것은 신경 말초에서 생긴 자극작용인데 콰인은 이를 "신경유입"이라 했다. 신경유입은 말초 신경 전체에서 벌어지는 살갗 전반 사건이다. 콰인은 짐승이 소리를 지르도록 부추기는 살갗 전반의 신경 유입 사건을 그 소리의 "자극의미"라 했다. 그에게 짐승 소리의 뜻은 그 소리가 곧바로 관계하는 신경 사건이다.

콰인에게 소리 "이것은 딸기다"의 뜻은 이 소리를 내도록 하는 살갗 전반의 신경 유입이다. 이른바 '의미의 내부주의'는 문장의 뜻을 이같이 이해한다. 이 견해에 따르면 뜻은 짐승의 몸 안에 있다. 만일 소리 "이것은 딸기다"의 뜻이 내 몸 안에 있다면 소리 "이것은 딸기다"는 바깥 사물 딸기에 관한 반응일 수 없다. 콰인의 자극의미는 서로 나눌 수 있는 '뜻'이 아니다. 서로 나눌 수 있는 뜻은 사람과 사람 사이에서 생긴다. 나의 신경 사건은 내 몸 안에 있지만 나의 뜻은 내 몸 안에 있지 않다. 나는 의미의 내부주의를 받아들이지 않고 오히려 의미의 외부주의를 받아들인다.

뜻이 몸 안에 있는지 몸 바깥에 있는지를 제대로 따질 수 있는 길이 있을까? 뜻을 탐구하는 두 가지 길이 있다. 하나는 자연주의 방법이다. 이 방법에 따르면 모든 현상이 자연 현상이듯 뜻도 자연 현상이다. 이 방법에 따라 뜻을 연구하는 일을 "의미의 자연화"라 한다. 이 방법은 자연과학의 연구 결과를 닥치는 대로 활용할 수 있다는 장점을 지닌다. 이 방법의 단점은 뜻을 물질, 에너지, 운동 따위로 풀어헤침으로써 뜻 자체가 사라진다는 점이다. 뜻을 탐구하는 다른 방법은 뜻 현상이 자연 현상이라 가정하지 않은 채 우리가 '뜻'을 말할 수밖에 없는 인식 상황 또는 언어 상황에 집중한다. 나는 이 방법을 "프레게-데이빗슨 방법론"으로 부른다.

당연히 모든 몸짓, 소리, 얼룩, 신호에 뜻이 담기지

는 않는다. 우리가 '뜻'을 말할 수밖에 없는 가장 간단한 상황은 문장을 쓰거나 소리 내는 상황이다. 내가 말소리를 써서 "나는 말한다"고 말한다면 소리 "나는 말한다"에 뜻이 담기고 나는 그 소리로 뜻을 표현한다. 내가 글씨를 써서 "나는 말한다"고 말한다면 자국 "나는 말한다"에 뜻이 담기고 나는 그 자국으로 뜻을 표현한다. 자연주의 방법은 내가 문장을 소리 낼 때 내 몸이나 내 살갗 안팎에서 일어나는 일에 집중한다. 프레게-데이빗슨 방법론은 내가 소리 낸 문장에 '뜻'을 주는 과정 곧 해석 과정에 집중한다. 해석 상황이 아예 없다면 뜻을 이야기힐 필요도 없다. 뜻은 해석 과정에서 생긴다.

0108.   참인 것이 아예 없다면 뜻도 없다

내가 "나는 말한다"고 말하면 너는 내가 무슨 말을 하는지 알아듣는다. 왜 너는 내 말을 알아듣는가? 그것은 너가 "나는 말한다"를 참이라 여기기 때문이다. 너가 "나는 말한다"고 말하면 나는 너가 무슨 말을 하는지 알아듣는다. 왜 나는 너의 말을 알아듣는가? 그것은 내가 "나는 말한다"를 참이라 여기기 때문이다. 내가 무엇이라 말할 때 너가 내 말뜻을 알고 싶다면 처음에 너는 내 말을 참이라 여겨야 한다. 물론 나중에 너는 내 말들 가운데 거짓이 섞였음을 알아챌 수 있다. 너가 무엇이라 말할 때 내가 너의 말뜻을 알고 싶다면 처음에 나는 너의 말을 참이라 여겨야 한다. 물론 나중에 나는 너의 말들 가운데 거짓이 섞였음을 알아챌 수 있다.

아무것도 참이지 않다고 생각할 수는 없다. 내가 아무것도 참이지 않다고 생각한다면 나는 이미 생각하는 중이고 나는 "나는 생각한다"가 참임을 곧장 알아차린다. 아무것도 참이지 않다고 말할 수는 없다. 내가 아무것도 참이지 않다고 말한다면 나는 이미 말하는 중이고 나는 "나는 말한다"가 참임을 곧장 알아차린다. 생각하는 나는 이미 무엇인가 참이라 생각하며 말하는 나는 이미 무엇인가 참이라 말한다. '참'과 '생각'은 떼려야 뗄 수 없고 '참'과 '말'은 떼려야 뗄 수 없다. 생각에 뜻이 담기고 말에 뜻이 담긴다면 '참'과 '뜻'은 떼려야 뗄 수 없다.

우리는 뜻이 무엇이냐 물었다. 이제 우리는 참이 무엇이냐고 물어야 할 판이다. 나는 "참은 무엇인가"를 더는 묻지 않는다. 왜냐하면 분명 어느 지점에서 반드시 "그것은 무엇인가"를 더는 묻지 말아야 하기 때문이다. 더는 묻지 않는 가장 밑바닥은 나에게 물음 "참은 무엇인가"다. 다른 이는 "참은 무엇인가"를 물어도 좋다. 하지만 그도 언젠가 "그것은 무엇인가"를 더는 묻지 않아야 하는 지점에 이를 수밖에 없다. 그것을 멈추지 않고 더 아래로 더 밑으로 내려가면 그는 아무것도 이해하지 못한 채 물음의 심연으로 떨어질 테다.

역사학자 유발 하라리는 호모 사피엔스가 뜬소문, 뒷담화, 평판, 허구를 만듦으로써 언어능력을 키웠다고 주장한다. 또한 몇몇 영장류 심리학자에 따르면 '부정 본능' 또는 '부정하는 힘'은 최초의 사람을 낳는 바탕 본능이다. 그들에 따르면 "그것은 거짓이다"고 믿는 일은 마음을 낳고 말을 낳는다. 당연히 마음이 없거나 말할 수 없다면 "그것은 거짓이다"고 믿을 수도 없다. 그들에게 사람의 기원이자 문명의 원천은 거짓말, 거짓, 부정, 허구다. 내 생각에 참말, 참, 긍정, 진실이 오히려 사람의 기원이며 문명의 원천이다. 참말 없이는 사람도 없고 문명도 없다.

하지만 '참'과 '거짓'은 함께 헤아려야 한다. "이것은 참이다"를 믿을 수 없다면 "그것은 거짓이다"를 믿을 수 없고, "이것은 거짓이다"를 믿을 수 없다면 "그것은 참이다"도 믿을 수 없다. 호모 사피엔스 가운데 어느 누가 처음으로 "이것은 참이다"나 "그것은 거짓이다"를 믿었는지 알 수 없다. 여하튼 그는 '참'과 '거짓'을 헤아림으로써 첫 사람이 되었을 테다. 그것을 처음 헤아린 이는 하나가 아니라 무리일 수 있다. 만일 사람을 낳은 첫 언어 공동체가 있다면 그 공동체는 "이것은 참이다"와 "그것은 거짓이다"를 처음으로 제대로 쓴 무리일 테다.

0109. 그것은 참이다

우리는 "이것은 참이다"나 "그것은 참이다"를 짧게 "응"이나

"예" 또는 "그래"라 한다. 우리는 "이것은 거짓이다"나 "그것은 거짓이다"를 짧게 "아니" 또는 "아니오"라 한다. 아마 피타고라스가 말했듯 가장 오래되고 가장 짧은 말은 "응"과 "아니"인데 거의 모든 생각이 이 말을 요구한다. 짐승의 한 무리가 "응"과 "아니"를 처음 말하는 일은 자연스레 일어나지 않는다. 열매나 먹잇감 또는 사나운 짐승이 나타날 때 "꺅"이든 "우우"든 아무렇게 옹알거리고 주절대는 오랜 시간이 있었다. 그다음 무리 가운데 어느 한 짐승이 자신이 주절대는 소리가 바깥 사물을 표현하는 일임을 깨닫는 사건이 있어야 한다.

짐승의 소리가 '응' 또는 '그것은 참이다'를 뜻한다면 '참인 그것'이 출현하는 셈이다. 짐승의 소리가 '아니' 또는 '그것은 거짓이다'를 뜻한다면 '거짓인 그것'이 출현하는 셈이다. 이것은 단순히 표현 "딸기"가 가리키는 바깥 사물 딸기가 출현하는 일과는 다르다. 우리가 "딸기"를 말하기 전에도 아마 이미 딸기 비슷한 사물이 거기에 있었다. 하지만 '참인 그것'이나 '거짓인 그것'은 그렇지 않다.

'참인 그것'이나 '거짓인 그것'이 생기는 사건은 우리 세계에서 벌어진 사건이다. 이 사건은 자연의 역사 안에서는 어쩌다 일어난 우연 사건이다. 내 생각에 자연과학은 그 사건을 기술할 만한 이론 체계를 지닐 수 없다. 이 점에서 그 사건은, 비록 세계 안에서 벌어진 사건이지만, 자연을 넘어선 사건, 메타자연학 사건, 형이상학 사건이다. 하지만 만일 그 사건이 세계 안에서 일어나지 않았다면 짐승의 소리는 아무 뜻을 지닐 수 없다. 그것은 그냥 천둥소리나 빗소리처럼 자연의 소리일 뿐이다. 이 점에서 '참인 그것'이나 '거짓인 그것'이 출현하는 사건은 뜻의 역사 안에서는 반드시 일어나야 할 필연 사건이다.

그 사건은 한 생물에게 말, 뜻, 마음이 처음 생기는 사건이며 사람이 처음 나타나는 사건이다. 지구에서 처음 사람이 나타난 사건의 시점은 학자마다 다르게 추정한다. 늦어도 호모 사피엔스 무리에서 그 사건이 일어났고 이윽고 문화와 문명을 낳았다. 지구에서 처음 사람이 나타난 사건의 시점이 세계에 뜻이 처음 나타난 시점이라 가정할 필요는 없다. 나중에 말하겠지만 시간과 공간은 세계를 가르고, 갈래짓고, 가리키는 이론 체계의 산물이다. 세계를 분할, 분류, 지칭, 기술하는 자연과학 체계에 따라 뜻과 마음도 분할 및 기술된다고 예단하지 않아야 한다.

0110.   모든 말이 참이지는 않다

자연과학의 체계에 따르면 입력과 출력은 자연법칙을 따른다. 짐승이 모종의 신호를 출력했다면 모종의 신경유입이 그 신호를 일으켰을 테다. 한 짐승이 "꺅"했다면 그렇게 소리 지를 신경유입이 그 짐승 몸 안에 있었다. 콰인에 따르면 그 신경유입이 소리 "꺅"의 뜻이다. 한 짐승이 "우우"했다면 그렇게 소리 지를 신경유입이 그 짐승 몸 안에 있었다. 콰인에 따르면 그 신경유입이 소리 "우우"의 뜻이다. 하지만 만일 출력 신호의 뜻이 그 출력 신호를 일으킨 신경유입이면 그 출력 신호는 '참'과 '거짓'의 평가를 받을 수 없다. 왜냐하면 신경유입 자체는 참이지도 거짓이지도 않으며 그 신경유입으로 자연스레 야기된 결과 자체도 참이지도 거짓이지도 않기 때문이다.

자연과학 체계 안에서는 "꺅"에 '참'을 매기거나 "우우"에 '거짓'을 매길 만한 바탕을 찾을 수 없다. 우리는 비, 눈, 안개 따위 기상 현상을 두고 '참이다'나 '거짓이다'고 말하지 않는다. 굳이 평가하자면 모든 자연 현상은 '참이다'. '거짓' 현상은 자연에서 일어날 수 없다. 몇몇 자연과학자는 물리 세계 안에 있는 것은 참이고 물리 세계 안에 없는 것은 거짓이라고 말할 테다. 하지만 물리 세계 안에 없는 것은 물리 세계 안에 없다. 이는 거짓이라고 말할 수 있는 것이 물리 세계 안에 없음을 뜻한다.

플라톤의 『소피스트』는 소크라테스를 궁지에 빠뜨린 수수께끼를 소개한다. 파르메니데스를 따라 생각하면 소피스트의 모든 생각, 믿음, 말은 '없는 것'이 아니라 '있는 것'이다. 곧 소피스트의 모든 생각, 믿음, 말은 있음의 길을 이미 따른다. 있음의 길을 따르는 한 생각, 믿음, 말에 거짓이 끼어들 겨를이 아예 없다. 하지만 소크라테스는 '있는 것'과 '참인 것'을 구별함으로써 그 수수께끼를 극복한다. 소피스트의 말은 있지만 그렇다고 그 말이 모두 참이지는 않다. 누군가 생각한 생각,

말한 말, 이야기한 이야기는 있다. 하지만 '있음'과 '참'은 다르다. 누군가 "둥근 네모는 있다"고 말했다면 그 발화 사건은 있지만 그 말이 참이지는 않다.

0111. 문장은 참이라 여긴 패턴이다

물리 사물, 물체, 알갱이 따위는 참이지도 거짓이지도 않다. 다만 그것들은 있거나 없다. 플라톤에 따르면 '로고스'는 참이거나 거짓이다. 그의 표현 "로고스"는 "문장" 또는 "말"로 옮길 수 있다. 무엇이든 그것이 참이면 그것은 말이다. 무엇이든 그것이 거짓이면 그것은 말이다. '참'과 '거짓'은 말과 말 아닌 것을 가른다. '참'과 '거짓'은 '첫말'이며 '으뜸 개념'이다. "참"과 "거짓"은 다른 낱말들로 바꿀 수 없고 다른 낱말을 써서 풀어 쓸 수도 없다. 말과 문장, 낱말과 단어를 쓰는 이는 '참'과 '거짓'을 이미 이해한다.

내가 "나는 말한다"고 종이에 먹 자국을 남겼는데 이 물리 흔적을 다른 이가 '참이다'고 평가한다. 너가 "나는 말한다"고 돌에 새겼는데 이 물리 흔적을 다른 이가 '참이다'고 평가한다. 그가 "나는 말한다"고 소리 내었는데 이 물리 파동을 다른 이가 '참이다'고 평가한다. 먹 자국 "나는 말한다", 새김 자국 "나는 말한다", 음파 "나는 말한다"는 물리 관점에서는 다른 흔적이다. 사람마다 필체가 다르고, 목소리가 다르고, 글씨 크기나 목소리 크기가 다른 만큼 엄청나게 많은 다른 물리 흔적을 만들 수 있다. 하지만 이들 흔적을 추상하면 똑같은 패턴을 얻는다. 그 패턴 또는 그 본새가 바로 문장 "나는 말한다"다. '참이다'나 '거짓이다'고 평가할 수 있는 패턴을 "평서문", "서술문", "베풂월"이라 한다. 평서문은 의문문, 명령문, 청유문, 감탄문 따위 다른 모든 문장의 바탕이다.

　　　문장은 물리 흔적의 패턴이며 평서문은 참이라 여긴 물리 흔적의 패턴이다. 누군가 소리 "꺅"을 내었고 다른 이가 이를 참이라 여기거나 거짓이라 여긴다면 "꺅"은 평서문이다. 평서문은 소리, 얼룩, 몸짓을 참이라 여기는 일 또는 그것을 거짓이라 여기는 일에서 비롯된다. 모종의 패턴 X를 참이라 여기는 일은 패턴 X를 문장으로 여기는 일이다. 하지만 때때로 사람은 문장 X를 말하더라도 문장 X를 참이라 여기지 않는다. 너는 나에게 "난 널 사랑해"라 소리 내어 말하지만 너의 말은 때때로 거짓말이다. 너는 "난 널 사랑해"를 참이라 여기지 않고도 "난 널 사랑해"를 소리 낼 수 있고 그렇게 글 쓸 수 있다. 심지어 "나는 너가 너무 미워"를 말하지만 이는 사실 "나는 너가 너무 보고 싶어"를 뜻하기도 한다.

　　　해석자는 다른 이의 목소리 패턴 X를 참 또는 거짓이라 여김으로써 그 패턴을 문장 X로 여긴다. 해석자는 다른 이의 목소리 패턴 X를 거짓이라 여기면 안 되는가? 그가 다른 이의 패턴을 거짓이라 여기면, 그는 X의 내용 또는 X의 뜻을 알아내려고 먼저 해석 시점의 바로 그 현장에서 자신이 거짓이라 생각하는 문장들을 떠올려야 한다. 하지만 너무 많은 문장이 후보로 떠오르기에 해석자는 자신이 거짓이라 생각하는 문장들에서 문장 X의 후보를 거의 찾지 못한다. 한 번도 들어본적이 없는 언어를 연구하는 현장 언어학자는 이를 매우 잘 안다. 그는 자신이 해석해야 할 다른 이의 목소리 패턴을 두고 일단은 그 패턴을 참이라 여긴다. 해석자가 해석 시점의 바로 그 현장에서 자신이 참이라 생각하는 문장들을 떠올리고 그 가운데서 문장 X의 후보를 찾는다.

0112.   믿음은 '참이라 여김'이다

문장 X를 말하는 행위가 무엇인지 밝히려면 우리는 먼저 문장 X를 참이라 여겨야 한다. 다른 이가 만든 물리 패턴 X에 뜻을 주려면 해석자는 패턴 X를 만든 행위자가 문장 X를 참이라 여긴다고 가정해야 한다. 물론 이미 말을 잘하는 이는 자신이 거짓이라 여기는 문장을 말할 수도 있다. 하지만 처음부터 자신이 거짓이라 여기는 문장을 말할 수는 없다. 한 표현을 거짓이라 여길 수 있으려면 그는 먼저 다른 표현을 참이라 여길 수 있어야 한다. 내가 태어나 처음 말한 문장이 X면 나는 이미 문장 X를 참이라 여겨야 했다. 한 짐승이 문장 X를 처음 말함으로써 첫 사람이 되었다면 그는 이미 문장 X를 참이라 여겨야 했다.

나는 "나는 말한다"고 소리 낸다. 나는 이 소리 패턴을 참이라 여긴다. "참이라 여김"을 짧게 "믿음"이라 한다. 나는 나의 소리 패턴에 담긴 내용을 믿음으로써 그 패턴을 문장화한다. 이렇게 나는 문장 "나는 말한다"를 말한 셈이다. 이를 보건대 뜻함, 말함, 말, 뜻이 이 세계에 나타나는 일은 '참이라 여김' 또는 '믿음'이 나타나는 일이기도 하다. 한 사물이 무엇인가를 믿는 일은 물리 사건이라기보다 마음 사건이다. 이 점에서 믿음의 나타남은 마음의 나타남이다. 나중에 다시 말할 텐데 믿는 사람이 믿는 것은 문장이 아니라 명제다. 명제는 문장의 뜻인데 문장의 뜻과 문장이 다르듯 명제와 문장은 다르다. 'X를 믿음'은 '명제 X를 참이라 여기는 마음 태도'다. 명제를 향한 마음의 태도를 짧게 "명제 태도"라 하는데 믿음은 여러 가지 명제 태도 가운데 하나다. 명제 태도의 다른 보기에는 '바람'이 있다.

세종과 설현이 "나는 똑똑하다"고 믿을 때 만일 그들이 믿는 것이 문장이면 그들은 똑같은 것을 믿는다. 하지만 그들은 다른 것을 믿는다. 세종은 '세종은 똑똑하다'를 믿고 설현은 '설현은 똑똑하다'를 믿는다. 세종이 말한 문장 "나는 똑똑하다"는 '세종은 똑똑하다'를 뜻하고 설현이 말한 문장 "나는 똑똑하다"는 '설현은 똑똑하다'를 뜻한다. 세종이 말한 문장은 "나는 똑똑하다"지만 그가 말한 명제는 "세종은 똑똑하다"다. 설현이 말한 문장은 "나는 똑똑하다"지만 그가 말한 명제는 "설현은 똑똑하다"다. 이처럼 명제와 문장은 다르고 사람은 문장을 믿기보다는 명제를 믿지만 일단은 표현 "명제" 대신에 표현 "문장"을 쓰겠다.

0113.   행위자의 뜻은 문장의 뜻과 다르다

"나는 너가 너무 미워"가 어떻게 "나는 너가 너무 보고 싶어"를 뜻할 수 있는가? 행위자의 믿음만으로는 "나는 너가 너무 미워"를 소리 내어 말하는 행위를 제대로 이해할 수 없다. 해석자가 다른 이의 움직임을 행위로 여긴다면 해석자는 그 행위가 행위자의 이유 때문에 일어난 사건으로 여겨야 한다. 행위자는 무슨 이유를 갖는가? 행위자의 이유는 행위자가 믿는 바와 행위자가 바라는 바다. "의도", "의향", "의지", "동기" 따위는 때때로 '행위자의 바람'을 뜻하고 넓게는 '행위자의 이유'를 뜻한다. 나는 더 또렷한 낱말 "이유"나 "까닭"을 쓸 텐데 '이유'는 크게 보아 '믿음'과 '바람'으로 이루어졌다. 우리말 "뜻"은 때때로 '문장의 의미'를 뜻하고 때때로 '행위자의 이유'나 '행위자의 바람'을 뜻한다. '문장의 의미'를 짧게 "의미"나 "말뜻"으로 쓰겠다.

　　　서로 이미 충분히 대화를 나눈 이들은 겉보기 문장 "나는 너가 너무 미워"가 무엇을 뜻하는지 이미 안다. 하지만 문장 "나는 너가 너무 미워"의 말뜻은 이 문장을 말하는 행위자의 이유와 다르다. 어쩌면 행위자는 자기 친구가 자기에게 더 많이 관심 두기를 바라고 더 많이 좋아하기를 바란다. 또한 그는 자기 친구와 더 자주 더 오래 만나기를 바란다. 그 행위자는 "나는 너가 너무 밉다"는 발화가 친구 사이에 때때로 "나는 너가 너무 보고 싶다"는 바람으로 해석된다고 믿는다. 또한 그는 자기 친구가 "나는 너가 너무 밉다"는 자신의 발화를 말뜻 그대로 받아들이지 않으리라 믿는다. 이런 바람들과 믿음들이 이유가 되어 행위자는 자기 친구에게 굳이 "나는 너가 너무 밉다"고 말하는 행위를 한다.

　　　말하는 행위자가 문장 X를 믿고 문장 X를 말한다면 행위자의 이 믿음은 문장 X의 말뜻에 잘 담긴다. 하지만 행위자는 때때로 문장 X를 믿지도 않은 채 문장 X를 말한다. 이 경우 행위자의 믿음은 문장 X의 말뜻에 거의 담기지 않는다. 문장 X를 믿지 않으면서 다른 이에게 문장 X를 말하는 행위를 제대로 해석하려면 해석자는 행위자의 바람과 믿음을 아주 많이 알아야 한다. 많은 바람과 믿음이 뒤섞인 행위를 해석하는 일은 얽히고설킨 말뜻들의 그물을 이미 이해하는 이의 몫이다. 하지만 소리 패턴이 문장이 되는 일 또는 뜻을 지니는 일을 처음 설명할 때는 행위자가 그 소리 패턴을 참이라 여긴다고 가정해야 한다. 이 가정은 행위자의 바람을 단순화하는 가정이기도 하다. 해석자는 행위자가 다른 바람 없이 그냥 자신의 믿음을 그대로 드러내려는 바람 때문에 그 소리 패턴을 만들었다고 가정한다.

02.

너가 없다면
바깥도 없다

;

0201. 바깥 세계는 있다

믿는 사람은 몇몇 문장을 믿고 몇몇 문장을 믿지 않는다. 그는 "내가 X를 믿는다면 X는 참이다"를 믿는가? 만일 너가 "내가 X를 믿는다면 X는 참이다"를 믿는 사람이면 너는 "다른 이가 X를 믿는다면 X는 참이다"도 믿어야 한다. 너와 내가 "내가 X를 믿는다면 X는 참이다"를 믿는 사람이면, 너는 "하느님은 있다"고 믿고 나는 "하느님은 없다"를 믿을 수 없다. 너와 내가 각각 이를 믿는다면 "하느님은 있다"와 "하느님은 없다"가 둘 다 참임을 받아들여야 한다. 모든 믿음이 참이지는 않으며 우리는 서로 다르게 믿을 수 있다. 나아가 우리는 때때로 잘못 믿고 거짓 문장을 믿는다. 따라서 "내가 X를 믿는다면 X는 참이다"를 믿는 사람은 무엇인가를 믿는 사람이 아니며 '참이다'를 이해하는 사람이 아니다.

믿는 사람은 "내가 X를 믿는다면 X는 거짓이다"를 믿는가? 이를 믿는 사람은 X를 참이라 여길 수 없고 X를 믿을 수 없다. 왜냐하면 믿음은 곧 '참이라 여김'이기 때문이다. 따라서 "내가 X를 믿는다면 X는 거짓이다"를 믿는 사람은 무엇인가를 믿는 사람이 아니며 '거짓이다'를 이해하는 사람이 아니다. 결국 "나는 X를 믿는다"는 "X는 참이다"를 뜻하지 않고 "X는 거짓이다"를 뜻하지도 않는다. 믿음은 문장의 참 또는 거짓을 결정하지 못한다. X의 참과 거짓은 나의 믿음, 너의 믿음, 나아가 우리의 믿음에 따라 결정되지 않는다. 물론 몇몇 믿음의 참과 거짓은 믿음에 따라 결정될 수 있다. 보기를 들어 문장 "나는 믿는다"는 나의 믿음에 따라 참인 문장으로 결정된다.

나의 믿음과 참 사이에는 내가 메울 수 없는 간격이 있다. 이 간격을 받아들인다면 나는 내 믿음 바깥도 받아들여야 한다. 나의 믿음 바깥에 아무것도 없다면 내 믿음이 모든 것을 결정할 테다. 또한 너의 믿음과 참 사이에는 너가 메울 수 없는 간격이 있다. 이 간격을 받아들인다면 너는 너의 믿음 바깥도 받아들여야 한다. 너의 믿음 바깥에 아무것도 없다면 너의 믿음이 모든 것을 결정할 테다. 나아가 우리 믿음과 참 사이에는 우리가 메울 수 없는 간격이 있다. 이 간격을 받아들인다면 우리는 우리 믿음 바깥도 받아들여야 한다. 우리 믿음 바깥에 아무것도 없다면 우리 믿음이 모든 것을 결정할 테다.

내 믿음 바깥, 너의 믿음 바깥, 우리 믿음 바깥을 "세계"라 하겠다. 당연히 세계는 나, 너, 우리, 나의 믿음, 너의 믿음, 우리 믿음까지 모두 껴안는다. 문장 X의 참 및 거짓을 결정하는 것은 정의상 세계다. 세계는 정의상 문장의 참 및 거짓을 결정하는 무엇이다. 한 문장이 참인지 거짓인지는 세계에 달려 있다. 말하는 이는 '참'과 '거짓' 개념을 갖고 나아가 '세계' 개념도 갖는다. 아이에게 말을 가르치는 사람은 아이에게 '참'과 '거짓'을 가르친다. 아이에게 '참'과 '거짓'을 가르치려고 어른은 아이의 몸 바깥에 놓인 사물을 활용한다. 어른이 세계 개념을 갖지 못하면 아이에게 말을 가르칠 수 없을 뿐만 아니라 애초에 말을 배울 수도 없다.

우리는 한 사물이 우리 몸 바깥에 있다고 믿었지만 나중에 그것이 없음이 드러나기도 한다. "사물 a는 있다"는 문장을 A라 하면, 이미 말했듯 내가 문장 A를 믿더라도 문장 A는 거짓일 수 있다. 다시 말해 내가 "사물 a는 있다"를 믿더라도 "사물 a는 있다"는 거짓일 수 있다. 세계는 이 문장의 참과 거짓을 결정한다. 만일 세계에 우리가 'a'라 일컫는 사물이 있다면 "사물 a는 있다"는 참이다. 만일 세계에 우리가 'a'라 일컫는 사물이 없다면 "사물 a는 있다"는 거짓이다. 마찬가지로 내가 "세계는 있다"고 믿더라도 "세계는 있다"는 거짓일 수 있지 않을까?

아이에게 말을 가르치는 사람은 아이의 몸 바깥에 놓인 사물이 자기 몸 바깥에 있다고 믿는다. 물론 그의 이 믿음은 거짓일 수 있다. 하지만 그가 있다고 믿는 모든 사물이 없다면 그는 아이에게 아무 말도 가르칠 수 없다. 마찬가지로 나를 빼고 사물이 하나도 없었고 바깥 세계 자체가 없었다면 나는 애초에 '참'과 '거짓'도 배울 수 없었다. 이 경우 나는 아무것도 믿을 수 없었고 아무것도 생각할 수 없었다. 나아가 나는 말을 배울 수도 없었고 말할 수도 없었다. 하지만 지금 여기 나는 말한다. 이는 내가 '참'과 '거짓'을 배웠음을 뜻하고 바깥 세계가 있음을 뜻한다. 따라서 바깥 세계는 있다. 나에게 말을 가르친 이가 있다고 믿은 사물들 가운데 몇몇 사물은 실제로 세계 안에 있다.

0202. 바깥이 없으면 뜻도 없다

물리 신호 패턴이 문장이 되려면 누군가 그것을 참 또는 거짓으로 여겨야 한다. 하지만 한 앵무새가 "손님 왔어"를 소리 내고 이를 듣는 이가 이 소리를 참이라 여기더라도 그 소리는 무엇인가를 뜻하지 않을 수 있다. 앞에 사람이 있을 때마다 저절로 "빠앙"을 소리 내는 장치를 생각하겠다. 만일 이 장치의 소리 "빠앙"이 '앞에 사람이 있다'를 뜻한다면 그 장치는 앞에 사람이 있을 때 '앞에 사람이 있다'고 말하는 셈이다. 당연히 우리는 동풍이 불 때마다 동쪽을 가리키는 풍향계를 보고 우리가 "지금 동풍이 분다"를 추론할 수는 있다. 하지만 그 추론은 우리의 추론이지 풍향계의 추론이 아니다. 우리의 그 추론을 발판 삼아 풍향계가 '지금 동풍이 분다'를 말한다고 주장해서는 안 된다. 그렇게 주장하는 일은 매우 어리석다. 풍향계는 말하지 않고 뜻을 갖지 않는다.

이처럼 다른 누군가가 한 신호 패턴을 참이라 여기더라도 그 패턴은 사실상 문장이 아닐 수 있다. 한 패턴이 문장이 되려면 그 패턴을 출력하는 이가 그 패턴을 참 또는 거짓이라 여겨야 한다. 한 패턴을 두고 '참이다'나 '거짓이다'고 평가하는 일은 단순히 그 패턴이 '있다'거나 '없다'고 평가하는 일과 다르다. 무엇이 더 필요한가? '참'과 '거짓'을 매기는 이는 그 패턴이 패턴 바깥과 관계를 맺는다고 생각한다. 그 패턴 바깥은 세계 또는 바깥 세계다. 한 장치가 말하려면 그 장치는 '바깥', '세계', '바깥 세계' 개념을 갖추어야 한다. 바람 방향을 가리키는 풍향계는 '바깥' 개념을 갖지 않기에 그 장치는 뜻을 갖지 않고 무엇인가를 말할 수 없다.

만일 앞에 사람이 있을 때마다 저절로 "빠앙"을 소리 내는 장치가 바깥 세계가 있음을 모른다면 그 장치는 '앞에 사람이 있다'를 말할 수 없다. 곧 그 장치의 소리 "빠앙"은 '앞에 사람이 있다'를 뜻할 수 없다. 마찬가지로 앵무새의 소리 "손님 왔어"가 우리가 이해하는 "손님 왔어"를 뜻하려면 앵무새는 바깥 세계 개념을 가져야 한다. 그것을 갖지 않는다면 앵무새는 자신의 소리 패턴이 바깥 세계에 관한 표현임을 깨달을 수 없다. 이를 깨달을 수 없다면 앵무새는 자신이 출력한 신호 패턴을 '참' 또는 '거짓'으로 여길 수 없다. 이 경우 앵무새의 소리는 무엇인가를 뜻하지 않는다.

0203.   나는 제 홀로 바깥을 깨칠 수 없다

고양이는 따로 배우지 않아도 똥을 눈 뒤 흙을 모아 똥을 덮는다. 흙과 똥이 세계에 놓인 사물임을 아는 사람은 고양이의 그 행동을 보고 고양이가 흙과 똥이 세계에 놓인 사물임을 이미 안다고 착각한다. 하지만 태어날 때부터 흙이 없는 곳에서 자란 고양이조차도 똥을 눈 뒤에 흙을 모아 똥을 덮는 시늉을 한다. 그 시늉은 일종의 무조건반사다. 이미 말했듯 반사는 바깥을 알려주지 않는다. 사실 그 고양이는 자신의 몸 바깥에 흙이 있는지 없는지도 모른다. 다 자란 고양이도 자신의 꼬리가 자기 몸인지 몸 바깥인지 때때로 깨닫지 못한다.

　　　　사람이 있을 때 문을 열고 사람이 없을 때 문을 닫는 자동출입문 장치는 '사람' 개념을 갖지 않으며 '바깥' 개념을 갖지 않는다. 이 장치는 사람이 있든 없든 다만 센서 안으로 들어온 빛알에 따라 반응할 뿐이다. 어린아이도 해바라기, 고양이, 자동출입문처럼 '바깥' 개념을 갖지 않는다. 아이는 처음에 다만 자극작용, 신경전달물질, 호르몬에 따라 이 상황에서는 이렇게 반응하고 저 상황에서는 저렇게 반응할 뿐이다. 아이는 제 홀로 스스로 '바깥' 개념을 깨칠 수 없다. 줄곧 제 홀로 자란 아이는 자신의 감각 마당 안에 일어난 얽히고설킨 자극을 개별화할 수도 없고 자극의 원인을 감각 마당 바깥에 하나하나 위치시킬 수도 없다.

아직 바깥 개념을 갖지 않을 때 아이의 옹알이는 아직 말이 아니고 뜻을 지니지 않으며 다만 앵무새의 소리와 비슷하다. 아이는 처음에 자신의 옹알이가 바깥 세계를 표현함을 깨닫지 못한다. 아이가 자기 옹알이가 자기 바깥 세계에 관계함을 알려면 자신의 옹알이를 조건화하는 자극이 바깥 세계로부터 비롯되었음을 깨달아야 한다. 어른은 아이에게 온갖 자극을 주어 그 자극이 아이 살갗 바깥으로부터 주어졌음을 애써 알린다. 언젠가 아이가 바깥 개념을 가진다면 그는 자신의 표현에 '참' 또는 '거짓'을 매길 만한 힘을 지닐 테다.

어른은 어머니가 앞에 있을 때 "엄마"를 거듭 말하고 아버지가 앞에 있을 때 "아빠"를 거듭 말한다. 이때 어른의 소리 "엄마"는 사실상 문장이며 '여기 어머니가 있다'나 '이것은 어머니다'를 뜻한다. 어머니의 말소리 "엄마"에 아이가 "엄마"라 옹알이하는 일 또는 아이의 옹알이 "엄마"에 어머니가 "엄마"라 말하는 일은 겉보기에 "여기 엄마 있어"에 "여기 엄마 있어"라 답하는 일이다. 나아가 그것은 겉보기에 "여기 엄마 있어?"에 "여기 엄마 있어"라 답하는 일이며 "여기 엄마 있어?"에 "응"이라 답하는 일이다. 이 긴 과정을 거쳐 아이는 차츰 '참'과 '거짓'을 깨치고 자신의 감각 마당 바깥으로 나아간다.

0204.   '그것'은 살갗 안쪽 사건이 아니다

경험주의 인식론은 주체의 경험, 지각, 감각, 자극, 자극작용 따위에서 앎의 바탕을 찾는다. 보통 자극작용은 몸 안에서 일어난 사건이고 자극은 몸 바깥에서 일어난 사건이다. 바늘에 찔려 아픔을 느끼는 상황에서 '뾰족한 바늘 끝으로 찌름' 또는 '뾰족한 바늘 끝'은 자극이고 그다음 살갗 안쪽의 신경 촉발은 자극작용이다. 빨간 딸기가 하나 있다고 가정한다. 이 딸기부터 색깔을 처리하는 중추까지 많은 단계의 자극 및 자극작용이 있다. 가장 멀게는 딸기가 있고, 그다음 딸기에 반사되어 눈으로 들어오는 빛알, 망막 시각세포 안 로돕신의 변화, 신경세포의 신경전달물질 분비, 시신경으로 전달되는 전위 펄스, 시각피질의 작용이 있으며, 가장 가까이는 두정엽 및 측두엽의 시각 처리가 있다.

만일 아이가 그의 눈으로 들어오는 빛알에 따라 "이것은 딸기다"를 소리 내도록 조건화된다면 "이것은 딸기다"의 내용은 그의 눈으로 들어오는 빛알에 따라 결정될 테다. 콰인은 "이것은 딸기다"의 내용 또는 그 뜻이 신경유입에 바탕을 둔다고 보는데 곧 망막 시각세포 안 로돕신의 변화다. 만일 아이가 망막 시각세포 안 로돕신의 변화에 따라 "이것은 딸기다"를 소리 내도록 조건화된다면 그 내용은 망막 시각세포 안 로돕신의 변화에 따라 결정될 테다. 문장 "이것은 딸기다"에서 '이것'은 무엇인가? 그것은 눈으로 들어오는 빛알 꾸러미인가? 망막 시각세포 안 로돕신의 변화인가?

　　만일 내가 "이것은 딸기다"를 믿고 '이것'이 '내 눈으로 들어오는 빛알'이면 나는 딸기를 빛알로 이루어진 사물이라 믿어야 한다. 하지만 나는 딸기가 빛 이미지라 생각하지 않는다. 가시광선이 없는 곳에서 딸기는 가시광선을 반사하지 않는다. 또한 그런 곳에서는 가시광선이 내 눈으로 들어오지 않는다. 만일 딸기가 내 눈으로 들어오는 이런저런 빛알 꾸러미면 가시광선이 없는 곳에서는 딸기도 사라진다. 마찬가지로 만일 내가 "이것은 딸기다"를 믿고 '이것'이 '내 망막 시각세포 안 로돕신의 변화'면 나에게 딸기는 로돕신의 변화로 생성된 무엇이다. 하지만 나는 딸기가 사람 몸 안의 물질 변화라 생각하지 않는다. 내가 눈을 감거나 내 망막을 없애더라도 그 딸기는 사라지지 않을 테다.

0205.　뜻을 가지려면 먼 자극으로 나가야 한다

스스로 실험에 참여한 메리에게 다음 실험을 한다고 가정한다. 딸기가 없는데 딸기 시각 이미지에 해당하는 빛알을 메리의 눈 안으로 쏘아 비추었고 그는 "이것은 딸기다"고 말했다. 그의 말은 참이며 그는 "이것은 딸기다"를 아는가? 만일 "이것은 딸기다"가 참이면 "여기에 딸기가 있다"도 참이다. 하지만

"여기에 딸기가 있다"는 거짓이기에 메리의 말 "이것은 딸기다"는 거짓이다. 누구든 거짓 문장을 알 수 없기에 당연히 메리는 "여기에 딸기가 있다"를 알 수 없고 "이것은 딸기다"를 알 수 없다. 마찬가지로 만일 딸기가 없는데 메리의 망막 시각세포 안 로돕신들을 자극했고 이에 메리가 "이것은 딸기다"고 말했다면 그의 말은 거짓이다.

　　나아가 만일 딸기가 없는데 신경세포의 신경전달물질 분비, 시신경으로 전달되는 전위 펄스, 시각피질의 작용, 두정엽 및 측두엽의 시각 처리 따위를 조작했고 이에 메리가 "이것은 딸기다"고 말했다면 그의 말은 거짓이다. 만일 내가 어린아이 때부터 이런 실험을 반복함으로써 "이것은 딸기다"를 소리 내었다면 나의 소리 "이것은 딸기다"는 문장일 수 없다. 나의 소리 "이것은 딸기다"는 표현이 아니며 뜻을 갖지 않는다. 왜냐하면 나는 "이것은 딸기다"를 참이라 여길 만한 경험을 가진 적이 없기 때문이다. 딸기가 내 바깥에 놓이지 않은 상황에서 나는 문장 "이것은 딸기다"를 배울 수 없다. 나는 다만 소리 "이것은 딸기다"를 옹알이할 수 있을 뿐이다.

　　내가 말을 배워 뜻있는 문장을 말하려면 내 몸 바깥 멀리에 딸기가 놓여야 한다. 그 딸기는 '먼 자극' 또는 '원격 자극'이다. 물론 나는 다른 사람의 말을 듣고 딸기가 무엇인지를 배울 수 있다. 내가 이런 식으로 딸기가 무엇인지를 배우려면 나는 먼저 말을 배워야 한다. 또한 나는 딸기를 그림책으로 배울 수도 있다. 내가 그림책으로 딸기를 배우려면 먼저 "이것은 그림책이다"를 배워야 한다. 하지만 이를 배우려면 나는 먼 자극 그림책이 놓인 곳에서 이 말을 배워야 한다. 결국 먼 자극이 하나도 없는 공간에서 나는 말을 배울 수 없고, 말할 수 없고, 뜻을 지닐 수도 없다. 먼 자극이 아예 없었다면 나는 "이것은 망막이다", "이것은 신경세포다", "이것은 로돕신이다", "이것은 신경전달물질이다", "이것은 전위 펄스다", "이것은 시각 피질이다", 나아가 "이것은 나다" 따위를 이해할 수 없다. 먼 자극이 아예 없는 텅 빈 곳에서 나는 아예 생각할 수도 없고 무엇인가를 믿을 수도 없으며 마음을 지닐 수 없다. 뜻이 생기려면 먼 자극이 있어야 한다.

하지만 혼자서는 먼 자극으로 나아갈 수 없다. 20세기 철학자 카르납은 『세계의 논리 구성』에서 나 자신의 감각 경험으로부터 자연 세계의 객관 지식을 쌓고 그 위에 다른 이의 마음을 해석하는 인식론을 세우려 했다. 그의 "구성"은 자기 마음의 자료 위에 자연과학을 세우고 마지막에 윤리학, 사회학, 정치학을 세우는 일이다. 그는 2차원 시각 감각질로부터 3차원 공간을 구성하려고 안구의 구면에서 수직으로 뻗어가는 직선을 그렸다. 하지만 그는 각 선분이 어디까지 뻗어가 어디에 멈춰야 하는지 판가름할 수 없었다.

콰인은 카르납의 꿈을 이루려고 모든 사건은 물리 사건이라는 가정을 동원했다. 그가 그린 주체도 바깥 거리를 잴 수 없는 홀로 떨어진 주체다. 그의 주체는 마치 파블로프의 개처럼 자기가 종소리에 반응하는지 귀청의 떨림이나 골 근처 신경 상태에 반응하는지를 가릴 수 없는 주체다. 자기장에 따라 움직이는 나침반, 바람에 따라 흔들리는 풍향계, 팽창률에 따라 굽는 바이메탈, 열을 추적하는 적외선추적미사일은 자기 반응의 원인으로서 먼 자극을 찾아 바깥으로 나아갈 수 없다.

왜 파블로프식 주체, 카르납식 주체, 콰인식 주체는 바깥 공간으로 나가 먼 자극에 이를 수 없는가? 그것은 이들 주체가 제 홀로 갖는 감각작용, 자극작용, 신경유입에만 그의 반응이 조건화되어야 한다고 애초부터 가정했기 때문이다. 이에 데이빗슨은 논문 「제2인칭 사람」에서 다음처럼 비판한다. "만일 제 홀로만 있는 단일 짐승을 생각한다면, 그의 반응들은, 제아무리 복잡하더라도, 그가 말하자면 살갗 위가 아니라 일정 거리를 두고 떨어진 사건에 반응한다거나, 그런 사건에 관해 생각한다는 점을 보여주지 못한다."

만일 한 주체가 무엇에 관해 말하고 무엇에 관해 생각하는지 이야기할 수 없다면 우리는 그 주체가 말하고 생각하는 이라 결론 내릴 수 없다. 주체가 반응하는 '바로 그 원인'이 고정되지 않는 한 그의 반응은 아예 아무 내용을 지니지 못한다. 내용 없이 그냥 "이것은 딸기다"를 옹알이하는 일은 말하는 일이 아니며 믿는 일이 아니고 생각하는 일이 아니다. 제 홀로 놓인 파블로프식 주체, 카르납식 주체, 콰인식 주체는 아예 말하지 못하고 믿지 못하고 생각하지 못한다. 이들 주체는 아예 생각 주체가 아니며 인식 주체가 아니다.

0206.   너 없이 나는 나일 수 없다

23살부터 모든 앎의 바탕을 찾으려 했던 데카르트는 몸의 신경생리 작용이 우리 판단의 옳음을 판가름하는 기준일 수 없다고 32살 무렵 결론 내렸다. 그는 이즈음 아우구스티누스 연구자인 베륄 추기경을 만나 새로운 길에 들어섰다. 이윽고 41살 때『이성을 올바르게 이끌어 과학들에서 참말을 얻는 방법』을 프랑스말로 썼고 이 생각을 다듬어 4년 뒤『성찰』을 냈다. 이 책의 제목은 매우 긴데 이 책 초판에는 "여기서 하느님이 바깥에 계심을 또한 사람의 마음이 사그라지지 않음을 밝혀 보인다"는 문장이 덧붙었다. 프랑스말로 번역된 1647년 판에는 "여기서 하느님이 바깥에 계심을 또한 사람의 마음과 몸이 서로 다름을 밝혀 보인다"로 바뀌었다. "사람의 마음과 몸이 서로 다르다"와 "하느님이 바깥에 계신다"는 모든 앎을 뒷받침하는 그의 두 원리다.

데카르트의 첫째 원리는 "나는 생각하는 이로서 있다"다. 생각하는 나는 몇몇 참말을 안다. 참말은 물체나 몸 어딘가에 놓이지 않는다. 참말은 어디에 놓이는가? 마음은 정의상 참말이 오가는 마당이며 참말이 머무는 자리다. 앎의 주체로서 나는 하나의 마음이다. 이 때문에 나는 물리 시간과 물리 공간 안에 그려 넣을 수 없다. 데카르트는 첫째 원리 "나는 생각하는 이로서 있다"를 "마음과 몸이 다른 실체를 이룬다"로 달리 표현한다. 그의 둘째 원리는 "내가 밝고 뚜렷하게 갖는 생각들은 참이다"다. 생각하는 이가 가진 밝고 뚜렷한 생각은 왜 참인가? 그 까닭은 모든 참말의 샘이 있고 그로부터 모든 참말이 흘러나오기 때문이다. 그것은 곧 하느님이다. 하느님은 모든 참말을 아는 '온마음'이며 모든 참말의 바탕이다. 이에 데카르트는 "내가 밝고 뚜렷하게 갖는 생각들은 참이다"를 달리 "착한 하느님이 저기 바깥에 실제로 있다"로 표현한다.

데카르트의 『성찰』에 따르면 "운명, 우연, 사물의 지속 연쇄 때문에 지금의 내가 되었다"면 내가 밝고 뚜렷하게 갖는 생각들이 참임이 보장되지 않는다. 이것이 보장되지 않는다면 내가 알 수 있는 존재임이 보장되지 않는다. 모든 앎을 뒷받침하는 원리는 내가 알 수 있는 존재임이 보장되는 원리여야 한다. 내가 알 수 있는 존재임을 보장하려면 "운명, 우연, 사물의 지속 연쇄 때문에 지금의 내가 되었다"는 애초의 가정을 버려야 한다. 만일 지금의 내가 운명, 우연, 자연 연쇄에 따라 생성되지 않았다면 나는 무슨 과정을 거쳐 생성되었는가? 데카르트가 보기에 다른 대안은 "나는 하느님으로부터 비롯되었다"뿐이었다.

데카르트는 결국 이렇게 성찰한다. 만일 하느님이 없어서 내가 받아들이는 믿음이 자연 연쇄의 산물이면 앎, 과학, 철학은 튼튼한 바탕 위에 세워질 수 없다. 또는 "착한 하느님이 저기 바깥에 실제로 있다"가 거짓이면 "내가 밝고 뚜렷하게 갖는 생각들은 참이다"가 보장되지 않는다. 반면 착한 하느님이 저기 바깥에 실제로 있다면 내가 밝고 뚜렷하게 생각하는 생각은 참이다. 왜 그러한가? 착한 하느님은 속이는 존재가 아니다. 하지만 내 마음 안에서 밝고 뚜렷하게 생각된 말이 알고 보니 거짓말이면 이는 하느님이 나를 속이는 일이다. 따라서 만일 모든 사물을 만든 착한 하느님이 있다면 그 하느님은 거짓말까지도 내가 밝고 뚜렷하게 생각하도록 만들지는 않았을 테다. 이미 『방법』에서 데카르트는 "내가 밝고 뚜렷하게 갖는 생각들은 참이다"보다 "착한 하느님이 저기 바깥에 실제로 있다"가 더 앞선 명제라 주장했다.

데카르트는 앎을 튼튼한 바탕 위에 세우려면 모든 참말을 완전히 아는 다른 마음이 있어야 한다고 믿었다. 내가 알려면 다른 생각하는 이가 반드시 있어야 한다. 데카르트는 주체로부터 출발해 곧장 바깥 물체로 나아가지 않는다. 그의 주체는 바깥 물체로 가기 전에 가장 먼저 다른 주체에게 간다. 거기에 모든 참말의 척도가 있음을 확인하고 다시 자기 자신에게 돌아와 그 척도를 자기 판단의 준거로 삼는다. 그런 다음에야 비로소 바깥 물체를 알아내는 데로 나아간다. 데카르트 식 주체는 다른 주체에게 빚진 존재다. 나는 그의 인식론에서 다음 교훈을 얻는다. 다른 마음이 없다면 나는 알 수 있는 이가 되지 못한다. 다른 주체 곧 타자가 없다면 주체도 없다. 너 없이는 나는 나일 수도 없다.

0207.　　　타자는 공통의 공간을 창출한다

경험주의 철학자로서 버클리는 모든 앎이 오직 관념, 지각, 경험에 바탕을 두어야 한다고 믿었다. 그에 따르면 마음과 물질은 아예 서로 다른 존재여서 이들은 서로 인과 관계를 맺을 수 없다. 마음과 물질이 인과 관계를 맺을 수 없다면 마음은 물질을 알 수 없고 물질로 이루어진 물체도 알 수 없다. 세계가 물체들로 이루어졌다면 나는 너무 많은 것을 모르는 존재로 전락한다. 버클리는 사람을 알 수 있는 존재로 만드는 인식 이론을 세우고 싶었다. 그는 그런 이론 체계를 만들고자 세계가 물체로 이루어졌음을 부정한다. 그렇다면 세계는 오직 관념만으로 이루어졌는가?

버클리는 만일 세계가 관념으로만 이루어졌다면 생성하고 변화하는 세계를 설명할 수 없다고 본다. 변화가 이루어지려면 한 관념이 다른 관념을 낳거나 바꿀 수 있어야 한다. 하지만 그에 따르면 관념과 관념은 추론 관계 또는 논리 관계를 맺을 수 있지만 인과 관계를 맺을 수 없다. 그는 『앎의 원리』에서 "한 관념이 무슨 짓을 한다거나, 엄밀히 말해, 무엇의 원인일 수는 없다"고 말한다. 무엇이 관념을 낳거나 바꾸는 원인일 수 있는가? 그것은 이른바 "행위자", "주체", "능동 실체"다. 그것은 곧 마음이다.

마음이 관념과 맺는 인과 관계에는 두 가지가 있다. 하나는 마음이 관념을 생성하는 관계고 다른 하나는 마음이 관념을 파악하는 관계다. 버클리에 따르면 '나'는 관념을 파악하는 마음이다. 그의 논증은 다음처럼 간추릴 수 있다. "나는 느낀다. 무엇이든 느낀다면 그것은 마음이다. 따라서 나는 마음이다." 흔히들 물체로 여기는 사물은 사실상 관념들의 꾸러미다. 마음이 관념들의 그 꾸러미를 파악하는 일은 곧 그 사물을 아는 일이다. 하지만 마음은 관념의 꾸러미가 아니다. 왜냐하면 관념은 관념을 생성하지 못하고 파악하지 못하기 때문이다.

버클리에게 "저 달은 내 마음 안에 있다"는 '나는 저 달을 파악한다'를 뜻한다. 나는 모든 일을 알며 모든 사물을 파악하는가? 만일 내가 파악하지 않는 사물이 있다면 그 사물은 내 마음 바깥에 있어야 한다. 하지만 마음과 관계하지 않은 채 관념이 제 홀로 있을 수는 없다. 다른 마음이 없다면 모든 관념은 오직 나와 관계를 맺어야 한다. 따라서 몇몇 사물이 내 마음 바깥에 있으려면 반드시 다른 마음이 있어야 한다. 다른 마음이 없다면, 나는 모든 관념을 만들거나 모든 관념을 파악해야 하며, 모든 관념이 내 마음 안에 있고 모든 사물도 내 마음 안에 있어야 한다. 따라서 내 마음 바깥이 있으려면 다른 마음이 있어야 한다. 너가 없다면 나의 바깥은 있을 수 없고 심지어 바깥 자체가 있을 수 없다. 너 없이는 바깥도 없다.

버클리에게 성질, 지각, 감각, 관념, 앎, 정보는 마음 안에 또는 감각 마당 안에 놓인다. 그에게 사물은 관념 꾸러미, 감각 꾸러미, 성질 꾸러미, 정보 꾸러미다. 오직 나만 있다면 모든 사물은 나만 접근할 수 있는 나의 감각 마당 안에 있다. 하지만 다른 마음이 있다면 몇몇 사물은 그의 감각 마당 안에 있을 테다. 보기를 들어 만일 다른 마음이 달을 본다면 달은 그의 감각 마당 안에 놓인다. 이 경우 달은 나만의 감각 마당이나 너만의 감각 마당에 놓인다기보다 공통의 감각 마당 안에 놓인다. 따라서 다른 마음이 있다면 우리는 모종의 '공통 공간'을 받아들여야 한다.

내가 달을 보지 않더라도 저기 달이 있다. 왜냐하면 다른 마음이 그 달을 여전히 보기 때문이다. 하지만 아무도 달을 보지 않는다면 저기 달은 없다. 따라서 만일 일부 관념만을 파악하는 유한한 마음들만 있다면 사물은 안정되게 지속할 수 없다. 버클리는 사물의 지속을 보장하려고 모든 관념을 생성하거나 파악하는 '끝없는 마음', '무한 정신', '무한 감각 마당'을 받아들인다. 만일 무한 정신이 있다면 유한 정신들 가운데 아무도 달을 보지 않더라도 저기에 여전히 달은 있다. "그 사물은 존재한다"는 말은 "누군가 그 사물을 인식한다" 또는 "그 사물은 전체 앎의 영역 안에 있다"를 뜻한다. 내가 한 사물을 파악한다면 그것은 이미 전체 앎의 영역 안에 있다. 결국 나는 한없는 마음을 의식함으로써 가장 넓은 공통 공간 곧 전체 앎의 공간을 의식한다. 그 공간은 내가 일부를 파악하고 일부를 파악하지 못하는 거대한 정보의 바다다.

버클리에게 자연은 모든 관념, 관념들의 모든 관계, 관념들의 모든 꾸러미다. 그는 관념을 기호, 글자, 문장 비슷하게 여긴다. 이 때문에 그에게 자연은 일종의 책이며 무한 정신은 자연의 저자다. 관념을 파악하는 나와 너는 자연을 읽는 독자다. 물론 우리는 전체 자연을 읽지 못하고 다만 일부만을 읽는다. 한편 버클리에 따르면 자연이라는 책은 여러 언어로 쓰였다. 시각 관념들은 한 언어를 이루고 촉각 관념들은 다른 언어를 이룬다. 우리는 경험을 거쳐 한 언어로 쓰인 정보와 다른 언어로 쓰인 정보를 서로 연결한다. 버클리는 무한 정신을 받아들임으로써 내가 아예 파악하지 못하지만 여전히 존재하는 사물을 이야기할 수 있었다. 그는 그것을 "내 마음 바깥의 사물"로 표현한다.

　　　　나는 버클리의 인식론으로부터 다음 교훈을 얻는다. 다른 마음이 있기에 내가 파악한 적이 없는 사물이 있고 내가 파악하지 않는 동안에도 사물은 사라지지 않는다. 다른 마음이 없다면 나는 "몇몇 사물은 내가 보지 않더라도 지속한다"를 믿을 수 없다. 다른 마음은 '내 마음 바깥'과 '사물의 지속성' 개념을 창출하며 나아가 '내 마음 바깥에서 지속하는 사물' 개념을 창출한다. 다른 마음은 세계가 오직 나만 있는 세계가 아님을 보장하며 내가 아는 사물이 오직 나만이 아는 사물이 아님을 보장한다. 결국 다른 마음은 '공통의 공간' 개념을 창출한다. 이 덕분에 나는 나의 인식 대상을 그 공통의 공간에 자리매김할 수 있다. 내가 느끼고, 겪고, 보고, 아는 사물은 다른 이도 함께 느끼고, 겪고, 보고, 아는 사물이다. 물론 이는 오직 나만 느끼는 사물이 아예 없음을 뜻하지는 않는다.

0208.　공통 공간은 물리 공간이 아니다

버클리에 따르면 모든 사물은 마음 안에 있다. 이는 모든 사물이 내 마음 안에 있음을 뜻하지 않고 다만 모든 사물이 알 수 있는 대상임을 뜻한다. 버클리는 사물을 '성질 뭉치'나 '관념 뭉치'로 재정의한다. 이로써 그는 모든 사물을 알 수 있는 대상으로 만들었다. 이것은 버클리가 칸트에게 전해준 가장 중요한 유산이다. 버클리의 '관념' 개념을 '정보' 개념으로 바꾸면 마음은 정보가 담기는 매체다. 똑같은 음악 파일이 여러 CD 또는 여러 하드디스크에 담길 수 있듯 똑같은 사물은 여러 마음 안에 담길 수 있다. 버클리는 무한 정신 안의 정보를 "원형"이라 표현한다. 무한 정신 안에 담긴 원본 정보는 다른 여러 마음 안에 놓일 수 있다.

　　　정보의 내용이 같다면 원본 정보든 사본 정보든 똑같다. 다만 그것이 다른 매체 곧 다른 마음 안에 담길 뿐이다. 똑같은 정보가 여러 마음에 담길 수 있다는 말은 곧 여러 마음이 똑같은 사물을 파악할 수 있음을 뜻한다. 버클리가 『대화』에서 말했듯 "낱말 '똑같은'을 민간에서 받아들이는 뜻으로 이해한다면 다른 사람들이 똑같은 사물을 지각할 수 있음이 확실하다." 물론 나는 버클리의 사물 개념을 흔쾌히 받아들이지는 않는다. 다만 모든 사물이 물질로 이루어졌든 모든 사물이 정보로 이루어졌든 나는 "우리는 공통 공간 안에 놓인 같은 사물을 인식할 수 있다"를 받아들인다. 우리는 똑같은 사물을 볼 수

공간에 놓인다. 그것은 나로부터 멀고 너로부터 멀다. 하지만 '먼 거리'나 '가까운 거리'는 물체들 사이 관계다. 만일 그 딸기가 물체면 그 딸기는 내 두뇌, 내 눈, 내 몸으로부터 멀다. 따라서 그 딸기는 내 살갗 바깥 또는 내 몸 바깥에 놓인다. 먼 자극은 내 몸 바깥에 놓인다.

　　너와 내가 함께 지각하는 '그 딸기'를 공통 공간에 놓는다면 그 딸기는 공통 공간 안 어디에 있는가? 그것은 나로부터 거리를 두고 떨어진 곳에 있고 너로부터 거리를 두고 떨어진 곳에 있다. 그 딸기를 공통 공간에 제대로 위치시키려면 나는 어렴풋하게나마 '거리' 개념을 가져야 한다. '거리'는 물체와 물체의 관계다. 물체는 정의상 거리 관계를 갖는 사물이다. 만일 그 딸기가 물체고 내가 그 딸기와 거리 관계를 맺을 수 없다면 나는 그 딸기와 거리를 두고 떨어질 수 없다. 따라서 그 딸기를 '먼 자극'으로 이해하려면 나는 물체와 거리 관계를 맺을 수 있어야 한다. '나의 몸'은 물체와 거리 관계를 맺을 수 있는 나의 한 측면이다. 나에게 가장 중요한 물체는 '나의 몸'일 테다. 아마 나는 '내 몸'을 의식함으로써 '물체' 개념을 차츰 형성한다.

　　나의 몸은 다른 물체와 거리를 두고 떨어질 수 있다. 만일 내가 '나의 몸'을 의식할 수 없다면 나는 '거리' 개념을 가질 수 없고 '먼 자극'으로 나아갈 수 없다. 일단 내가 내 몸을 의식한다면 나는 내 몸 안과 바깥을 어렴풋하게나마 분간한다. 그다음 그 딸기는 내 몸이 아니고 다만 내 몸 바깥에 거리를 두고 떨어진 다른 물체로 나에게 의식된다. 한편 버클리는 물체가 관념 뭉치 또는 성질 뭉치라 생각했다. 이 경우 나의 몸은 무슨 관념의 뭉치며 무슨 성질의 뭉치인가? 여러 물체 가운데 '나의 몸'은 특별한 지위를 갖는다. 나의 몸은 아마 내가 더 자주 또는 더 또렷하게 느끼는 관념들로 이루어졌을 테다. 무엇보다 '아픔'이나 '즐거움' 관념은 내가 내 몸의 테두리를 긋는 데 중요한 역할을 한다. 하지만 자연과학자의 주장과 달리 내 몸이 스스로 '거리' 개념을 파악하고 '내 몸'과 '먼 자극'을 의식할 수는 없다. 왜냐하면 이미 말했듯 자극작용, 신경작용, 반사작용만으로는 자극의 위치를 가늠할 수 없기 때문이다.

나, 너, 먼 자극을 내가 분간할 힘을 갖는 긴 과정은 나의 몸, 너의 몸, 바깥 사물을 분간하는 중간 과정을 반드시 거쳐야 한다. 철학은 그 중간 과정을 추적하고 드러내는 데 어울리는 탐구가 아니다. 말, 뜻, 앎, 마음에서 몸이 맡는 노릇은 결코 무시할 수 없다. 오직 마음과 관념만을 받아들였던 버클리조차도 몸이 공간 및 물체 개념을 낳는다고 생각한다. 그는 '빈터'로서 공간을 『원리』에서 다음처럼 기술한다. "내 몸만 남겨 두고 세계의 모든 것이 사라졌다고 가정하면 거기에 여전히 순수 공간이 남는다고 나는 말하겠다. 이것은 다만 내 몸의 팔다리를 아무 저항 없이 모든 방향으로 움직일 수 있다고 내가 생각함을 뜻할 뿐이지 다른 것을 뜻하지는 않는다. 하지만 만일 내 몸의 팔다리도 사라지면 거기엔 아무 운동도 그 결과로 아무 공간도 있을 수 없다." 버클리에 따르면 '공간' 개념은 몸의 촉감이나 저항감에서 비롯된다. 나아가 나의 몸이 없다면 나에게는 공간 자체가 없다. 공간이 없다면 공통 공간도 당연히 없다.

0210.　우리는 비슷한 몸을 갖는다

빛알이 양자전기역학 법칙에 따라 움직인다는 까닭에서 빛알이 양자전기역학 법칙을 이미 안다고 말하는 일은 어리석다. 마찬가지로 생물이 물리 세계의 지형에 맞게 움직인다는 까닭에서 이들이 물리 법칙을 이미 어느 정도 안다고 말해서는 안 된다. 하늘을 나는 독수리, 물속을 헤엄치는 고래, 암벽을 오르내리는 산양이 정역학, 동역학, 유체역학, 중력이론 따위를 알지는 못한다. 사람이 낙하 법칙을 어느 정도 깨달은 일은 17세기 이후다. 다만 생물의 몸은 지구 환경에서 수십억 년의 진화 과정을 거쳐 지구의 물리 법칙에 따라 적절히 반응하도록 다듬어졌을 뿐이다. 생물의 몸 안에 설비된 온갖 체계는 대체로 의도나 뜻이 개입되지 않은 자연도태의 산물이며 순전히 자연 현상이다. 호모 사피엔스도 온갖 신호를 처리함으로써 어느 정도 물리 세계의 지형에 맞게 움직인다. 하지만 이를 두고 그의 몸이 자신을 의식하고 다른 물체를 의식한다고 말해서는 안 된다.

나는 몸 개념이나 물체 개념을 갖지 않은 채 태어나며 물리 법칙을 모른 채 태어난다. 하지만 내 몸은 물리 공간을 어느 정도 감지하는 물리 기반을 갖추었다. 나는 다른 이의 도움으로 물체 및 공간 개념을 차츰 파악하는데 그와 나의 몸은 비슷한 짜임을 갖는다. 거리와 방향에 따라 몸이 잘 반응하도록 사람은 두 눈과 두 귀를 갖는다. 흰자 안에 검은자가 놓인 사람의 눈 구조는 다른 사람이 바라보는 방향을 잘 알아보는데 안성맞춤이다. 사람 몸의 이 구조 덕분에 사람은 손쉽게 말을 배우고 가르칠 수 있다.

나에게 말을 가르치는 사람은 나와 비슷한 몸을 갖는다. 그는 안과 바깥, 위와 아래, 오른쪽과 왼쪽, 앞과 뒤, 먼저와 나중 따위를 이미 분간한다. 내가 이를 분간하도록 그는 물체를 이리저리 움직이고 소리를 내어 내 몸에 온갖 자극을 준다. 오랜 조건화와 강화를 거친 뒤에 그의 도움으로 나에게 '먼 자극', '거리', '내 몸', '공통 공간' 따위 개념이 떠오른다. 이 일은 이미 공통 공간 및 물체 개념을 갖춘 사람 덕택에 생기지 내 몸이 스스로 그 개념을 창출하지는 못한다. 내가 말을 배우기 전에는 내가 물체 개념을 갖는다고 아무도 장담하지 못한다.

"나는 말한다"나 "나는 생각한다"가 성립하려면 나는 '나'여야 한다. 나에게 '나', '자아', '주체', '내 마음'은 타고난 관념이 아니며 타고난 개념이 아니다. 내가 처음부터 '나'를 의식할 수는 없다. 내가 '말하는 나', '믿는 나', '바라는 나', '생각하는 나'로 자라려면 반드시 말하고, 믿고, 바라고, 생각하는 다른 사람의 도움이 있어야 한다. 그 사람의 도움으로 나는 '내 몸', '먼 자극', '공통 공간'을 차츰 깨친다. 이들 개념을 파악하려면 당연히 '다른 사람', '다른 이', '너'를 또한 알아차려야 한다. 물론 이들 '나', '너', '공통 공간', '먼 자극' 개념은 나에게 차례대로 생기기보다는 더불어 서서히 떠오른다. 하지만 내가 이들 개념을 몸 없이 깨칠 수는 없다.

아이가 '나', '너', '그것' 개념을 형성하는 데 아이와 어머니 사이의 상호작용은 지극히 중요하다. 이는 발달심리학에서 충분히 연구되었던 바다. 물론 아버지가 그 역할을 대신할 수 있고 다른 사람이 그 역할을 대신할 수 있다. 하지만 어머니든 아버지든 또는 다른 사람이든 그는 반드시 '말하는 존재'여야 한다. 말하는 이는 이미 '나', '너', '그것' 개념을 갖고 '공통 공간'을 의식하는 존재다. 또한 아이에게 그 개념을 깨치는 다른 사람은 몸을 가진 존재여야 한다. 왜냐하면 몸뚱어리로 태어난 아이는 처음에는 몸 없는 사물을 감지하지 못하기 때문이다. 아이는 처음에 다만 물리 자극이나 물리 신호를 감지할 수 있는 물리 기반을 가졌을 뿐이다. 나아가 아이와 상호작용하는 다른 사람은 아이와 비슷한 몸을 지녀야 한다. 그 사람은 자기 몸과 물체를 써서 아이가 '내 몸'과 '다른 사람의 몸'을 알아차리도록 애쓴다. 일단 아이가 두 개의 다른 몸을 알아차리면 그는 두 몸 바깥에 놓인 '공통 공간'과 '먼 자극'을 차츰 깨우친다.

0211. 삼각작용은 '뜻'과 '참'의 바탕이다

나는 '공통 공간' 개념을 모른 채 태어난다. 만일 내가 '공통 공간' 개념을 갖지 못해 그 딸기가 공통 공간에 놓였음을 의식하지 못한다면 나는 "이것은 딸기다"를 제대로 말할 수 없다. 하지만 나에게 처음 "이것은 딸기다"를 가르친 사람은 그 딸기가 공통 공간에 있음을 믿는다. 그는 딸기를 내 눈앞에 가져와 그것을 흔들거나 딸기를 손가락으로 가리키며 내 몸이 그 딸기를 주목하도록 돕는다. 다른 이, 그와 함께 느끼는 먼 자극, 그 자극이 놓인 공통 공간을 내가 의식하기 전에 그는 나의 몸에 엄청나게 많은 자극작용을 일부러 만들었다. 딸기의 움직임, 그의 눈동자와 손가락 움직임, 그의 "이것은 딸기다" 소리, 나의 "이것은 딸기다" 옹알이 따위가 나의 감각기관에 휘몰아친다. 여기에 나의 두 눈에 들어오는 다른 시각 자극작용, 나의 힘줄 및 관절의 심부감각까지도 참여한다.

공통 공간은 너와 내가 함께 느끼고, 겪고, 보고, 알 수 있는 공통 사물이 놓인 공간이다. 이 공통 공간을 의식하는 일은 내 몸, 다른 이의 몸, 이들 몸과 거리를 두고 떨어진 먼 자극, 이 셋을 한꺼번에 알아차리는 일이다. 내가 공통 공간을 의식하고 먼 자극을 공통 공간에 자리매김하는 과정은, 데이빗슨의 표현을 빌리면, "삼각작용"이다. 삼각작용의 한 꼭짓점에 내 몸이 놓이고, 다른 꼭짓점에 먼 자극이 놓이고, 남은 꼭짓점에 다른 이의 몸이 놓인다. 삼각작용은 생각하는 나, 믿는 나, 바라는 나, 말하는 나를 생성한다. 하지만 아직 말하지 못하는 내가 스스로 삼각작용을 가동할 수는 없다. 심지어 아직 말하지 못하는 두 호모 사피엔스가 힘을 모으더라도 삼각작용을 이룩할 수 없다. 왜냐하면 '나'와 '너' 개념을 갖지 않는 몸들은 자기 반응이 관계하는 자극을 공통 공간 안에 위치시킬 앵글 자체를 지니지 못하기 때문이다. 다만 삼각작용할 수 있는 다른 이가 삼각작용 안으로 나를 초청해야 한다.

'공통 공간' 개념을 갖지 못한 채 "이것은 딸기다"를 옹알이하면 이 소리는 아직 참과 거짓을 따질 만한 문장이 되지 못한다. 물리 법칙에 따라 움직이는 물리 사물이 잘못을 저지를 수 없듯, 공통 공간을 감지하지 못하는 몸들은 아예 '오류'에 빠지지 않고 '잘못'을 저지르지 않으며 '거짓'을 말할 수 없다. 오류, 잘못, 어긋남, 거짓은 오직 공공 공간을 의식하는 이들만이 저지른다. 공통 공간이나 공공 공간을 의식하지 못하는 몸은 거짓 개념뿐만 아니라 참 개념도 갖지 못한다. 참과 거짓, 진상과 허상, 한갓 그렇게 보임과 그러함이 다름을 헤아리지 못하는 이는 생각할 수도 없다. 내가 삼각작용에 참여하지 않은 채 이를 헤아릴 수 있는 다른 방법은 없다. 나는 삼각작용에 참여함으로써 '먼 자극', '공통 세계', '세계'를 의식하고 마침내 '참'과 '거짓' 개념을 깨친다.

삼각작용은 '나'를 생성한다. 나는 삼각작용을 거쳐 내가 지각하는 대상을 공통 공간에 자리매김한다. 사물이 담긴 공통 공간은 이제 공통 세계다. 공통 세계에서 나는 너에게

"이것은 딸기다"를 배운다. 이 배움을 거쳐 나는 "이것은 딸기다"를 목소리 낸다. 공통 세계를 의식한 채 "이것은 딸기다"를 목소리 내는 일은 이 소리를 참이라 여기는 일이다. 그것을 참이라 여김으로써 나의 목소리 "이것은 딸기다"는 뜻을 갖는다. 그 뜻은 나에게 "이것은 딸기다"를 가르친 사람과 공유하는 뜻이다. 마침내 나는 "이것은 딸기다"를 말할 수 있다. 나아가 나는 여러 문장을 말한다. 이 문장들의 짜임은 세계를 쪼개고, 갈래짓고, 가리키는 이론 체계를 형성한다. 이 이론의 힘으로 나는 빛알, 망막, 신경세포, 전위 펄스, 시각 중추까지도 공통 세계에 놓는다. 나중에 나는 "이것은 나의 시냅스 연결이다"를 말할 만큼 자란다.

0212.   마음의 공동체는 앎의 샘이다

인식론, 지식이론, 과학철학, 과학학 따위는 앎 자체를 탐구하는 활동이다. 여태 인식론은 내 마음 깊숙한 곳의 타고난 관념이나 개념 체계에서 앎의 바탕을 찾으려 했다. 카르납이나 콰인 등 현대 경험주의 인식론은 살갗 근처 자극에서 앎의 바탕을 찾는다. 앎의 바탕을 살갗 근처 자극에서 찾는 이들은 "이것은 딸기다"를 '지금 내 망막 안으로 이러저러한 빛알들이 들어왔다'나 '지금 내 망막 시각세포 안 로돕신 상태가 이러저러하게 변화되었다'로 이해한다. 이는 그 딸기가 내 몸 바깥에 놓였음을 보장하지 못한다. 딸기가 없더라도 딸기 이미지에 해당하는 빛알들이 내 눈으로 들어올 수 있고 로돕신 상태가 이러저러하게 바뀔 수 있다. 이 경우 "지금 내 망막으로 이러저러한 빛알들이 들어왔다"나 "지금 내 망막 시각세포 안 로돕신 상태가 이러저러하게 변화되었다"는 참이지만 "이것은 딸기다"는 거짓이다. 살갗 안쪽 자극에서 앎의 바탕을 찾는 경험주의자는 앎 현상을 설명하지 못하거나 현상주 또는 회의주의를 받아들여야 한다.

　　내가 "이것은 딸기다"를 알려면 나는 먼저 "이것은 딸기다"를 믿어야 한다. 내가 이를 믿으려면 나는 신경 패턴 "이것은 딸기다"를 갖거나 소리 신호 "이것은 딸기다"를 출력해야 한다. 나아가 이것이 '참이다'나 '거짓이다'의 평가를 받는 신호 패턴임을 깨우쳐야 한다. 이를 깨우치려면 나는 "이것은 딸기다"가 공통 공간 안에 놓인 먼 자극에 관계함을 깨우쳐야 한다. 왜냐하면 공통 공간이나 공공 공간을 의식하지 못하는 이는 오류, 잘못, 어긋남, 거짓을 저지를 수 없기 때문이다.

　　다시 말해 나는 "이것은 딸기다"를 다른 주체도 함께 반응할 수 있는 먼 자극에 관한 표현으로 여겨야 한다. 이 때문에 나 말고 다른 주체 곧 '너'나 '다른 이'를 내가 의식하지 못하면 나의 신호 패턴 "이것은 딸기다"는 참과 거짓을 평가받을 수 없고 나에게 아무 뜻을 지니지 못한다. 따라서 내가 "이것은 딸기다"를 알려면 나는 먼저 다른 주체를 알아차려야 한다. 하지만 말하는 다른 주체나 생각하는 다른 주체의 도움 없이는 나는 다른 주체를 알아차릴 수 없다. 전통 인식론은 다른 주체, 타자, 너의 중요성을 여태 거의 무시했다.

데카르트와 버클리는 "나는 알 수 있다"를 보장하는 인식론 체계를 만들려고 모든 정보의 원천으로서 무한 정신을 받아들인다. 이들에게 무한 지성은 앎의 바탕이며 만물의 척도다. 이들의 추론은 다음처럼 간추릴 수 있다. "나는 알 수 있다. 따라서 무한 지성이 있다." 무한 지성은 당연히 나와 다른 마음이다. 그들의 추론으로부터 다음을 얻는다. "나는 알 수 있다. 따라서 다른 마음이 있다." 데이빗슨은 자아, 타자, 객관 사물 사이의 삼각작용이 앎의 필요조건이라 주장한다. 삼각작용은 세 개의 선분작용으로 이루어진다. 타자는 한 사물에 비슷하게 반응하는데 이는 타자와 그 사물을 잇는 첫째 선분이다. 자아는 그 사물에 비슷하게 반응하는데 이는 자아와 그 사물을 잇는 둘째 선분이다. 타자는 그 사물과 관련하여 자아의 반응이 비슷함을 알아차리고 자아는 그 사물과 관련하여 타자의 반응이 비슷함을 알아차린다. 이는 타자와 자아를 잇는 셋째 선분이다.

제이인칭 타자와 상호작용한 적이 없거나 상호작용하지 않는 이는 생각하는 주체일 수 없다. 그는 타자와 함께 지각할 먼 자극을 공통 공간에 놓을 수 없다. 그에게 '대상'이나 '객체' 자체가 떠오르지 않고 그는 생각할 무엇을 갖지 못한다. 이는 그가 아직 생각하지 못함을 뜻한다. 자기 반응의 원인을 열린 공간에 두지 못할 때는 생각 사건이 아직 일어나지 않는다. 하지만 자아가 타자를 알아차리고 그와 함께 반응하는 공통 사물을 자기 몸 바깥 공간에 자리매김한다면 그에게 비로소 생각이 일어난다. 왜냐하면 열린 공간에 자리한 그 사물을 자기 반응의 공통 원인으로 여기는 일 자체가 자아가 그 사물을 생각하는 일이기 때문이다.

오랜 언어철학 및 인식론 탐구를 거친 뒤 데이빗슨은 『주관, 상호주관, 객관』에서 마침내 이렇게 결론 내린다. "앎을 얻는 일은 주관에서 객관으로 나아가는 일에 바탕을 두지 않는다. 앎을 얻는 일은 통째로 생기며 그 일은 처음부터 사람과 사람 사이에 있다." 그리하여 "마음의 공동체는 앎의 바탕이다. 이것은 만물의 척도를 준다. 이 척도의 적합성을 의문시하거나 더 궁극의 표준을 찾는 일은 무의미하다." 통상의 인식론에 따르면 내가 나를 더 잘 알수록 세계가 더 잘 알려지고 다른 사람이 더 잘 알려진다. 하지만 데이빗슨에 따르면 "우리가 타인을 더 잘 이해할수록 우리는 세계와 우리 자신을 더 잘 이해한다." 너를 잘 이해할 수 없다면 세계는 물론 나 자신도 잘 이해하지 못한다.

0213.　앎은 매우 믿음직한 믿음이다

인식론은 오랫동안 '앎'과 '알다'의 뜻을 깊이 따져 물었다. "나는 X를 안다"는 "나는 까닭을 갖고 X를 참이라 여기며 X는 참이다"를 뜻한다. 하지만 무엇이 또렷이 참이고 무엇이 또렷이 거짓인지 가리는 일은 쉽지 않다. 철학과 과학은 100% 확실히 참인 믿음을 바탕으로 앎을 차근차근 쌓으려 했다. 1920년대 빈학파의 논리실증주의는 주체의 감각 경험에 맞닿은 관찰문장을 앎의 바탕으로 삼았다. 빈학파는 개별 관찰문장을 개별 감각 경험 앞에 세워 그것이 참인지 거짓인지 판가름할 수 있다고 믿었다. 하지만 문장들은 서로 얽혔기에 한 문장과 한 감각 경험이 일대일로 만날 수는 없다. 플라톤부터 20세기 논리실증주의까지 과학을 확실한 참말로 짜인 튼튼한 구조물로 세우려는 노력은 결코 성공하지 못했다.

데카르트와 버클리는 앎의 바탕을 완전한 타자에서 찾는다. 완전한 타자로서 하느님은 모든 참말의 샘이고 모든 정보의 샘이다. 하지만 데이빗슨은 앎의 바탕을 불완전한 타자들의 공동체에서 찾는다. 불완전한 타자들로 이루어진 마음의 공동체는 결코 모든 참말의 샘일 수 없고 모든 참말의 잣대일 수 없다. 불완전한 타자는 모든 참말을 알지 못하고 나아가 100% 확실한 참말을 갖지도 못한다. 사람 마음은 오히려 모든 믿음의 샘이다. 현대 인식론 및 과학철학 탐구에 따르면 앎은 다른 믿음보다 그나마 더 믿음직한 믿음이다. 과학 활동은 믿음직한 믿음 체계를 발판으로 지금보다 더 믿음직한 믿음을 가지려는 활동이다. 나는 더 믿음직한 믿음을 믿으려 공통 세계 안에서 다른 이와 만나 이야기하고 탐구한다.

나는 처음에 흐릿하고 헷갈리는 믿음들을 갖는다. 흐릿함과 헷갈림을 줄이려고 나는 다른 이의 말씀을 귀담아듣는다. 덜 흐릿하고 덜 헷갈리는 뜻은 우리에게 '명제'로서 떠오른다. 우리가 차츰 다듬은 믿음직한 명제들의 짜임은 과학을 이룬다. 물론 우리는 완전히 또렷한 명제의 전체 짜임을 결코 얻지 못한다. 하지만 우리는 아무것도 알 수 없다고 절망하지 않는다. 우리는 아직 완전한 앎에 이르지 못했기에 알고 싶어 앎을 좋아하고 앎에 굶주리고 애탄다. 과학은 영원히 끝나지 않는 헤아림의 과정이며 마음의 성장이며 정신의 여정이다. 이 과정, 성장, 여정에서 나는 다른 이와 뜻을 줄곧 나눌 테다. 이 뜻나눔이 없다면 과학, 앎, 믿음이 아예 생겨나지도 않는다.

03. 뜻은 앎의 역사에서 비롯된다

;

0301. 명제는 문장의 뜻이다

믿음은 신경 패턴, 소리 패턴, 얼룩 패턴 따위 신호 패턴을 참
이라 여기는 일이다. 내가 만든 패턴이거나 나에게 일어난 패
턴을 내가 참이라 여기면 그 패턴은 나에게 문장이다. 문장은
대체로 흐릿하고 헷갈리는 '뜻'을 갖는다. 나중에 드러나지만
몇몇 문장은 아예 뜻을 갖지 않는다. 하지만 나는 일단 모든 문
장이 뜻을 갖는다고 가정한다. 이른바 "말뜻", "명제", "명제 내
용"은 '문장이 가진 뜻'을 가리키는 낱말이다. 낱말 "뜻"은 '말뜻'
뿐만 아니라 '바람', '의지', '의도', '동기'까지도 뜻한다. 의지로
서 뜻은 나중에 따로 이야기하고 지금은 말뜻이 무엇인지 묻겠
다. 말뜻이 무엇이냐 명제가 무엇이냐는 물음은 쉬운 물음이

아니다. 말뜻이 무엇인지를 탐구하는 일은 사실 '말뜻' 자체를 이미 가정한다. 왜냐하면 모든 탐구 결과는 뜻있는 문장으로 표현되어야 하기 때문이다. 자기 연구 결과를 뜻 없는 신호 더미로 쏟아내는 사람은 없다.

　　　나는 이 사람과 그 사람은 알아볼 수 있지만 '사람' 일반이 무엇인지는 모를 수 있다. 한 사람 한 사람이 생성되는 과정을 살펴봄으로써 '사람' 일반이 무엇인지는 어느 정도 드러난다. 마찬가지로 내가 이 문장의 말뜻과 그 문장의 말뜻은 알지만 '말뜻' 일반이 무엇인지는 모를 수 있다. 하지만 이 문장의 말뜻 그 문장의 말뜻이 생성되는 과정을 살펴봄으로써 '말뜻' 일반이 무엇인지를 어느 정도 드러낼 수는 있다. 물론 말뜻을 물체나 물질로 여기고 물질을 탐구하듯 말뜻을 탐구해서는 안 된다. 다만 수를 사물로 여길 수 있듯 말뜻도 사물로 여길 수는 있다. 하지만 말뜻을 사물로 여기는 일 자체는 결국 우리를 혼란에 빠뜨린다. 그만큼 말뜻은 매우 야릇한 존재다.

　　　나는 '사물을 탐구하는 방법'을 크게 측정, 해석, 추론으로 나눈다. 나아가 측정, 해석, 추론은 뜻있는 문장을 생성하는 과정이기도 하다. 측정을 거쳐 문장을 생성하려면 우리는 반드시 물리량을 도입해야 한다. 물리량은 측정이론이 가정하는 상정물이다. 우리는 물리량으로 세계를 쪼개고, 갈래 짓고, 가리킴으로써 자연 세계를 알아간다. 보기를 들어 측정을 거쳐 "이것은 9.1×10^{-31}킬로그램이다", "이것은 -1.6×10^{-19}쿨롱이다", "이것은 고유스핀 1/2이다"를 얻는다. 그다음 "$9.1 \times$

10^{-31}킬로그램이고 -1.6×10^{-19}쿨롱이고 고유스핀 1/2인 물건임" 을 "전자임"으로 정의한다. 새로운 측정 및 추론을 거쳐 한 사물을 두고 "이것은 전자다", "이 전자는 고유스핀 1/2이다", "이 전자는 초속 20만 킬로미터로 움직인다" 따위 문장을 얻는다.

　　　　측정 과정으로 생성된 문장들의 체계는 세계를 물리 물건이나 물리 사건으로 쪼개고, 갈래짓고, 가리킨다. 이와 비슷하게 해석 과정으로 생성된 문장들의 체계는 세계를 마음 물건이나 마음 사건으로 쪼개고, 갈래짓고, 가리킨다. 보기를 들어 해석을 거쳐 "이것은 '여기 앞에 물이 있다'를 믿는다", "이것은 '물이 자기 몸으로 들어온다'를 바란다" 따위를 얻는다. 그다음 "이런저런 믿음과 바람을 갖는 물건임"을 "사람임"으로 정의한다. 해석과 추론을 거쳐 한 사물을 두고 "이것은 사람이다", "이 사람은 물을 먹으려고 움직인다", "이 사람은 '여기 앞에 물이 있다'를 믿는다" 따위 문장을 얻는다.

　　　　"'여기 앞에 물이 있다'를 믿음"은 명제 "여기 앞에 물이 있다"를 참이라 여기는 태도다. "'물이 자기 몸으로 들어온다'를 바람"은 명제 "물이 자기 몸으로 들어온다"를 참이기를 바라는 태도다. 믿음과 바람은 '명제를 향한 태도' 또는 '명제 태도'의 일종이다. 물리량이 측정이론이 가정하는 상정물이듯 명제 태도는 해석이론이 가정하는 상정물이다. 우리는 명제 태도로 세계를 쪼개고, 갈래짓고, 가리킴으로써 마음 세계를 알아간다. 물리량 "1킬로그램임"에서 알 수 있듯 물리량은 수와 단위로 이루어졌다. 명제 태도 "'여기 앞에 물이 있다'를 믿음"을 보건대 명제 태도는 명제와 태도로 이루어졌다.

측정 과정은 물리 사물에 수를 매기는 과정이지만 물리 사물은 수를 갖지 않는다. 수는 다만 물리 사물들의 차이와 변화를 추적하는 이론 장치일 뿐이다. 측정은 수와 단위를 써서 물리 사물들을 갈래짓고 물리 사물의 변화를 기술하고 추적한다. 마찬가지로 해석 과정은 사람 또는 행위자에게 명제를 매기는 과정이지만 행위자는 명제를 갖지 않는다. 명제는 다만 행위자들의 차이와 변화를 추적하는 이론 장치일 뿐이다. 해석은 명제와 태도를 써서 행위자들을 갈래짓고 행위자의 행위를 기술하고 추적한다. 명제가 무엇이냐는 물음에 답하려면 먼저 명제가 해석 과정을 거쳐 도입된 이론 항목임을 잊지 말아야 한다.

0302.   명제는 물질 패턴이 아니다

태풍 현상을 설명하려고 구름과 바람과 비에 믿음과 바람을 주는 일은 올바른 과학 방법이 아니다. 마찬가지로 개미의 움직임을 설명하려고 개미에게 명제 태도를 주는 일은 올바른 동물행동 연구가 아니다. 올바른 개미 동물행동학은 이런저런 신경회로, 신경전달물질, 호르몬을 도입함으로써 개미의 움직임을 설명한다. 자연과학 방법으로 사람의 믿음과 바람을 연구하는 이들은 당연히 사람 몸에서 일어나는 온갖 신경생리 사건을 연구할 테다. 하지만 측정장치를 써서 명제 태도를 관측할 수는 없다. 자연과학 방법으로 명제 태도를 관측한다고 주장하는 상황들을 잘 살펴보면 거기에는 언제나 행위자의 발화나 의도 행위가 있다. 명제 태도는 오직 행위자의 의도 행위를 해석자가 해석할 때만 나타난다. 의도 행위가 없는 곳에 명제 태도를 부여하는 일은 일종의 애니미즘이다.

측정 과정을 거쳐서도 명제 태도가 상정될 수 있는가? 측정 과정을 거쳐 사람은 명제 "이것은 3킬로그램이다"를 안다. 사람이 명제 "이것은 3킬로그램이다"를 알려면 그는 먼저 "이것은 3킬로그램이다"를 믿어야 한다. 이처럼 명제 "이것은 3킬로그램이다" 자체가 상정되려면 누군가 그것을 믿어야 한다. 아무도 "이것은 3킬로그램이다"를 믿지 않고 바라지 않으면 누군가 명제 "이것은 3킬로그램이다"를 상정할 까닭이 없다. 세계 안에 명제 "이것은 3킬로그램이다" 자체가 제 홀로 존재할 수는 없다. 이는 피타고라스 정리든 아인슈타인의 "$E = mc^2$"이든 마찬가지다. 나아가 아무도 믿지 않고 아무도 바라지 않는다면 측정 과정 자체가 있을 수 없다. 세계 안 사물에게 명제 태도를 주는 일은 측정의 임무가 아니라 해석의 임무다. 명제 태도를 상정할 일이 없으면 명제를 상정할 일도 없다. 명제가 상정되지 않으면 수나 집합도 상정될 수 없다. 일단 명제들이 상정되면 여러 명제의 맥락 안에서 "수"든 "집합"이든 비로소 '뜻'을 갖고 마침내 수나 집합이 상정된다.

사람이 이런저런 방식으로 움직였다면 우리는 그 움직임을 두 가지 방법으로 연구할 수 있다. 하나는 행동주의 연구 방법이다. 행동주의 연구는 근본 차원에서 측정의 방법으로 움직임을 연구한다. 다른 하나는 해석이론을 써서 연구하는 방법인데 근본 차원에서 해석의 방법으로 움직임을 연구한다. 해석이론은 크게 행위이론과 사회이론으로 이루어졌다. 행위이론 또는 결심이론에 따르면 사람의 움직임은 모종의 이유가 일으킨 움직임이다. 이 이론은 움직임의 이유로서 명제 태도를 행위자에게 준 뒤 그 명제 태도 때문에 그 움직임이 야기되었다고 설명한다. 이 방식의 설명은 이른바 "이유 설명"인데 인과 설명의 일종이다. 한 사건을 이유 설명으로 설명하지 않으면 그 사건은 의도 행위로 드러나지 않는다.

이유 설명에서 이유는 원인 노릇을 한다. 해석이론에서 명제 태도가 원인 노릇을 하는 일은 측정이론에서 물리량이 원인 노릇을 하는 일에 빗댈 수 있다. 측정이론은 물체의 움직임을 설명하려고 물체가 질량, 에너지, 위치, 운동량 따위를 갖는다고 가정한다. 그다음 이 물리량들이 잘 짜인 값을 지니도록 '수'와 '단위'를 상정한다. "3킬로그램"에서 수 '3'과 단위 '킬로그램'은 측정이론의 상정물이다. 마찬가지로 "'지금 비 온다'를 믿음"에서 명제 '지금 비 온다'와 태도 '믿음'은 해석이론의 상정물이다. 인문사회과학자들은 행위자의 움직임을 설명하려고 행위자가 명제 태도를 지닌다고 가정한다. 그들은 이 마음 속성이 잘 짜인 값을 지니도록 '명제'와 '태도'를 상정한다.

행위자는 다른 행위자 및 주변과 마음씀의 관계를 맺는다. 태도로서 '믿음'과 '바람'은 행위자가 세계와 관계 맺는 방식을 제각기 다르게 표현한다. 명제 태도는 사람과 세계의 관계 양식이며 명제는 그 관계의 내용을 논리 관계로 구조화한다. 이는 '미터', '초', '킬로그램' 따위 단위가 물체들의 물리 관계를 제각기 다른 방식으로 표현하고 수가 그 관계의 세기나 크기를 대소 관계와 비율 관계로 구조화하는 일과 비슷하다. 수와 단위는 측정의 방법으로 자연을 인식한 내용을 체계화하는 이론 장치다. 하나하나의 수가 존재 세계를 구성하지 않듯 하나하나의 명제도 존재 세계를 구성하지 않는다. 명제와 태도는 해석의 방법으로 사람들의 사회를 인식한 내용을 체계화하는 이론 장치다.

많은 형이상학자는 말뜻 곧 명제를 마음의 시공간 또는 제3의 영역에 실물화하려 애썼다. 이는 프레게, 러셀, 포퍼 등 초기 분석철학자뿐만 아니라 몇몇 현상학자도 애썼던 바다. 콰인 같은 자연주의자는 명제 태도를 신경생리 상태나 그런 상태의 역할이나 기능으로 이해한다. 이는 명제를 신경생리 상태나 그런 상태의 기능으로 이해하는 일이다. 이것은 가장 잘못되고 가장 나쁘게 명제를 이해하는 방식이다. 명제를 실물화하려는 꿈을 제대로 구현한 이론가는 아직 아무도 없다. 내 생각에 이 꿈은 거의 가망이 없다. 이는 수나 집합을 실물화하려는 꿈이 실패한 일에 비길 수 있다. 명제 개념 없이 믿음을 이해하려는 이들은 믿음이나 바람을 신경생리 상태나 그런 상태의 기능으로 이해한다. 하지만 믿음을 물질화하는 일은 인식론을 자연과학 탐구로 바꾸는 일이며 인식론 자체를 포기하는 일이다.

몇몇 심리학 연구는 사람의 믿음과 바람을 몸 움직임, 살갗 움직임, 몸 안의 신경생리 사건으로 바꾸어 이해한다. 하지만 이런 심리학 연구는 인식론 탐구를 대신할 수 없다. 심리학은 자연과학 방법으로 개별 수학자의 천재성을 설명할 수 있지만 심리학이 수학의 구조와 내용을 설명하지는 못한다. 수나 집합을 물질화하고 신경생리 사건화할 때 학문으로서 수학의 객관성은 사라진다. 정통 수학자는 수나 집합을 물질화하지 않고 오직 공리나 정의 같은 명제 안에서 수나 집합을 이해한다. 마찬가지로 과학의 구조와 내용을 이해하려는 과학철학자는 과학의 뭇 명제를 물질화하지 않는다. 과학의 명제들을 두뇌 안 신경생리 사건으로 물질화한다면 과학의 객관성은 무너진다. 쿼크와 렙톤이 존재 세계를 이룬다고 믿는 물리학자조차도 자신들의 물리학 명제들을 물질화하지 않는다. 과학자가 아니라 누구라도 자신이 참이라 굳게 믿는 명제를 자기 머릿속 한낱 신경생리 작용으로 여기지는 않는다.

명제는 인식 과정에서 생성된다. 내가 '명제'를 이야기해야 하는 때는 누군가에게 명제 태도를 줄 때다. 나는 언제 그에게 명제 태도를 주는가? 그것은 내가 행위자의 행위를 설명할 때다. 아직 비가 오지 않지만 현빈은 우산을 들고 외출한다. 현빈의 이 행위를 설명하려고 나는 그에게 "오늘 비가 온다"는 믿음을 주고 "현빈은 비를 맞지 않는다"는 바람을 준다. 행위를 해석할 일이 애초에 없다면 "오늘 비가 온다"와 "현빈은 비를 맞지 않는다" 따위 명제가 도입될 일이 없다. 물론 이 해석 과정에서 나는 우산을 들고 외출하는 현빈의 움직임을 지각해야 한다. 이 지각에서 약간의 측정 과정이 개입된다. 또한 내가 현빈에게 믿음과 바람을 주려면 나는 여러 가지 추론을 거쳐야 한다. 이처럼 말뜻 곧 명제는 해석, 측정, 추론의 인식 과정을 거쳐 생성된다.

해석자로서 나는 이미 말할 수 있고 말뜻을 알며 명제를 안다. 해석하는 이로 자라기 전에 나는 먼저 해석되는 이여야 했다. 나의 출력 패턴에 내가 말뜻을 주고 명제를 줄 수 있어야 나는 말하는 사람이고 해석하는 사람일 수 있다. 나의 출력 패턴은 언제 뜻이 담기는가? 이미 말했듯 나의 소리 패턴 "이것은 딸기다"에 뜻이 처음 담기는 과정은 내가 공통 세계와 먼 자극을 알아차리는 삼각작용 과정이다. 나의 첫 삼각작용은 내가 말을 처음 배우는 과정이며 내 출력에 말뜻이 처음 나타나는 과정이다. 나의 소리 패턴 "이것은 딸기다"에 처음 뜻이 담길 때 나에게 "이것은 딸기다"는 거의 참이다. 하지만 나중에 그 패턴에 새로운 뜻이 덧붙여지면서 그 패턴에 거짓의 여지가 생긴다.

말뜻은 인식 과정에서 생기며 인식 과정은 말뜻을 채운다. 한편 말뜻이 나에게 처음 생기는 과정은 앎이 나에게 처음 생기는 과정이다. 왜냐하면 패턴에 처음 뜻이 담기는 그 자리에서 그 패턴은 나에게 '참'이며 '앎'이기 때문이다. 만일 내가 딸기가 아니라 앵두가 놓인 자리에서 문장 "이것은 딸기다"를 배웠다면 나에게 소리 "딸기"는 '앵두'를 뜻하며 나의 소리 "이것은 딸기다"는 '이것은 앵두다'를 뜻할 뿐이다. 내 앞에 놓인 사물이 앵두든 딸기든 나의 소리 패턴 "이것은 딸기다"가 뜻을 처음 갖는 바로 그 자리에서 그 패턴은 나에게 참이다. 딸기가 놓인 곳에서 배운 문장 "이것은 딸기다"는 명제 '이것은 딸기다'를 뜻한다. 앵두가 놓인 곳에서 배운 문장 "이것은 딸기다"는 명제 '이것은 앵두다'를 뜻한다. 나의 패턴 X가 처음 말뜻을 지니자마자 나에게 문장 X는 참이고 나는 X를 안다.

0303. "응"은 메타 패턴이다

크게 낸 소리 "이것은 딸기다", 작게 낸 소리 "이것은 딸기다", 남자가 낸 소리 "이것은 딸기다", 여자가 낸 소리 "이것은 딸기다"는 서로 닮은 소리다. 이 소리들은 모종의 패턴을 공유한다. 여러 가지 얼룩 "이것은 딸기다"도 모종의 패턴을 공유한다. 이 얼룩들이 공유하는 패턴과 그 소리들이 공유하는 패턴은 더욱 추상화된 패턴을 공유한다. 그 얼룩 패턴과 그 소리 패턴은 둘 다 문장 "이것은 딸기다"를 신호화한 패턴이다. 문장은 모종의 패턴이다. 신호들의 패턴은 언제 문장을 신호화한 패턴이 되는가?

　　　이미 말했듯 누군가 패턴 X를 참이라 여기면 그 패턴은 그에게 문장이다. 만일 패턴 X가 문장이면 문장 X는 뜻을 지닌다. 문장 X가 뜻을 지니면 문장 X는 말뜻을 표현한다. 내가 패턴 X를 출력함으로써 처음으로 X의 말뜻을 표현하려면 나는 먼저 그 패턴을 참이라 여겨야 한다. 하지만 내가 패턴 X를 참이라 여기는 일은 내가 단순히 신경 패턴 X를 갖거나 소리 패턴 X를 출력하는 일을 넘어선다. 나에게 무슨 일이 일어나야 내가 패턴 X를 참이라 여기는 일이 일어나는가? 패턴 X를 참이라 여기려면 나는 먼저 패턴 X를 대상화하고 그다음 그 패턴 X에 반응하여 또 다른 패턴을 만들어야 한다.

　　　패턴 X를 놓고 내가 "응"을 소리 내거나 고개를 끄덕인다면 나의 행위는 패턴 X를 참이라 여기는 일로 해석될 수 있다. 패턴 X에 반응하여 소리 패턴 "응"을 출력하거나 고개를 끄덕이는 패턴을 만드는 일은 패턴 X 자체를 대상화한 뒤 이 패턴에 반응하는 다른 패턴을 추가로 출력하는 일이다. 이 점에서 한 패턴을 참이라 여기는 일은 패턴에 대한 패턴이며 말하자면 '메타 패턴'이다. 아이의 옹알이 "응"은 처음에 그냥 소리 패턴일 뿐이다. 하지만 그것이 '그 말은 참이다'를 뜻하면 소리 패턴 "응"을 출력하는 일은 메타 패턴을 출력하는 일인 셈이다.

　　　처음에 나는 어머니의 "엄마" 소리를 반사 반응으로 흉내 내어 "엄마"를 옹알인다. 내가 이 소리 패턴을 출력할 때 내 몸은 나름의 신경 패턴을 지닌다. 나의 이 소리 패턴과

이 신경 패턴은 아직 문장이 아니며 말뜻을 지니지 않는다. 어머니의 말 "엄마"는 "이것은 엄마다"나 "이것은 엄마야?"를 줄인 말이다. 어머니의 말 "엄마"에 내가 "엄마"라 옹알이하는 일은 어머니의 말 "이것은 엄마다"나 물음 "이것은 엄마야?"에 내가 "이것은 엄마다"를 소리 내는 일인 셈이다. 물론 나는 아직 나의 옹알이 "엄마"가 '이것은 엄마다'나 '이것은 엄마야?'를 뜻할 수 있음을 모른다. 처음에 나는 다만 나에게 들리는 음성 신호를 그냥 흉내 내어 되풀이하는 반사 신경 회로를 지닐 뿐이다.

나는 아버지의 "아빠" 소리를 반사 반응으로 흉내 내어 "아빠"를 옹알이하고, 다른 이의 "이것은 딸기다" 소리를 반사 반응으로 흉내 내어 "이것은 딸기다"를 옹알이한다. 소리 패턴 X에 비슷한 소리 패턴을 흉내 내는 일을 거듭한 뒤 나는 소리 패턴 X에 짧게 옹알이 "응"을 대신할 수 있음을 차츰 배운다. 이 과정은 내가 "응"이나 "그 말은 참이다"를 배우는 과정이다. 내가 "엄마"를 옹알이하면 처음에 어머니도 "엄마"를 소리 내지만 나중에는 때때로 "응"을 소리 낸다. 이는 나의 물음 "이 것은 엄마야?"에 어머니가 "응"이라 답하는 일이다. 나의 "엄마" 옹알이에 어머니가 "엄마"나 "응"을 소리 내는 일을 거듭한 뒤 어머니가 "엄마"를 말할 때 어쩌다 나는 "응"이라 옹알이한다.

어머니가 "엄마"를 말할 때 내가 "응"이라 옹알이하는 일은 다른 이의 소리에 "응"이라 옹알이하는 반사 신경회로가 나에게 생기는 일이다. 이 신경 회로는 "응"이나 "그 말은 참이다"에 해당하는 신경 패턴이다. 이런 식으로 나에게 두 가지

신경 프로그램 또는 신경 소프트웨어가 생긴다. 하나는 소리 패턴 X가 입력되면 이와 비슷한 소리 패턴을 출력하는 반사 신경회로를 만드는 프로그램이다. 다른 하나는 소리 패턴 X가 입력되면 "응"을 출력하는 반사 신경 회로를 만드는 프로그램이다. 비슷한 패턴을 흉내 내는 반사 신경회로와 "응"이라 옹알이하는 반사 신경 회로는 다른 신경 패턴이다. 하지만 두 신경 패턴이 내 몸에서 맡는 역할은 비슷하다. 이로써 두 신경 패턴이 '같은 뜻'을 가질 물리 기반이 갖추어졌다.

사람은 아이든 어른이든 자신의 신경 패턴을 의식하지 못한다. 나는 내 몸이나 내 두뇌에 무슨 신경 회로가 있는지 알아챌 수 없다. 다만 '목마름'이나 '오줌 마려움' 같은 성향은 어느 정도 의식할 수 있다. 마찬가지로 나는 말을 배우는 과정에서 소리 패턴 X를 소리 내려는 성향이나 "응"을 소리 내려는 성향을 어느 정도 감지할 수 있다. 하지만 소리 패턴 X가 입력된 뒤 "응"을 출력하는 일과 X와 비슷한 소리 패턴을 출력하는 일이 '같은 노릇을 함'을 나는 처음에 깨달을 수 없다. 두 가지 출력이 '같은 노릇을 함'을 깨닫는 일은 패턴과 패턴을 견주는 일이며, 패턴의 패턴을 지니는 일이고, 메타 패턴을 지니는 일이다.

자연 과정으로는 메타 패턴으로서 "응"을 배울 수 없다. "응"을 배우는 과정은 신경생리 과정을 넘어선다. 내가 그 "응"에 해당하는 신경 패턴을 지니려면 내 몸 바깥에 출력된 패턴의 도움을 받아야 한다. 다른 사람이 그의 몸 바깥에 소리 신호나 얼룩 신호를 출력해야 하고 나아가 그 신호는 그가 의도를 갖고 일으킨 신호여야 한다. 그 의도에는 그의 말뜻, 그의 믿음, 그의 바람이 담긴다. 그는 "응"이나 "그 말은 참이다"의 뜻을 이미 알며 무엇보다 '참' 개념을 이미 갖는다. 그는 소리 패턴 X가 입력된 뒤 "응"을 출력하는 일과 X와 비슷한 소리 패턴을 출력하는 일이 '같은 노릇을 함'을 이미 안다. 이처럼 메타 패턴으로서 "응"을 배우는 과정은 뜻을 지니고 '참이다'를 이미 아는 다른 사람이 개입하는 역사다. 그 역사는 자연의 역사나 감각의 역사라기보다 해석의 역사며 뜻의 역사다.

0304. "응"을 배우는 일은 논리 과정이다

딸기, 빛알, 로돕신, 신경세포 따위는 물체거나 알갱이다. 문장은 여러 물리 신호들이 공유하는 패턴이며 추상물이다. 나중에 이야기하겠지만 이 패턴은 조합구조를 갖는다. 이 조합구조를 "신택스", "문장론", "문법"이라 한다. 하지만 비슷한 물리 신호를 출력하더라도 그 출력은 문장의 출력이 아닐 수 있다. 보기를 들어 고양이가 "안녕" 비슷한 소리를 출력하더라도 그것은 문장의 발화가 아니며 그 "안녕"은 뜻을 지니지 않는다. 고양이의 "안녕" 소리가 뜻을 지니려면 고양이가 소리 "안녕"을 내기까지 나름의 역사를 지녀야 한다. 그것은 물리 신호 패턴에 뜻을 주고 뜻을 담는 해석의 역사다. 하지만 아무리 복잡한 물리 과정이더라도 삼각작용 없이는 그 과정이 해석의 역사일 수 없다.

나의 소리 "이것은 딸기다"가 뜻을 지니려면 나는 소리 "이것은 딸기다"를 참이라 여겨야 한다. 내가 이를 참이라 여기는 일은 단순히 옹알이로 그 소리를 흉내 내는 일이 아니다. 내가 "이것은 딸기다"를 참이라 여기려면 나는 삼각작용을 거쳐 "이것은 딸기다"를 배워야 한다. 나아가 나는 물체로서 '딸기' 와 표현으로서 "이것은 딸기다"를 분간해야 한다. 다만 다른 이의 "이것은 딸기니?"에 내가 "응"이라 소리 내면 짐작하건대 나는 "이것은 딸기다"를 참이라고 여길 잠재력을 지녔을 테다. 물론 내가 "응"을 소리 내는 성향을 지니는 일 또는 이에 해당하는 신경 패턴을 띠는 일은 물리 과정의 복합이다. 하지만 그 성향 또는 그 신경 패턴이 메타 패턴으로서 "응"이 되는 일 또는 그 "응"이 '그 말은 참이다'를 뜻하는 일은 자연 과정을 넘어선다.

자연의 역사, 감각 경험의 역사, 반사의 역사만으로 나는 메타 패턴으로서 "응"을 출력할 수 없다. 내가 메타 패턴을 지니거나 출력하는 과정은 내가 '뜻'의 영역으로 나아가는 과정이다. 그 과정은 말하자면 "말길 과정" 또는 "논리 과정"이다. 내가 "이것은 딸기다"에 "응"이라 응답하는 일은 "'이것은 딸기다'는 참이다"고 응답하는 일이다. 물론 "'이것은 딸기다'는 참이다"는 "이것은 딸기다"의 뜻을 바꾸지 않는다. 하지만 소리 "이것은 딸기다"를 "참이다"고 말하는 일은 소리 "이것은 딸기다"에 뜻을 준다. 뜻을 주는 논리 과정은 당연히 물리 현상에 새로운 물리 사물을 보태지 않는다. 이 논리 과정은 다만 내 몸이 겪은 물리 역사를 다른 시각에서 재구성할 뿐이다.

　　　해석하는 사람은 긴 시간과 넓은 공간에 걸친 내 몸과 그의 몸 및 물체의 움직임, 이들 몸과 물체 사이를 오가는 물리 신호, 내 몸의 감각 및 신경 작용으로 이루어진 온갖 물리 사건의 복합에서 삼각작용 사건을 편집한다. 나중에 말하겠지만 세계 안 현상들을 측정의 원리에 따라 쪼개고 갈래지으면 물리 사물과 사건이 나타나지만 세계 안 현상들을 해석의 원리에 따라 쪼개고 갈래지으면 행위자와 마음 사건이 나타난다. 아무튼 긴 시간과 넓은 공간에 걸친 내 몸, 공통 사물, 다른 사람 몸 사이에서 벌어진 온갖 현상들을 이리저리 재구성함으로써 내가 패턴 "이것은 딸기다"를 참이라 여기는 사건이 마침내 드러난다. 나에게 이 사건이 드러나면 믿는 사건이 나에게 이미 나타났고 명제 태도가 나에게 이미 생겼음을 나도 깨닫는다.

0305.　　명제 태도가 없다면 명제도 없다

내가 무엇인가를 믿으면 나에게 명제 태도가 생긴 셈이다. 명제 태도가 나에게 생겼다면 나에게 '명제'가 생긴 셈인가? 명제가 나에게 생겼다면 명제는 내 안에 있는가? 명제가 내 안에 있다면 그것은 내 몸 안에 있는가 내 마음속에 있는가? 볼차노는 과학이 참인 명제로 이루어져야 한다는 점을 받아들이면서 명제들이 어딘가에 존재한다고 생각했다. 물론 그가 쓴 표현은 "명제"가 아니라 "문장 자체"다. 명제는 도대체 무엇으로 이루어졌으며 어디에 있느냐는 물음은 철학자들을 줄곧 괴롭혔다. 몇몇 철학자는 명제가 지성 또는 이성 안에 있다고 말한다.

　　저 야릇한 물음에 답하기 너무 어려워 볼차노의 연구는 하나의 반대 흐름을 낳았다. 이 흐름은 "심리주의"라 불리는데 이는 "신경생리주의"나 "물리주의"로 불려야 마땅하다. 물리주의를 부드럽게 표현한 다른 이름은 "자연주의"다. 신경생리주의자는 "지성 안", "이성 안", "생각 안", "마음 안"을 "몸 안" "머리 안" "골 안" "신경에서"로 이해한다. 그들에게 명제는 골 안 신경에서 벌어지는 일을 나타낸다. 그들에 따르면 참인 명제는 머리 안과 자연에서 벌어지는 일 사이의 관계 덕분에 만들어진다. 콰인, 포더, 드레츠키, 처칠랜드 부부, 밀리컨 등은 오늘날 이 흐름의 대표자다.

　　볼차노를 따르는 이들은 신경생리주의에 반대하거나 보완하면서 두 갈래로 갈라졌다. 하나는 브렌타노를 거쳐 후설로 이어지는 현상학 연구다. 다른 하나는 프레게를 거쳐 러셀과 비트겐슈타인으로 이어지는 분석철학 연구다. 이 연구가 신경생리주의에 만족하지 못했던 까닭은 이 견해가 과학의 가능성 자체를 무너뜨리기 때문이다. 콰인은 신경생리주의만을 철저히 밀고 갔을 때 우리가 회의주의에 빠질 수밖에 없음을 잘 보였다. 고대부터 현대까지 주류 전통 철학은 무엇이 참말인지 알 수 없으며 우리 사람이 참말을 얻을 수 없다는 회의주의에서 벗어나려 애썼다. 현상학과 분석철학도 이 철학 전통에 참여하면서 도대체 앎이 어떻게 가능한지를 설명하려 했다.

나는 볼차노, 프레게, 타르스키, 데이빗슨의 연구 노선을 따른다. "샛별은 샛별이다"와 "샛별은 금성이다"는 둘 다 참이지만 둘 사이에 다른 점이 있다. 그 다른 점은 두 문장의 뜻이다. 만일 문장이 참값만 갖고 뜻을 갖지 않는다면 참말들은 모두 똑같을 테다. 이렇게 프레게는 문장이 뜻을 가져야 함을 또렷이 드러냈다. 이로부터 명제를 '문장의 뜻'으로 정의하는 전통이 생겼다. 데이빗슨은 타르스키의 연구로부터 문장들 사이의 논리 관계와 '참' 개념을 써서 '문장의 뜻'을 드러내는 방법을 찾았다. 이 방법은 문장의 뜻, 말뜻, 명제가 어디에 있냐는 물음을 조금 더 쉽게 풀 길을 마련했다.

물리 사건이나 물리 물건은 "있다"거나 "없다"고 말할 수 있다. 그것이 있다면 그것은 물리 공간 및 시간 안에 있다. 하지만 문장의 뜻, 말뜻, 명제를 두고 그것이 "있다"거나 "없다"고 말하는 일은 오해를 불러일으킨다. 그것이 "있다"고 말하면 그것이 '물리 공간 및 시간 안에 있다'고 오해들 한다. 철학자들이 말뜻 곧 명제 개념을 다듬은 뒤에도 그들은 명제를 두고 여전히 "있다"나 "없다"를 썼다. 그들은 마음이 명제를 본다거나 만난다고 말하기도 한다. 명제는 존재 세계에 참여하는가? 명제가 존재 세계에 참여한다고 이야기하려면 그 전에 명제 태도가 존재 세계에 참여한다고 먼저 이야기해야 한다.

볼차노가 그랬듯 마이농, 프레게, 비트겐슈타인, 포퍼는 문장의 뜻, 말뜻, 명제가 특별한 세계에 "있다"고 말한다. 심지어 러셀은 참인 명제뿐만 아니라 거짓 명제도 존재해야 한다고 주장한다. 하지만 "피타고라스 정리가 존재한다"고 말하는 일은 끝 모를 낭떠러지로 우리를 떠민다. 피타고라스 정리 따위의 명제는 다만 참일 뿐이다. 명제 "달은 지구보다 크다"는 다만 거짓일 뿐이다. 물론 문장의 개별 발화나 개별 기재는 세계 안에 있다. 누군가의 개별 믿음 "달은 지구보다 작다"는 개별 사건이다. 개별 사건으로서 개별 믿음, 개별 생각, 개별 판단은 세계 안에 있다고 말해도 좋다. 생각, 판단, 믿음, 바람의 내용은 이 세계 안에 있는가? 이들 내용으로서 명제는 이 세계에 참여하는가?

명제가 일종의 존재로서 이 세계에 참여한다는 말은 마치 수가 세계에 참여한다는 말과 비슷하다. 여기 놓인 이 두부가 질량 '500그램'를 가진다는 점에서 '500그램'은 이 세계 안에 있다. 하지만 이를 두고 수 500이 이 세계 안에 있다고 말하는 일은 야릇하다. 나는 "그것을 딸기다"를 믿는다는 점에서 '그것은 딸기다를 믿음'은 이 세계 안에 있다. 하지만 이를 두고 명제 '그것은 딸기다'가 이 세계 안에 있다고 말할 수 있을까? 수 500이 물리량 500그램과 다르듯 명제 '이것은 딸기다'는 명제 태도 '이것은 딸기다를 믿음'과 다르다. 수가 제 홀로 세계 안에 존재할 수 없듯 명제도 제 홀로 세계 안에 존재할 수 없다. 믿음과 바람 따위 명제 태도가 없다면 명제도 없다. 명제 태도가 세계에 참여한다는 뜻에서만 명제는 세계에 참여할 수 있다.

0306.   명제는 참이거나 거짓이다

참 개념을 갖지 않는 이는 "이것은 딸기다"를 참이라 여길 수 없다. 무엇인가를 믿는 사람은 이미 참 개념을 갖는다. 그가 참 개념을 갖는다면 그는 거짓 개념도 갖는다. 따라서 내가 "이것은 딸기다"를 믿는다면 나는 이미 참 개념과 거짓 개념을 가졌다. 나는 공통 세계 안에서 목소리 내고 글을 쓰는 과정에서 다른 이로부터 참 개념과 거짓 개념을 배운다. 이 개념들을 가진 뒤에야 비로소 나는 몇몇 목소리나 얼룩이 뜻을 갖는다는 점을 깨닫는다. 참 개념과 거짓 개념을 모른 채 말뜻 개념 곧 명제 개념을 알아차릴 방법은 없다. 나는 명제 개념을 먼저 갖고 그다음 참 개념과 거짓 개념을 갖는다기보다 오히려 참 개념과 거짓 개념을 가진 다음에 명제 개념을 갖는다.

믿음, 발화, 기재가 참 또는 거짓일 수 있는 까닭은 그것들이 '참과 거짓의 평가를 받는 내용'을 지녔기 때문이다. '참과 거짓의 평가를 받는 내용'은 정의상 '뜻' 또는 '말뜻'이다. 명제는 '문장의 뜻'이기에 명제는 참과 거짓의 평가를 받는 내용이다. 프레게는 명제가 문장의 뜻이며 문장의 뜻은 문장의 참값과 다르다는 사실을 매우 잘 드러냈다. 타르스키는 서로 얽힌 문장들의 뜻으로부터 "참이다"를 정의할 수 있음을 보였다. 데이빗슨은 이를 거꾸로 뒤집어 참말로 여긴 문장들이 서로 관계 맺은 짜임으로부터 문장들의 뜻을 드러낼 수 있다고 주장했다. 해석이론에 따르면 문장들의 짜임은 명제 태도들의 전체 짜임으로부터 떠오른다. 이미 말했듯 명제 태도들 곧 믿음들과 바람들은 행위들을 설명하려고 상정된 항목들이다. 결국 말뜻 곧 명제는 행위자의 공동체에서 일어나는 행위들의 짜임에서 비롯된다.

명제가 무엇인지 많은 철학자가 오랫동안 탐구했지만 그들은 대체로 잘못된 가정에 바탕을 두고 탐구했다. 그들은 명제가 있다고 가정한 뒤 그 명제가 참인지 거짓인지 아니면 이것도 저것도 아닌지 따지려 했다. 명제는 그냥 단순히 참인 무엇 또는 거짓인 무엇이다. "주어진 아무 명제는 참이거나 거짓이다"는 '명제' 개념을 이루는 바탕 공리다. 이 공리는 명제의 정의로부터 곧장 나온다. 다시 말해 만일 표현 X가 말뜻 곧 명제를 표현한다면 X는 참이거나 거짓이다. 나는 이를 논리의 첫째 공리로 여긴다. 이 공리는 '첫 말길'이다. 하지만 "모든 표현 X는 참이거나 거짓이다"는 참말이 아니다. "표현 X는 참이거나 거짓이다"가 성립하지 않는 표현 X가 많다. 문장이 아닌 표현들은 대부분 그러하다. 문법에 맞게 만든 문장이더라도 그 문장이 명제를 표현하지 않는다면 그 표현은 참도 거짓도 아니다.

문장과 명제는 다르다. 거짓말쟁이 역설은 이 점을

잊었기 때문에 빚어진 역설이다. "지금 이 문장은 거짓이다"는 문장이지만 이 문장은 말뜻 곧 명제를 표현하지 않는다. 왜냐 하면 "지금 이 문장은 거짓이다"에 "참이다"나 "거짓이다"를 붙 일 수 없기 때문이다. 만일 한 표현에 "참이다"나 "거짓이다"를 붙일 수 없다면 그 표현은 명제일 수 없다. "참이다"와 "거짓이 다"는 명제 개념을 생성하는 개념 틀이다. 만일 "표현 X는 참이 다"고 말할 수 있다면 그 표현은 명제를 표현한다. 만일 "표현 X 는 거짓이다"고 말할 수 있다면 그 표현은 명제를 표현한다. 만 일 표현 X가 명제를 표현한다면 표현 X는 참이거나 거짓이다.

0307.   말뜻은 상황을 반영한다

내가 예전과 똑같이 생각한다면 나는 예전과 똑같이 행위할 테 다. 내가 예전과 다른 말을 들었다면 때때로 나는 예전과 다르 게 행위한다. 생각이나 말에 담긴 것을 "내용"이라 하는데 나는 생각의 내용이나 말의 내용에 따라 다르게 행위한다. 친구의 온화한 말에 담긴 절교 내용은 나의 가슴을 터질 듯 아프게 한 다. 말에 담긴 내용은 때때로 사람을 죽이기도 한다. 하지만 내 용 자체는 물리 힘을 갖지 않고 화학 독성을 갖지도 않는다. 내 용이 물리 힘을 갖지 않는데도 어떻게 내용이 내 몸을 움직이 고 나를 바꿀 수 있는가?

마음이 무엇인지 이해하려는 이는 반드시 내용이 무엇인지도 탐구해야 한다. 현상학과 분석철학은 내용과 세계의 관계를 규명하려 애썼다. 이들 철학 연구 프로그램에서 '의식 내용'과 '마음 내용'이 무엇인지 말하는 일은 쉽지 않았다. 러셀은 말이나 생각에 담긴 내용을 "명제 내용"이라 했는데 이를 짧게 "명제"라 한다. 명제는 '문장의 뜻'이기에 표현 "내용"은 "뜻"이나 "의미"의 다른 표현이다. 생각이든 믿음이든 앎이든 "이것은 딸기다"는 감각 경험을 거쳐 파악되기에 이는 '경험 내용'을 갖는다. 관찰문장은 또렷한 경험 내용을 갖는 문장인데 논리실증주의에서 관찰명제는 '관찰문장의 경험 내용'이고 '관찰문장의 뜻'이다.

신경생리주의자는 내용을 신경 패턴이나 신호 패턴처럼 여긴다. 콰인에 따르면 "이것은 딸기다"의 경험 내용은 살갗 전반에서 촉발된 신경 패턴이다. 하지만 내용을 물체나 알갱이처럼 다루는 온갖 이야기는 헷갈림과 흐릿함으로 가득 차 있다. 내용을 제대로 다루려면 명제 내용을 먼저 다루어야 한다. 또한 명제를 곧바로 탐구할 수 없기에 문장의 발화나 기재를 거쳐 명제를 에둘러 탐구해야 한다. 마음이 무엇인지 이야기하기에 앞서 내가 "나는 말한다"를 먼저 이야기하는 까닭은 여기에 있다. "이것은 딸기다"의 뜻은 '이것'이나 '딸기' 또는 개별 신호나 개별 신경에서 비롯되지 않고 "이것은 딸기다"를 배우는 일 또는 소리 패턴 "이것은 딸기다"를 참이라 여기는 일에서 비롯된다.

한글로 쓰인 "나는 너를 사랑한다"와 알파벳으로 쓰인 "I love you"는 다른 문장이지만 이들은 같은 무엇을 갖는다. 볼차노는 이들 문장이 공유하는 무엇을 처음에 "문장 자체"라 했다. 하나의 문장 자체는 여러 나라 말로 표현될 수 있고 여러 문자 체계로 표현될 수 있다. "I love you"와 "아이 러브 유"가 표현하는 '문장 자체'는 똑같다. 프레게는 볼차노의 '문장 자체'를 "문장의 뜻" 또는 "생각"이라 했다. 러셀은 이를 "명제 내용" 또는 "명제"라 달리 일컬었다. 볼차노의 '문장 자체'는 문장의 내용 또는 문장의 뜻인데 오늘날 '명제'며 내가 쓴 낱말로는 '말뜻'이다.

말뜻이나 명제는 문장 소리나 문장 얼룩이 아니다. 왜냐하면 두 문장 소리나 두 문장 얼룩이 똑같더라도 그 뜻은 다를 수 있기 때문이다. 소리 "엠페도클레스 리프트"는 영어에서 '엠페도클레스는 승천했다'를 뜻하지만 독어에서는 '엠페도클레스는 사랑했다'를 뜻한다. 말뜻의 다름은 무엇으로 헤아릴 수 있는가? 무엇보다 말뜻이 같으면 참값은 같고 참값이 다르면 말뜻은 다르다. 따라서 문장 X와 문장 Y의 참값이 다르면 두 문장은 말뜻이 다르다.

내가 말한 "나는 철학자다"는 참이지만 현빈이 말한 "나는 철학자다"는 거짓이다. 이를 보건대 내가 말한 "나는 철학자다"와 현빈이 말한 "나는 철학자다"는 말뜻이 다르다. 말하는 사람이 누구냐에 따라 소리 '나'와 얼룩 '나'는 다른 사물을 가리킨다. 마찬가지로 봄에 말한 "지금은 봄이다"는 참이지만 가을에 말한 "지금은 봄이다"는 거짓이다. 봄에 말한 "지금은 봄이다"의 뜻과 가을에 말한 "지금은 봄이다"의 뜻은 다르다. 말하는 때가 언제냐에 따라 소리 '지금'과 얼룩 '지금'은 다른 때를 가리킨다. 마찬가지로 말하는 곳이 어디냐에 따라 소리 '여기'와 얼룩 '여기'는 다른 곳을 가리킨다.

러셀은 "이것", "저것", "나" 따위 낱말만이 무엇인가를 가리킨다고 주장했다. 이들 낱말이 가리키는 것이 이들 낱말의 뜻이다. 러셀에 따르면 이들이 가리키는 것은 주체의 감각 마당 안에 놓인 한 조각 감각 자료다. 사람은 이들 낱말이 가리키는 감각 자료와 직접 접촉함으로써 이들 낱말의 뜻을 곧바로 파악한다. 주체가 감각 자료와 직접 접촉하는 일은 이른바 "면식"이다. 러셀에 따르면 면식을 거친 직접 인식만이 진정한 인식이다. 그는 "내가 한 대상과 직접 인지 관계를 맺을 때 나는 그 대상과 면식한다"고 말한다. 그에 따르면 생각과 말의 내용을 채우는 것은 감각 자료고 나아가 감각 자료 자체가 내용이며 뜻이다.

러셀에게 참인 명제의 내용은 감각 자료로 이루어진다. 그는 『철학의 문제』에서 "우리가 이해할 수 있는 모든 명제는 전적으로 우리가 면식하는 요소들로 이루어져야 한다"고 주장한다. 그에게 사고내용의 재료는 감각 자료며 사고내용을 결정하는 과정은 주체와 감각 자료 사이의 직접 면식 과정이다. 크립키는 러셀의 이 주장을 일부 계승했는데 그는 면식 대신에 인과 접촉이 사고내용을 결정한다고 주장했다. 하지만 이미 말했듯 "이것", "이 엄마", "이 딸기", "그것"이 가리키는 것을 내가 알아차리려면 나는 먼저 '너', '바깥', '먼 자극', '세계', '참'을 깨달아야 한다. 이를 깨닫는 과정은 내 살갗 안의 감각 자료를 내가 면식하는 일이 전혀 아니다.

러셀의 통찰로부터 우리가 배울 수 있는 교훈이 있다. 그것은 문장의 뜻 안에 그 문장이 발화된 상황을 일정 부분 담아야 한다는 점이다. 물론 이 상황은 감각 자료 따위의 내 살갗 안쪽 상태가 아니다. "나", "지금", "여기"가 가리키는 바는 공통 공간의 상황에 따라 민감하다. 이들 낱말뿐만 아니라 "이", "그", "저" 따위가 포함된 문장은 그 뜻이 상황에 따라 민감하게 바뀐다. "이 딸기는 크다"의 참값이 말하는 사람, 말하는 시점, 말하는 장소에 따라 바뀔 수 있듯 이 문장의 말뜻도 그 상황에 따라 달라질 수 있다. 내가 쓰는 대부분 문장은 "나", "너", "우리" "이", "그", "저" 따위를 품는다. 이를 보건대 문장 자체, 문장의 뜻, 명제는 그 문장이 발화되거나 기재된 상황을 일정 부분 담아야 한다.

0308.　말뜻은 참값에 이르는 길이다

참값이 다르면 말뜻은 다르고 말뜻이 같으면 참값은 같다. 참값이 같으면 말뜻은 같은가? 당연히 아니다. "눈은 희다"와 "바다는 넓다"는 둘 다 참이고 참값이 같지만 이들의 말뜻은 다르다. "소금은 달다"와 "얼음은 뜨겁다"는 말뜻이 다르지만 둘 다 거짓이고 이들의 참값은 같다. 결국 '말뜻'은 곧 '참값'이 아니며 '참값'은 곧 '말뜻'이 아니다. 참값은 말뜻을 결정하지 못하지만 말뜻은 참값을 결정한다. 참값이 주어지더라도 말뜻에 이를 수 없지만 말뜻이 주어지면 참값에 이를 수 있다. 이 점에서 말뜻은 참값에 이르는 길이다. "눈은 희다"의 뜻은 "눈은 희다"의 참값을 결정하고 "바다는 넓다"의 뜻은 "바다는 넓다"의 참값을 결정한다.

　　　말뜻이 참값에 이르는 길이라는 생각은 프레게로부터 나왔다. 그는 낱말의 뜻이 그 낱말이 가리키는 대상을 찾는 길이라 생각했다. 그가 이렇게 생각한 까닭을 이해하려면 먼저 "샛별은 샛별이다"의 뜻과 "샛별은 개밥바라기다"의 뜻이 매우 다름을 깨달아야 한다. "샛별은 샛별이다"는 누구나 받아들일 수 있지만 "샛별은 개밥바라기다"는 엄청난 탐구를 거친 뒤에 받아들일 수 있다. "샛별은 샛별이다"와 "샛별은 개밥바라기다"의 차이를 설명하려면 낱말은 대상을 가리킬 뿐만 아니라 뜻을 지닌다고 가정해야 한다. 낱말은 다만 대상을 가리킬 뿐이고 뜻을 갖지 않는다고 가정하면 "샛별은 개밥바라기다"는 기껏해야 겉보기가 다른 기호 나열이 같은 대상을 가리킨다는 사소한 정보만 줄 뿐이다.

　　　내가 한 사물을 놓고 어제는 "다산"이라 부르고 오늘은 "여유당"이라 부른 뒤 "다산은 여유당이다"고 말하는 일은 한 사물을 일컫는 두 가지 이름을 만든 뒤 그 두 이름이 같다고 주장하는 일이다. 이 일은 무슨 대단한 탐구 결과가 아니다. 하지만 "샛별은 개밥바라기다"는 엄청난 천문학 발견이다. 프레게는 "샛별은 샛별이다"와 "샛별은 개밥바라기다"의 차이를 설명하려고 다음을 주장한다. 첫째, 이들 문장은 낱말에 관한 문장이 아니라 대상에 관한 문장이다. 둘째, 낱말은 대상을 가리킬 뿐만 아니라 뜻을 표현한다. 셋째, 낱말의 뜻은 낱말의 지시대상과 다르다.

낱말 "샛별"을 이해하는 사람은 이것이 아침 동쪽 하늘에서 특별하게 밝게 빛나는 천체를 가리킨다는 사실을 안다. 이 점에서 낱말 "샛별"의 뜻은 '아침 동쪽 하늘에서 특별하게 밝게 빛나는 천체로서 우리 앞에 나타남'이다. 낱말 "개밥바라기"를 이해하는 사람은 이것이 저녁 서쪽 하늘에서 특별하게 밝게 빛나는 천체를 가리킨다는 사실을 안다. 이 점에서 낱말 "개밥바라기"의 뜻은 '저녁 서쪽 하늘에서 특별하게 밝게 빛나는 천체로서 우리 앞에 나타남'이다. 한 표현의 뜻은 그 표현이 가리키는 대상에 이르는 길, 그 대상을 고르는 길, 그 대상을 알아가는 길이다.

낱말의 지시대상과 그 낱말의 뜻 사이 관계는 목적지와 그곳에 이르는 길과 비슷하다. 여러 길을 거쳐 한 목적지에 이를 수 있듯 여러 뜻을 거쳐 한 대상을 가리킬 수 있다. 길은 목적지를 결정하지만 목적지는 길을 결정하지 못한다. 마찬가지로 뜻은 지시대상을 결정하지만 지시대상은 뜻을 결정하지 못한다. 나는 지리산 천왕봉에 이르는 다른 길을 모르더라도 어느 한 길을 거쳐 그곳에 이를 수 있다. 나는 두 길이 같은 곳에 이른다는 사실을 모른 채 어느 날은 한 길을 걷고 다른 날은 다른 길을 걸을 수 있다. 두 길이 똑같은 곳에 이른다는 사실을 나중에야 깨닫는다. 마찬가지로 나는 두 표현이 같은 지시대상을 가리킨다는 사실을 모른 채 두 표현의 뜻을 모두 알 수 있다.

우리는 "샛별"과 "개밥바라기"가 같은 지시대상을 가리킨다는 사실을 모른 채 "샛별"의 뜻과 "개밥바라기"의 뜻을 모두 알 수 있다. "샛별은 개밥바라기다"는 '아침 동쪽 하늘에서 특별하게 밝게 빛나는 천체'를 고름으로써 찾은 대상이 '저녁 서쪽 하늘에서 특별하게 밝게 빛나는 천체'를 고름으로써 찾은 대상과 똑같음을 주장한다. 이 주장은 우리에게 매우 새롭고 놀라운 정보를 준다. 반면 "샛별은 샛별이다"는 '아침 동쪽 하늘에서 특별하게 밝게 빛나는 천체'를 고름으로써 찾은 대상이 '아침 동쪽 하늘에서 특별하게 밝게 빛나는 천체'를 고름으로써 찾은 대상과 똑같음을 주장한다. 이 주장은 하나 마나 한 주장이며 우리에게 새로운 정보를 주지 않는다.

프레게에 따르면 낱말의 뜻은 "지시물이 주어지는 방식" 또는 "지시물이 우리 앞에 나타나는 모습"이다. 낱말의 뜻은 낱말이 가리키는 대상을 결정한다. 프레게는 나아가 문장의 지시대상이 참값이라 주장한다. 참인 문장은 '참'을 가리키고 거짓 문장은 '거짓'을 가리킨다. "눈은 희다"와 "바다는 넓다"는 뜻이 다르지만 이들 문장이 가리키는 참값은 같다. "소금은 달다"와 "얼음은 뜨겁다"는 뜻이 다르지만 이들 문장이 가리키는 참값은 같다. 문장의 뜻, 말뜻, 명제는 그 문장의 참값이 주어지는 방식, 그 참값이 우리에게 드러나는 방식, 그 참값을 인식하는 방식이다. 프레게의 이 생각을 곧이곧대로 받아들일 필요가 없지만 그의 이 생각은 '말뜻'과 '참값'의 관계를 이해하는 데 매우 중요하다. 만일 참값이 공통 세계의 상황에 의존한다면 말뜻은 공통 세계의 상황으로부터 분리될 수 없다.

0309.   뜻에는 역사가 담긴다

말뜻이 공통 세계의 상황에 분리될 수 없음을 이런저런 생각실험으로 보일 수 있다. 퍼트넘은 「의미와 지시」에서 "뜻은 머릿속에 있지 않다"를 논증하는 생각실험을 선보였다. 우리는 목마를 때 투명하고 색깔도 없고 냄새도 없는 액체를 마신다. 우리는 그것으로 세수하고 목욕한다. 그것은 비가 되어 하늘에서 내린다. 0도에서 고체가 되고 100도에서 기체가 된다. 우리는 이것을 "물"이라 부른다. 지구에 사는 순이 앞에 컵이 있고 거기에 평소에 그가 물이라 생각하던 것이 담겼다. 그는 "이것은 물이다"를 말했다. 이 말은 참이다. 물론 "바닷물", "단물", "핏물" 따위에서 보건대 우리나라 말에서 "물"은 넓게는 그냥

'액체'를 뜻한다. 이를 무시하고 우리 생각실험에서 언급된 낱말 "물"은 그냥 '맹물'을 뜻한다.

우리 지구와 매우 비슷한 쌍둥이 지구가 있다고 가정한다. 거기에서도 투명하고 색깔과 냄새가 없는 액체가 있다. 거기 사람들도 그것을 마시고 그것으로 세수하고 목욕한다. 그 액체도 0도에서 고체가 되고 100도에서 기체가 된다. 지구에서처럼 비나 눈이 되어 하늘에서 내리고 강을 이루고 바다로 흐른다. 하지만 지구와 쌍둥이 지구에는 단 하나의 차이가 있다. 지구 사람들이 "물"이라 부르는 액체는 H_2O지만 쌍둥이 지구의 액체는 XYZ다. 지구의 순이는 물이 H_2O임도 아직 모른다. 순이가 어느 날 쌍둥이 지구에 여행을 갔다. 순이 앞에 컵이 있고 거기에 겉보기에 물과 똑같은 액체가 담겼다. 그는 "이것은 물이다"를 말했다. 하지만 우리가 볼 때 그의 이 말은 거짓이다.

우리는 낱말 "물"이 가리키는 것이 있다고 가정한다. 나아가 낱말의 뜻을 '그 낱말이 가리키는 것을 결정하는 무엇'으로 정의한다. 프레게에 따르면 낱말 "물"의 뜻은 우주에 존재하는 사물들 가운데서 "물"이 가리키는 것을 또렷이 고르는 인식 과정이다. 문장의 뜻은 그 문장의 참값을 결정하는 무엇이다. "이것은 물이다"의 뜻은 이 문장의 참값을 결정한다. 순이가 쌍둥이 지구 사람들이 마시고 씻는 액체를 볼 때 그의 두뇌에서는 지구에서 그가 물을 볼 때 일어나는 것과 똑같은 신경 반응이 일어난다. 우리는 눈, 코, 혀, 귀, 살갗으로 사물의 특성을 받아들인다. 자연과학자들이 관찰하거나 실험할 때도 이들 감각기관을 쓸 수밖에 없다. 지구 사람들이 마시는 액체와 쌍둥이 지구 사람들이 마시는 액체는 우리의 감각기관으로는 전혀 가릴 수 없다.

순이가 쌍둥이 지구의 그 액체를 볼 때와 그가 지구에서 물을 볼 때 그의 두뇌에는 아무런 차이가 없다. 나아가 순이가 지구에서 "이것은 물이다"고 생각할 때 머릿속에서 일어나는 일과 순이가 쌍둥이 지구에서 그렇게 생각할 때 머릿속에서 일어나는 일에는 아무런 차이가 없다. 뜻이 머릿속에 있다면 쌍둥이 지구에서 한 순이의 말 "이것은 물이다"의 뜻은 그가 지구에서 했던 말과 뜻이 똑같다. 뜻이 같다면 참값도 같아야 한다. 만일 뜻이 머릿속에 있다면 쌍둥이 지구에서 한 순이의 말 "이것은 물이다"는 참이다. 하지만 순이가 쌍둥이 지구에서 한 말 "이것은 물이다"는 거짓이다. 따라서 뜻은 머릿속에 있지 않다.

지구에서 순이의 "이것은 물이다"는 참이지만 쌍둥이 지구에서 그의 "이것은 물이다"가 거짓이면 둘은 뜻이 다르다. 이것은 지구에서 순이의 "물이다"와 쌍둥이 지구에서 그의 "물이다"가 뜻이 다르기 때문인가? 아니다. 그것은 순이가 지구에서 말한 "이것"과 쌍둥이 지구에서 말한 "이것"이 다른 것을 뜻하기 때문이다. 둘은 서로 다른 것을 가리킨다. 지구에서 순이의 "이것"은 그때 그의 눈앞에 있는 H_2O를 가리키지만 쌍둥이 지구에서 그의 "이것"은 그때 그의 눈앞에 있는 XYZ를 가리킨다. 반면 지구에서든 쌍둥이 지구에서든 순이가 쓴 낱말 "물"은 H_2O로 이루어진 액체를 가리킨다.

몇몇 과학철학자는 지구에서도 물이 H_2O가 아니라며 퍼트넘의 생각실험 자체를 비판한다. 이 생각실험에서 중요한 점은 물이 실제로 H_2O냐 아니냐가 아니다. 물이 H_2O만으로 이루어지지 않고 여러 가지 기체 분자나 이온 및 무기물로 이루어졌더라도 이 생각실험의 핵심은 바뀌지 않는다. 순이는 처음에 삼각작용을 거쳐 "이것은 물이다"의 뜻을 배운다. "이것"이 가리키는 대상은 삼각작용의 한 꼭짓점에 놓인 사물이다. 그것은 먼 자극이며 공통 공간에 놓인 무엇이다. 그것은 순이의 머릿속 신경 상태가 아니며 그의 감각 마당 안에 놓인 감각 자료가 아니다.

순이가 삼각작용을 거쳐 "이것은 물이다"를 배웠다면 먼 자극으로서 '이것'은 "물"이라 불리는 무엇이다. 결국 순이가 "물"을 배울 때 그의 앞에 놓인 물질이 A였다면 순이가 "물"을 말할 때 그 "물"은 물질 A를 가리킨다. 당연히 순이가 물이 놓인 곳에서 "이것은 물이다"를 소리 내는 일에는 순이의 신경 상태가 맡는 역할이 있다. 하지만 순이의 낱말 "물"이 물질 A에 이르는 과정에서 순이의 신경 상태가 맡는 기여는 없다. 이를 보건대 "물"의 뜻은 순이의 머릿속 신경 상태가 아니며 그의 감각 마당 안에 놓인 감각 자료가 아니다. "물"의 뜻은 삼각작용에서 생성되며 무엇보다 순이에게 처음 "이것은 물이다"를 가르친 사람이 이해하는 "물"의 뜻에서 비롯된다.

순이에게 처음 "이것은 물이다"를 가르친 사람은 물뿐만 아니라 공통 세계에 놓인 다른 많은 사물을 이미 파악한다. 그 사람은 세계를 나름의 방식으로 분할하고 분류하고 지시한다. "물"의 뜻은 그의 이 이론 체계 안에서 자신의 자리를 갖는다. 그의 이론 체계는 그가 속한 공동체를 이루는 다른 사람들의 더 넓은 이론 체계 안에서 자신의 자리를 갖는다. 이 공동체 안 어느 한 사람이 "이것은 물이다"를 말할 때 다른 이들은 대체로 이 말이 참이라 생각한다. 이는 이들에게 "물"의 뜻이 상당히 또렷이 공유됨을 말해준다. 순이에게 처음 "이것은 물이다"를 가르친 사람의 말 "이것은 물이다"가 나중에 거짓으로 드러날 가능성이 있지만 그 가능성은 지극히 낮다.

순이에게 처음 "이것은 물이다"를 가르친 사람에게 "이것은 물이다"가 실제로 참이었다고 충분히 가정할 만하다. 하지만 그 사람이 물이 H_2O임을 안다고 가정할 필요는 없다. 물이 H_2O임이 알려진 일은 18세기 화학자 라부아지에의 발견 이후부터다. 지구 사람들이 물의 화학 구조가 H_2O임을 몰랐을 때도 그들은 지금 우리와 마찬가지로 "물"을 올바르게 사용했다. 그들이 올바로 사용한 까닭은 그들과 우리의 두뇌 상태가 비슷했기 때문이 아니다. 그들이 "물"이라는 낱말을 배울 때 그들도 우리처럼 H_2O가 있는 곳에서 배웠다. 그들은 물이 H_2O임을 몰랐지만 그들 앞에 있는 물질은 H_2O였다. "물"을 처음 배울 때 그의 머리에서 무슨 일이 벌어졌는지만을 따지는 일은 "물"이 무엇을 가리키는지를 결정짓지 못한다. "물"을 처음 배울 때 그 사람 앞에 무엇이 놓였는지가 무엇보다 중요하다.

시각 신경을 아예 갖지 않는 시각장애인도 우리의 "물"과 똑같은 뜻을 가진 낱말을 배울 수 있다. 이는 "물"의 뜻이 시각 신경 따위 신경 상태에 있지 않음을 말해준다. 순이는 앞에 H_2O가 있는 곳에서 다른 이로부터 처음 "물"을 배웠다. H_2O가 있는 곳에서 순이가 "물"을 배웠기에, 순이의 머리 상태가 어떠했는지 상관없이, 순이는 H_2O가 있을 때 "이것은 물이다"고 말해야 옳게 말하는 셈이다. 순이가 "물"을 처음 배울 때, 눈과 코와 혀와 살갗으로 그가 느낀 것이 무엇이든, 그 앞에 놓인 것이 H_2O면 그에게 "물"은 H_2O를 가리키고, 그 앞에 놓인 것이 XYZ면 그에게 "물"은 XYZ를 가리킨다. 이 때문에 쌍둥이 지구 사람들에게 "물"은 XYZ를 가리킨다. 그들이 지구의 물을 두고 "이것은 물이다"고 말한다면 이 말은 거짓이다. 똑같은 물질을 앞에 놓고 지구의 순이가 한 말 "이것은 물이다"와 쌍둥이 지구의 쌍둥이 순이가 한 말 "이것은 물이다"는 참값이 다르며 그 말뜻이 다르다. 그 말뜻이 다른 까닭은 그 둘이 "이것은 물이다"를 배운 실제 역사가 서로 다르기 때문이다. 이 점에서 역사의 차이는 뜻의 차이를 낳는다.

04.

말길은
코뮌에 난 길이다

;

0401. 말은 조합구조를 갖는다

나는 지금 말하며 말할 수 있다. 하지만 나는 태어나자마자 말할 수 있지는 않았다. 내가 말할 수 없었던 적이 있다. 이는 내가 언젠가 말을 배웠음을 뜻한다. 내가 하는 말은 '배울 수 있는 말'이다. 데이빗슨은 '배울 수 있는 말'이 가져야 하는 특성을 깊이 탐구했다. 그에 따르면 배울 수 있는 말은 무엇보다 조합구조를 지녀야 한다. 보기를 들어 "눈은 희다"와 "소금은 희다"에서 "은 희다"가 함께 나온다. 우리는 "눈은 희다"와 "소금은 희다"를 말할 때 "눈", "소금", "은 희다" 따위로 문장을 나누는 데 이미 익숙하다. 우리는 문장 안에서 이미 조합구조를 어느 정도 잘 파악한다.

조합구조를 지니지 않는 말은 왜 배울 수 없는가? 말하는 일은 낱말을 말하는 일이라기보다 문장을 말하는 일이다. 문장은 원리상 무한히 많다. 말하는 이는 원리상 무한히 많은 문장을 말할 수 있어야 한다. 하지만 나는 무한한 능력을 지니지 않는다. 나는 무한한 능력이 없지만 원리상 무한히 많은 문장을 배울 수 있는 셈이다. 만일 문장이 조합구조를 지니지 않는다면 나는 무한히 많은 문장을 배울 수 없다. 결국 유한한 능력을 지닌 나는 조합구조를 지니지 않는 말을 배울 수 없다. 따라서 배울 수 있는 말은 조합구조를 지녀야 한다. 타르스키는 문장들이 무슨 조합구조를 지니는지 잘 드러냈다. 타르스키의 연구를 넓혀 데이빗슨은 '참' 개념이 우리가 쓰는 말의 전체 틀을 짠다고 보았다. 이것은 물리학에서 '대칭성' 개념이 물리학의 전체 틀을 짜는 일과 비슷하다.

0402.   '참' 개념은 말길을 낸다

나는 '참이다'를 배움으로써 말을 배운다. 물론 '참이다'는 나 홀로 배울 수 있는 개념이 아니다. '참이다'를 배우려면 반드시 이미 '참이다'를 쓰는 다른 이가 나와 함께 있어야 한다. '참이다'를 쓰는 다른 이가 이미 있어야 내가 '참이다'를 배울 수 있다는 점은 '참이다'의 뜻을 이루는 으뜸 생각이다. 이미 '참이다'

를 쓰는 다른 이가 없다면 나는 말을 배울 수 없다. 나의 이 생각이 의심하지 못할 만큼 또렷하게 참이라고는 말할 수 없다. 하지만 이 생각이 틀렸음을 보여주는 증거는 여태 발견되지 않았다. 오히려 '참이다'를 쓰는 다른 이가 없이 자란 아이들은 실제로 말을 배울 수 없었다. 여태 보고된 모든 실제 사례는 이를 뒷받침한다. 내 생각이 참인지 거짓인지 검사하는 야만스러운 인간 실험을 설계할 수도 있다.

흔히 우리가 먼저 낱말을 배우고 그다음 문장을 배운다고 말들 한다. 하지만 아이가 "엄마"를 처음 배울 때 그는 낱말로서 "엄마"를 배운 것이 아니다. 아이는 문장으로서 "엄마"를 배운다. 아이가 처음 이해한 "엄마"는 "엄마야?" "엄마구나" "여기 엄마가 있네" "엄마 어디 있어?" 따위를 뜻한다. 아이가 처음 배우는 표현은 낱말이 아니라 한 낱말로 된 문장이다. 아이는 문장들 가운데 평서문을 가장 먼저 배운다. 말꼴 꾸러미로서 평서문은 나름의 얼개를 갖추었다. 이 얼개 덕분에 참과 거짓의 잣대를 평서문에 들이댈 수 있다. 다른 짐승의 울음소리는 참 또는 거짓이 될 만한 얼개를 갖추지 못한다. 이 얼개에서 뜻이 자라고 뜻이 깃든다. 나는 문장의 이 얼개를 "말길" 또는 "논리"라 부른다. 말길은 문장의 다른 모든 조합구조를 낳는 바탕 구조다. 이들 여타 문장의 조합구조를 보통 "문법" 또는 는 "말본"이라 한다. 말길은 말본의 바탕이다.

참이라 여긴 문장들의 전체 모임은 말길 얼개를 갖는다. 이 얼개 때문에 문장과 문장은 같은 조각을 함께 갖기도 한다. 그 조각이 바로 낱말이다. 다시 말해 참이라 여긴 문장들에서 자주 나타나는 조각들을 따로 추리면 낱말이 나온다. "소금은 희다"와 "소금은 짜다"에서 낱말 "소금"이 나오고 "소금은 희다"와 "눈은 희다"에서 낱말 "희다"가 나온다. 낱말에는 바깥 사물을 홀로 가리키는 홀이름이나 사물들의 모임을 나타내는 두루이름이 있다. 이들 낱말뿐만 아니라 "은" "이고" "이면" "한" "들" 따위 낱말도 문장들에서 나타난다. 옛날 철학자들이 믿었던 것과 달리 개별 낱말의 뜻은 개별 사물이나 개별 관념으로부터 나오지 않는다. 프레게와 데이빗슨이 말했듯 개별 낱말의 뜻은 참이라 여긴 문장들로부터 나온다.

　　　말길은 말이 가진 바탕 얼개다. '참' 개념은 말길을 낸다. '참'과 '거짓'을 이해하는 사람은 말길을 어느 정도 안다. 우리는 "는 참이다"와 "는 거짓이다"를 다른 낱말을 써서 뜻매김할 수 없지만 이들 사이의 관계를 어렴풋이나마 그릴 수는 있다. 우리가 X를 참이라 여긴다면 "X는 거짓이다"를 거짓으로 여겨야 한다. 우리가 "X는 거짓이다"를 참이라 여긴다면 X를 거짓이라 여겨야 한다. 누가 '참'과 '거짓'을 이해하는가? 그것은 "응"이나 "아니"를 뜻에 맞게 잘 쓰는 이다. "응"이나 "아니"를 뜻에 맞게 잘 쓰는 이는 문장에 "참이다"나 "거짓이다"를 뜻에 맞게 잘 붙일 수 있다. 이제 우리는 다음 생각을 증명 없이 굳게 믿는다. 뜻을 가진 문장의 참값은 "참"과 "거짓" 가운데 하나다. 이것은 우리 생각의 금을 긋는 첫째 말길이다.

0403. 모든 말은 으뜸 말길을 따른다

우리는 한 문장에 "는 참이다"를 붙임으로써 그 문장을 바꾸어 새로운 문장을 얻는다. 문장 "나는 말한다"에 "는 참이다"를 붙여 "'나는 말한다'는 참이다"를 얻는다. "나는 말한다"와 "'나는 말한다'는 참이다"는 다른 문장이다. 하지만 "는 참이다"는 기존 문장의 참값을 바꾸지는 않는다. 문장 X와 관련해 우리가 생각할 수 있는 세계는 두 가지다. 하나는 문장 X가 참인 세계고 다른 하나는 문장 X가 거짓인 세계다. 생각할 수 있는 이 모든 세계에서 "X는 참이다"의 참값은 X의 참값과 같다. 생각할 수 있는 모든 세계에서 참값이 똑같은 두 문장을 두고 우리는 "두 문장은 뜻이 같다"고 말한다. 따라서 문장 "'X'는 참이다"는 문장 X와 뜻이 같다. 이것은 우리 생각의 금을 긋는 둘째 말길이다. 이런 식으로 우리는 "는 참이다", "는 거짓이다", "이고", "이거나", "이면"과 관련된 말길을 하나씩 찾을 수 있다. 이 말길에 따르면 "는 참이다", "는 거짓이다", "이고", "이거나", "이면" 따위는 문장의 참값에 따라 그 뜻이 드러난다.

소리들의 뭉치 또는 그림들의 뭉치가 말이 되려면 몇 가지 조건을 갖추어야 한다. 첫째, "참이다"나 "거짓이다"를 붙일 수 있는 문장들이 있어야 한다. 둘째, "이고", "이거나", "이면" 따위의 문장 이음씨를 갖추어 문장과 문장을 이어 새로운 문장을 만들 수 있어야 한다. 겹문장은 이음씨로 이어진 문장이고 홑문장은 그렇지 않은 문장이다. 겹문장의 참 또는 거짓은 때때로 홑문장들의 참 또는 거짓에 따라 결정된다. 셋째, "모든", "몇몇", 홀이름, 두루이름 따위를 갖추어 문장을 임자말과 풀이말로 쪼갤 수 있어야 한다. 소리나 그림 꾸러미가 이 세 조건을 갖추었을 때 그 꾸러미는 말이 될 수 있다. 이 조건을 갖춘 소리를 내고 그림을 그린 첫 짐승은 우리 사람이다. 이 세 조건은 말하자면 으뜸 말길이다. 전문 논리학자들은 이를 "제1차 논리" "제1차 술어 논리" "제1차 양화 논리"라 한다. 말할 것도 없이 사람 말은 제1차 논리보다 훨씬 더 많이 겹치고 뒤섞인 얼개를 갖추었다. 하지만 과학 이론의 첫 구조는 제1차 논리다.

0404.　모순문장은 반드시 거짓이다

문장 "소금은 짜다"를 A로 쓰겠다. 문장 A가 주어지면 세계에 따라 문장 A는 참 또는 거짓으로 정해진다. 우리는 여러 다른 세계를 생각할 수 있다. 그 세계들 가운데 참말로 있는 세계가 있고 다만 생각 속에만 있는 세계도 있다. 참말로 있는 세계 곧 '실현된 세계'는 하나일 수 있고 여럿일 수 있다. 실현된 세계가 하나인지 여럿인지 모르지만 우리는 실현된 세계들 가운데 하나에 산다. 우리가 사는 이 세계 곧 '우리 세계'는 실현된 세계들 가운데 하나다. 실현된 세계든 한낱 생각 속에만 있는 세계든 이들 세계는 모두 '생각할 수 있는 세계', '있을 수 있는 세계', '가능 세계'다. 가능 세계들이 모두 실현되었을 수 있고 오직 한 세계만이 실현되었을 수도 있다. 우리 세계는 가능 세계들 가운데 하나며 실현된 가능 세계다.

가능 세계들은 크게 문장 A가 참인 세계들과 문장 A가 거짓인 세계들로 나눌 수 있다. 이 세계들 무리를 각각 W_1과 W_2로 쓰겠다.

세계	A
W_1	참
W_2	거짓

우리 세계가 W_1 가운데 하나면 문장 A는 우리 세계에서 참이다. 이야기하기 쉽도록 세계들의 두 모임 W_1과 W_2를 각각 마치 한 세계인 양 여기겠다. 우리는 한 가능 세계에서는 문장 A에 '참'을 매기고 다른 가능 세계에서는 문장 A에 '거짓'을 매긴다. 우리는 뜻을 가진 문장의 참값이 '참'과 '거짓' 가운데 하나다고 믿는다. 이것은 우리 말과 생각이 따라야 하는 '첫째 말길'이었다. 문장 A "소금은 짜다"는 우리 세계에서 참말이다. 우리 세계는 W_2가 아니라 W_1이다. 세계 W_1에서 문장 A는 우리에게 또렷한 뜻을 갖는다. "뜻을 갖는다"를 다른 말로 "뜻을 나타낸다"나 "뜻을 표현한다"고 한다. 말뜻 또는 명제는 '문장의 뜻'인데 이 점에서 문장 A는 명제를 표현한다.

우리는 한 문장에 "는 참이다"를 붙임으로써 그 문

장을 바꾸어 새 문장을 얻는다. 문장 "소금은 짜다"에 "는 참이다"를 붙여 "'소금은 짜다'는 참이다"를 얻는다. "소금은 짜다"와 "'소금은 짜다'는 참이다"는 다른 문장이다. 하지만 "는 참이다"는 기존 문장의 참값을 바꾸지 않는다. 문장 A가 참인 가능 세계 W_1에서 문장 "A는 참이다"도 참이다. 문장 A가 거짓인 가능 세계 W_2에서 문장 "A는 참이다"도 거짓이다. 이는 우리 세계가 W_1이냐 W_2냐에 따라 달라지지 않는다. 나아가 지금 이야기는 우리가 따지는 문장이 A냐 B냐에 따라 달라지지 않는다.

문장 P의 '참값모눈' 또는 '진리표'는 생각할 수 있는 세계들에서 문장 P의 참값을 매긴 모눈이다. 다음은 "X는 참이다"의 참값모눈이다.

세계	X	X는 참이다.
W_1	참	참
W_2	거짓	거짓

이 그림은 '참이다의 참값모눈' 또는 '참이다의 진리표'다. '참이다의 참값모눈'에 따르면 "는 참이다"는 문장 X의 참값을 바꾸지 않는다. 이것은 우리 생각의 금을 긋는 '둘째 말길'이었다. 우리는 한 문장에 "는 거짓이다"를 붙임으로써 기존 문장을 바꾸어 새로운 문장을 얻는다. 아무 문장 X가 참인 가능 세계 W_1에서 문장 "X는 거짓이다"는 거짓이다. 문장 X가 거짓인 가능 세계 W_2에서 문장 "X는 거짓이다"는 참이다. "X는 거짓이다"의 참값모눈은 다음과 같다.

세계	X	X는 거짓이다.
W₁	참	거짓
W₂	거짓	참

X와 "X는 거짓이다"의 이 관계는 우리 생각의 금을 긋는 '셋째 말길'이다. 둘째 말길과 셋째 말길은 '참', '거짓', '세계' 사이의 관계를 어렴풋이 그려준다.

모든 말은 문장과 문장을 이어 새로운 문장을 만드는 문장 이음씨를 갖추어야 한다. 가장 바탕이 되는 문장 이음씨는 "이고"다. "이고"는 아무 두 문장 X와 Y를 이어 새로운 문장 "X이고 Y"를 만든다. "X이고 Y"의 참값은 X와 Y의 참값에 따라 결정될 테다. 학문하는 이들은 "이고"를 다음 참값모눈에 따라 이해한다.

세계	X	Y	X이고 Y
W₁	참	참	참
W₂	참	거짓	거짓
W₃	거짓	참	거짓
W₄	거짓	거짓	거짓

이 그림은 '이고의 참값모눈' 또는 '연언의 진리표'다. 이 그림은 "이고"의 정의인데 이 그림은 "이고"의 뜻을 잘 보여준다.

모순문장은 "X이고, X는 거짓이다" 꼴의 문장이다. 셋째 말길과 "이고"의 정의를 써서 모순문장 "X이고, X는 거짓이다"의 참값모눈을 그릴 수 있다.

세계	X	X이고, X는 거짓이다.
W₁	참	거짓
W₂	거짓	거짓

"반드시 거짓이다"는 '생각할 수 있는 모든 세계에서 거짓이다'
를 뜻한다. 모순문장 "X이고, X는 거짓이다"는 생각할 수 있는
모든 세계에서 거짓이다. 따라서 모순문장은 반드시 거짓이
다. 방금 얻은 이 참말 "모순문장은 반드시 거짓이다"를 "모순
율", "무모순율", "비모순율"이라 한다.

0405.   말길은 자연에 난 길이 아니다

자연주의는 말, 뜻, 앎, 마음을 자연 현상으로 여긴다. 철저 자
연주의자는 무엇보다 말길 자체가 자연에서 비롯되었다고 말
해야 한다. 그들은 첫째 말길, 둘째 말길, 셋째 말길, "이고"의
정의, 무모순율 따위를 자연화하려 애쓴다. 이미 그들의 선구
자 흄과 밀은 자연주의의 핵심을 매우 잘 파악했다. 흄과 밀에
따르면 사람이 "X이고, X는 거짓이다"를 믿지 않는 일은 사람
의 버릇이지 법칙이 아니다. 콰인은 무모순율 따위 논리 규칙
이 진화 과정을 거쳐 사람의 신경 체계에 미리 설정되었다고
주장한다. 이는 사람이 진화 과정을 거쳐 말길을 차츰 파악했

다는 주장이 아니다. 오히려 사람의 말길 자체가 진화 과정을 거쳐 차츰 형성되었다는 주장이다. 자연주의자는 말길에 따라 판단하는 개체는 생존에 유리하고 말길에 어긋나게 판단하는 개체는 생존에 불리하리라 짐작한다.

사람의 두뇌가 무모순율을 따르려면 두뇌는 패턴 X 를 두고 "X이고, X는 거짓이다"를 거부해야 한다. 하지만 아인 슈타인 방정식이든, 슈뢰딩거의 파동방정식이든, 어느 물리 법칙으로도, 사물들이 "X이고, X는 거짓이다"를 거부하라고 강제하지 않는다. 패턴 X를 믿는 한 신경 상태가 패턴 "X는 거짓이다"를 믿는 다른 신경 상태를 밀어내는 물리 법칙 따위는 없다. 또는 한 신경 패턴 X가 다른 신경 패턴 "X는 거짓이다"를 밀어내는 자연법칙은 없다. 한 신경 상태가 다른 신경 상태를 밀어내려면 두 상태 사이에 전자기 척력이 미쳐야 한다. 나아가 만일 전자기 척력이나 물리 법칙 때문에 한 두뇌 안에서 아예 한 신경 패턴 X와 다른 신경 패턴 "X는 거짓이다"가 함께 존재할 수 없다면 우리가 가끔 논리상 오류를 저지르는 일을 설명할 길이 없다. 자연은 아예 오류를 저지르지 않으며 말길은 자연에서 비롯되지 않는다. 말길은 자연에서 나오지 않으며 자연에 난 길이 아니다.

0406.   논리회로는 말길에 따라 설계된다

컴퓨터와 인공지능은 논리 곧 말길이 물질에 구현된 사례다. 많은 이는 이 사례가 말길이 물질과 자연에서 비롯되었음을 뒷받침한다고 착각한다. 마음의 자연주의가 마음이 자연에서 비롯되었다는 주장이듯 말길의 자연주의는 말길이 자연에서 비롯되었다는 주장이다. 말길의 자연주의를 옹호하는 이들은 대략 다음처럼 논증한다. "지능은 기계 안에 구현될 수 있다. 기계는 오직 물질 장치와 부품들로만 이루어졌다. 오직 물질 장치와 부품만으로 이루어진 시스템 안에 말길이 구현될 수 있다는 사실은 말길이 자연에서 비롯되었음을 뒷받침한다. 따라서 아마도 말길은 자연에서 비롯되었다." 하지만 말길이 물질만으로 이루어진 시스템 안에 구현될 수 있다는 사실이 말길의 자연주의를 뒷받침한다는 생각은 잘못된 생각이며 게으른 생각이다.

컴퓨터와 인공지능에 쓰이는 집적회로는 아주 많은 논리회로로 이루어졌다. 논리회로는 신호의 입출력이 논리 연산 결과를 흉내 내도록 신호를 처리하는 회로다. 아마존 강 줄기를 전기회로라 생각하고 그 강에 흐르는 물을 전자들이라 생각하겠다. 그 전기회로들은 서로 만나고 갈라진다. 아마존의 이 회로를 논리회로로 쓸 수는 없는가? 아마존의 회로는 물이 높은 곳에서 낮은 곳으로 흐르며 물의 흐름이 흙과 바위를 쓸어내린다는 단순한 물리 법칙에 따라 차츰 형성되었다. 아마존의 그 회로는 자연 과정으로 만들어졌다는 점에서 그 안에서 일어나는 모든 현상은 자연 현상이다. 하지만 아마존의 그 회로는 논리회로로 쓸 수 없다. 논리회로가 생기려면 입출력이 논리 연산 결과를 흉내 내도록 애써 회로를 설계하고 애써 회로를 이어야 한다. 아마존 강줄기들을 논리회로로 만들려면 말길에 따라 생각하는 사람이 애써 운하를 만들고 보를 만들고 수로를 만들어야 한다. 말길의 자연주의자는 집적회로가 말길에 따라 생각하는 사람들이 애써 설계하여 만든 장치임을 너무 쉽게 잊는다.

집적회로가 자연 물질로 이루어졌다는 사실로부터 그 집적회로에 오직 자연 현상만이 담겼다고 추론하는 일은 오류다. 논리회로가 오직 물질 재료와 부품만으로 이루어졌다는 사실은 논리회로가 한낱 자연 현상임을 말해주지 않는다. 주어진 입력에 특별한 출력이 나오도록 설계하지 않는다면 논리회로는 만들어지지 않는다. 이미 말길에 따라 생각하는 사람은 말길에 맞게 생각함으로써 입력과 출력을 말길에 따라 연결한다. 설계자의 생각, 의도, 뜻은 아주 많은 논리회로로 이루어진 집적회로 곳곳에 반영된다. 그것을 설계한 사람의 생각과 의도조차도 한낱 자연 현상일 뿐이라는 자연주의를 미리 가정할 때만 논리회로 역시 자연 현상일 뿐이라고 결론 내릴 수 있다. 이는 말길의 자연주의를 미리 가정하는 일이지 지능이 기계 안에 구현될 수 있다는 사실로부터 말길의 자연주의를 추론하는 일이 아니다.

0407.   말길은 우연에서 비롯되지 않는다

집적회로들과 전자 부품들이 우연히 모여 컴퓨터 하드웨어가 우연히 만들어질 가능성은 지극히 낮다. 인공지능에 쓰이는 코딩과 프로그래밍은 그 가능성을 더욱 낮춘다. 우연한 현상이 겹쳐 소프트웨어가 자연히 코딩될 수 있다고 누가 말할 수 있을까? 말길에 따라 이미 생각하는 지성이 개입되지 않는다면 마이크로프로세서가 자연히 생기고 컴퓨터 프로그램이 자연히 짜이는 일은 거의 불가능하다. 언젠가 스스로 코딩하는 프로그램이 나오겠지만 스스로 코딩하는 프로그램 자체는 지성의 개입 없이 스스로 코딩될 수 없다. 기계, 컴퓨터, 프로그램 등이 인공지능을 구현한다는 사실은 말길, 말, 뜻, 헤아림, 마음이 자연화될 수 있음을 보여주지 않는다.

자연주의자의 유일한 무기는 '우연'이다. 블랙홀 안에서 갑자기 인공지능을 장착한 컴퓨터가 튀어나올 가능성이 0이 아니라고 주장할 수 있지만 블랙홀의 자연 과정 안에 지성이나 지능이 만들어지는 과정이 들어있다고 감히 주장하지는 못한다. 인공지능이 존재한다는 사실은 말길이나 마음의 자연화를 뒷받침한다기보다 오히려 물질 재료에 앞서 인공지능을 만드는 지성 자체가 미리 있어야 한다는 사실을 재확인해줄 뿐이다. 말길에 따라 생각하는 지성이 이미 앞서 존재했다는 사실을 가정하지 않는다면 인공지능이 물질 부품과 기계 안에 구현될 수 있다는 사실을 설명할 길이 없다.

이미 말했듯 논리회로는 어쩌다 우연히 만들어질 수 있다. 반도체의 우연한 침식으로 집적회로가 만들어질 가능성은 엄밀히 말해 0이 아니다. 하지만 그 가능성이 0이 아니라는 사실은 논리회로가 만들어지는 과정이 자연 과정일 뿐임을 말해주지 않는다. 지구 안에서 자연법칙에 따라 만들어진 엄청나게 많은 강줄기 가운데 논리회로로 쓸 수 있는 것이 그토록 드문 까닭은 자연의 과정과 논리회로를 만드는 과정이 무관하기 때문이다. 생명체 안에 자연히 생긴 엄청나게 많은 신경회로는 거의 모두 논리회로가 아니다. 전기회로든 신경회로든 회로의 그물망이 특별한 방식으로 입력과 출력이 연계되도록 설계되어야만 논리회로가 만들어진다. 이 점에서 논리회로의 생성은 모종의 규범을 요구한다.

몇몇 짐승은 우연히 만들어진 딱딱한 돌과 우연히 만들어진 흐물흐물한 진흙 가운데서 한 사물을 골라 호두를 깨는 도구로 쓴다. 딱딱한 사물은 무엇이든 호두를 깨는 도구로 쓸 수 있다. '딱딱함' 자체는 물리 속성이기에 딱딱한 돌이 자연 과정을 거쳐 우연히 생기는 일은 놀랍지 않다. 몇몇 짐승은 '딱딱함' 개념을 모른 채 우연히 딱딱한 돌을 고름으로써 그 돌을 도구화한다. 그 짐승이 딱딱한 돌을 줄곧 쓰는 일은 다른 짐승에게 퍼질 수 있고 세대에서 세대로 전수될 수 있다. 마찬가지로 자연 과정을 거쳐 논리회로로 쓸 수 있는 회로와 그렇지 않은 회로가 마구잡이로 생성되지 않는가? 몇몇 짐승이 논리회로로 쓸 수 있는 회로를 우연히 고른 뒤 그것을 다른 짐승에게 퍼뜨리고 세대에서 세대로 전수할 수는 없는가?

돌과 진흙이 자연 과정으로 우연히 생길 수 있듯 자연의 과정을 거쳐 우연히 논리회로로 쓸 수 있는 회로가 만들어지고 그렇지 않은 회로가 만들어진다. 하지만 자연과학 개념은 딱딱함의 정도를 분간하지만 논리회로로 쓸 수 있는 사물과 쓸 수 없는 사물을 분간하지 않는다. '딱딱함'과 달리 '논리회로로 쓸 수 있음', '논리 연산을 할 수 있음', '말길을 따름'은 물리 속성이 아니다. '딱딱함'과 '호두를 깸' 사이의 연결은 자연법칙으로 설명되지만 '이러저러하게 연결된 회로임'과 '논리 연산을 제대로 함' 사이의 연결은 오직 논리법칙으로만 설명된다. '말길을 따름'은 모종의 규범이며 이 규범은 '참'과 '거짓' 개념을 파악하는 존재만이 따르는 무엇이다. 하지만 자연은 자기 자신 말고 별도의 규범을 따르지 않는다. 이미 말했듯 자연은 논리 법칙을 산출하지 못하며 스스로 말길을 내지 못한다.

0408.   자연은 잘못을 저지르지 않는다

최근 몇몇 담론에서 사람과 컴퓨터의 다름을 이야기할 때 사람은 잘못을 저지르지만 컴퓨터는 잘못을 저지르지 않는다고 말들 한다. 사람과 컴퓨터가 다르지 않다고 주장하는 이들은 컴퓨터가 때때로 잘못을 저지르도록 코딩할 수 있다고 말하곤 했다. '잘못을 저지를 수 있음'이 지성의 중요한 척도라는 데 나도 동의한다. 더 또렷이 말해 '잘못 개념을 가짐', '오류 개념을 가짐', '거짓 개념을 가짐'은 지성의 중요한 척도다. 그것이 지성의 척도가 되는 까닭은 '거짓 개념을 가짐'은 '참 개념을 가짐'을 말해주는데 '참 개념을 가짐'은 지성의 가장 주요한 척도기 때문이다.

소프트웨어를 코딩하는 단계에서 사람은 잘못을 저지를 수 있고 하드웨어를 잘못 설계할 수 있다. 하지만 코딩에 아무 잘못이 없고 집적회로 설계 및 하드웨어 설계에 아무 잘못이 없다면 컴퓨터는 오류 없이 작동한다. 컴퓨터는 잘못을 저지르지 않는다. 그 까닭은 자연법칙만을 따르는 물질이 잘못을 저지르지 않는다는 물리 사실을 이용해 사람이 소프트웨어와 하드웨어를 오류 없이 설계하고 제작했기 때문이다. '잘못' 개념과 '오류' 개념은 다만 말길을 따르는 이의 지성에서 비롯된다. 지성이 사물에 기능이나 목적을 부여하면 이와 함께 질병, 고장, 오차, 기능장애, 실수, 오작동, 착오, 오류, 착각, 환각, 환상 따위 현상이 나타난다.

반도체 칩 생산공정의 수율이 100%가 아니라서 설계자가 바라는 대로 작동하지 않는 칩이 가끔 만들어진다. 사람은 대량 생산 공정의 모든 세부를 완벽히 통제하지 못하며 자신이 바라는 결과를 매번 얻지는 못한다. 하지만 이 일은 자연이나 물질이 오류나 잘못을 저지르는 일이 아니다. 또한 반도체 칩에 지나치게 전류가 많이 흐른다면 집적회로에 손상이

간다. 이 손상 때문에 설계자가 바라는 출력이 때때로 나오지 않겠지만 이는 회로가 잘못을 저지르는 일이 아니다. 지성을 가진 설계자가 반도체와 컴퓨터에 기능과 목적을 부여하지 않는다면 그 물질에 고장, 오차, 기능장애, 오작동, 오류 현상이 생길 수 없다.

　　　말길에 따라 생각하는 사람은 특별한 방식으로 물리 과정이 벌어지도록 사건들의 연쇄를 설계할 수 있다. 그 사건들의 연쇄에 그가 곧바로 개입하거나 기계로 자동화하여 에둘러 개입한다. 그 과정에 온갖 변수가 끼어들고 그 사람이 처음에 바랐던 결과를 때때로 얻지 못한다. 이 과정에서 자연과 물질은 단 한 번도 잘못을 저지르지 않는다. 만일 컴퓨터가 계산에서 잘못을 저지르지 않았다면 그것은 잘못을 저지르지 않게끔 설계자가 제대로 설계했기 때문이다. 하지만 물질이 잘못을 저지르지 않는 까닭은 사람의 설계 때문이 아니다. 그 까닭은 물질 자연 자체가 결코 잘못을 저지를 수 없기 때문이다. 자연에는 '잘못을 저지를 가능성' 자체가 없다. 자연은 본디 말길을 따르지 않으며 본디 말길을 어기지 않는다. 오직 '말길'을 파악하는 존재만이 또는 '말길'을 따라 생각하고 믿고 말하는 존재만이 잘못을 저지를 가능성을 갖는다.

0409.   사람 머리는 말길에 따라 재구조화된다

만일 컴퓨터가 계산할 수 있다면 컴퓨터의 계산 능력은 어디에서 비롯되었는가? 이 물음에 자연주의자는 물리 법칙에 따라 물질 부품과 집적회로에 전류가 흘렀기 때문이라 답한다. 하지만 이는 올바른 답변이 아니다. 컴퓨터가 계산할 수 있도록 컴퓨터 설계자와 프로그래머가 하드웨어와 소프트웨어를 마련했기 때문이다. 만일 내가 계산할 수 있다면 나의 계산 능력은 어디에서 비롯되었는가? 이 물음에 자연주의자는 자연법칙에 따라 나의 신경세포와 신경회로에 전류가 흘렀기 때문이라 답할 테다. 하지만 이는 올바른 답변이 아니다. 말길을 이미 아는 다른 사람이 내가 계산할 수 있도록 긴 시간에 걸쳐 나의 머리에 논리회로를 심었기 때문이다.

      어른이 어린아이에게 말을 가르치는 과정은 집적회로 설계자가 반도체 칩에 논리회로를 심는 과정과 비슷하다. 논리회로가 반드시 반도체 칩으로 구현될 필요는 없다. 우리는 삽으로 수로를 내어 우리 의도대로 물이 흐르게 함으로써 논리회로를 만들 수 있다. 마찬가지로 어른은 조건반사 및 강화학습을 거쳐 어린아이 머리에 특별한 방식의 회로를 심는다. 나의 머리에 젖은 신경회로들 가운데 일부는, 자연 과정을 거쳐 그냥 자연히 생기지 못하며, 오직 말길을 이미 아는 다른 이가 마음을 써서 애써 만들어야 하는 인공 논리회로다. 여기서 "인공"은 단순히 기계 부품임을 뜻하지 않고 다만 지성을 가진 사람의 손길 또는 마음결이 닿은 작품임을 뜻한다. 사람의 자연언어는 자연히 생긴 언어가 아니라 본디 인공언어며 사람의 지성은 저절로 생긴 자연 지성이 아니라 본디 인공지성이다.

　　　말길을 이미 아는 사람은 나에게 무슨 논리회로를 심는가? 그것은 "응"과 "아니" 또는 '참'과 '거짓'을 제대로 처리하는 논리회로다. 그는 첫째 말길, 둘째 말길, 셋째 말길, "이고"의 정의, 무모순율에 따라 패턴을 처리하는 논리회로를 나의 머리에 심는다. 다른 사람들 나아가 사람의 공동체는 나의 머리를 말길에 따라 재구조화한다. 이 일은 그냥 내버려 두면 '참'과 '거짓'을 구별하지 않고 그냥 자연히 벌어지는 대로 몸을 움직이는 한 짐승에게 지성을 심는 과정이며 사람을 만드는 과정이다.

　　　자연은 내 머리가 패턴 X를 믿은 뒤 덩달아 패턴 "X는 거짓이다"를 믿든지 말든지 상관하지 않는다. 마찬가지로 자연은 내 머리가 패턴 "X이면 Y"와 패턴 Y를 믿은 뒤 패턴 X도 덩달아 믿든지 말든지 상관하지 않는다. 하지만 말길의 공동체, 말의 공동체, 뜻의 공동체, 지성의 공동체, 사람의 공동체는 이 일에 무관심하지 않다. 사람이 말길에 따라 차츰 자라듯 공동체도 말길에 따라 차츰 자란다. 충분히 자란 공동체는 패턴 X를 굳게 믿은 뒤 덩달아 패턴 "X는 거짓이다"를 굳게 믿는 일을 허용하지 않는다. 그 공동체는 "X이면 Y"와 패턴 Y가 참이더라도 패턴 X가 때때로 거짓일 수 있음을 교실이나 책에서 발화나 기재의 도움으로 가르친다.

0410.　진화는 말길을 생성하지 못한다

최근 고고인류학 연구에 따르면 인지 측면에서 우리를 낳은 호모 사피엔스 사피엔스는 10만 년 전에 이미 나타났다. 그들이 곧장 "응"과 "아니" 또는 "참이다"와 "거짓이다"를 말할 수 있지는 않았다. 그런 일은 선사가 '돈오'하듯이 갑작스럽게 일어나지 않는다. 아무렇게 옹알거리고 주절대는 오랜 시간이 있었다. 자신이 주절대는 일이 바깥 사물을 표현하는 일이고 그렇게 주절대는 일이 참 또는 거짓일 수 있음을 깨닫는 사건은 거의 '기적'에 가깝다. 어쨌든 그것을 깨달은 이들은 마음과 생각과 뜻을 갖고 비로소 사람이 되었다. 그가 알아차린 "참"과 "거짓"의 깨달음은 말길을 파악하는 일이며 그 일은 문명의 씨앗이다.

　　자신이 주절대는 일이 바깥 사물을 표현하는 일이고 그렇게 주절대는 일이 참 또는 거짓일 수 있음을 깨닫는 사건은 자연도태 과정에서 비롯되지 않는다. 참 개념을 파악하는 짐승이 나타난 일은 입을 가진 짐승이 나타나고 그다음 입과 똥구멍이 구별되는 짐승이 나타나고, 네다리 짐승이 나타나고 그다음 두 다리로 걷는 젖먹이짐승이 나타난 일과 완전히 다른 과정이다. 두 다리로 걷는 젖먹이짐승이 지구에 나타난 일은 진화과학으로 해명되지만 말길을 파악하는 짐승이 나타난 일은 그렇지 않다. 사람 몸의 해부 구조와 신경생리 구조를 짜는 일은 진화과학으로 해명되지만 사람 말의 구조를 짜는 일은 진화과학으로 해명되지 않는다.

진화과학은 DNA와 같은 복제자 복합계가 일단 출현하면 생명체가 나타나고 중추신경계를 갖춘 짐승들이 나타나리라고 어느 정도 예상할 수 있다. 하지만 진화과학은 중추신경계를 갖춘 짐승들 무리에서 참 개념을 파악하는 개체들이 출현하리라고 예상할 수는 없다. 진화과학의 중심 교의를 철저히 따른다면 진화과학자는 참 개념을 파악하는 짐승이 이 지구에 나타나는 방향으로 자연도태 및 진화가 이루어진다고 감히 주장하지는 못한다. 실제로 지금 태어나는 호모 사피엔스 사피엔스의 유전자, 신경생리 구조, 해부 구조는 이 짐승이 말길에 따라 움직이도록 강제하지 않는다.

호모 사피엔스의 출현 덕분에 참 개념을 파악하고 말길에 따라 움직이는 짐승이 이 지구에 우연히 생길 가능성이 커졌다. 이 지구에 호모 사피엔스가 나타나 참 개념을 우연히 파악할 가능성이 커진 일조차도 우연이다. 하지만 진화 과정이 그 가능성을 높였다는 사실은 지성 자체가 자연 과정일 뿐임을 말해주지 않는다. 말길에 따라 움직이는 짐승이 우연히 나타날 가능성이 0이 아니라는 사실은 자연 과정으로 말길 자체가 생성되었음을 뜻하지 않는다. 또한 이는 규칙을 아무렇게 설정하더라도 그것이 말길일 수 있음을 뜻하지도 않는다. 자연도태든 진화든 자연은 말길을 생성 및 형성하지 못한다.

0411.   말길은 코뮌에 난 길이다

인공지능이 물질 부품 안에 구현될 수 있다는 사실을 설명하는 유일한 방법은 하드웨어와 소프트웨어를 만든 지성 존재를 가정하는 길이다. 마찬가지로 지구 바깥 다른 행성에서 컴퓨터나 사소한 기계 부품을 하나라도 발견했다면 이 발견을 설명하는 거의 유일한 방법은 지성을 가진 존재가 그 행성에 있었거나 다녀갔다고 가정하는 길이다. 그 행성에 있었던 지성체는 아마도 생물체일 테다. 생물체가 거기에 있었다는 사실은 진화과학으로 어느 정도 설명할 수 있다. 나아가 자연주의자는 진화과학이 지성의 출현까지도 해명할 수 있기를 간절히 바란다.

진화과학이 진실이라는 주장과 지성이 자연 과정으로 출현했다는 주장은 구별되어야 한다. 오랜 진화 과정은 짐승의 몸에 혈관을 만들고 림프관을 만들며 신경회로를 만든다. 하지만 진화 과정으로 만들어진 혈관 회로, 림프관 회로, 신경회로는 말길을 따르는 논리회로가 아니다. 그것이 논리회로가 아닌 까닭은 아마존 강줄기가 논리회로가 아닌 까닭과 같다. 콰인은 호모 사피엔스들의 군집이 말길을 공유하는 까닭을 자연도태로 설명하려 애썼다. 여러 차례 말했듯 "참이다", "거짓이다", "이고"의 말길을 자연도태나 자연법칙으로 설명하려는 모든 시도는 끝내 실패할 테다.

'참'과 '거짓' 개념을 파악하지 못하는 이는 말길을

파악할 수 없다. "응"과 "아니"를 제대로 표현하는 이는 이미 '참'과 '거짓' 개념을 파악하며 이와 함께 그는 말길을 어느 정도 따른다. 그는 이미 말하는 이며 말뜻을 헤아리는 이다. 하지만 '참'과 '거짓' 개념을 파악하는 일 또는 "응"과 "아니"를 제대로 표현하는 일은 한 짐승의 몸에서 제 홀로 벌어지지 않는다. 한 짐승에게 그 일이 벌어지려면 그는 자신의 반응이 자기 몸 바깥 '먼 자극'에 관계함을 알아차려야 한다. '나'는 '너'를 깨우치지 않고서 이를 알아차릴 수 없다. 따라서 말길이 나는 곳은 자연 마당이라기보다 '나'와 '너'의 공동 마당이다. '너'와 '나'는 말, 말뜻, 뜻을 서로 나눔으로써 '우리'는 '공동체'를 이루며 '코뮌'을 이룬다. 물론 코뮌을 이루지 않는 존재는 무엇이든 '나'일 수 없고 '너'일 수 없다.

0412. 코뮌은 말길에 따라 짜인다

사람은 말하는 존재고 말하는 존재는 사람이다. 말하는 존재는 말길을 파악하고 말길을 파악하는 존재는 말한다. 한 짐승이 말길을 파악하고 말, 말뜻, 뜻에 따라 움직이면 그 짐승은 사람이다. 하지만 말길을 파악하고 말길에 따라 말하는 사람은 제 홀로 나타나지 않는다. 그 사람은 '나'뿐만 아니라 '너'를 파악한다. 나는 너와 말뜻을 나누며 '나'와 '너'가 함께 공통 세계를 아는 존재임을 알아차린다. 나는 내가 '우리', '사람의 공동체', '사회', '마을', '코뮌'을 이룬다는 사실을 깨닫는다. 내가 그것을 깨닫지 못하면 나는 아직 사람이 아니며 아직 '나'가 아니다. 오직 코뮌을 이루는 이만이 뜻을 나눌 수 있고 말할 수 있다. 말길을 따르는 존재는 오직 코뮌 안에서만 길러진다.

　　사람은 다른 짐승에게 "응"과 "아니" 또는 "그것은 참이다"와 "그것은 거짓이다"를 가르친다. 이로써 그는 그 짐승이 말길을 깨치도록 돕는다. 이 과정을 거치며 사람이 길러지고 자라고 생긴다. 이처럼 말길은 한 짐승에서 다른 짐승으로 퍼지고 한 세대에서 다른 세대로 전수된다. 말길, 말, 말뜻, 뜻은 분명 세계 안에서 나타난다. 하지만 말길은 자연에서 비롯되지 않는다. 자연, 자연 세계, 자연계, 물리계, 코스모스는 세계의 한 측면일 뿐이다. 코스모스는 대칭성에 따라 구조화된 세계며 코뮌은 말길에 따라 구조화된 세계다. 코스모스가 세계의 한 측면이듯 코뮌은 세계의 다른 측면이다. 코뮌은 말길, 말, 말뜻, 뜻에 따라 움직이는 행위자들의 세계며 말길에 따라 뜻의 역사가 펼쳐지는 뜻의 세계다. 코뮌은 말길을 따르는 사람을 생성하는 뜻의 모태며 뜻의 매트릭스다. 코뮌은 뜻의 세계, 해석 세계, 해석계, 지향계, 한마음, 하느님이다.

제II부

앎

05.

세 가지
알길이 있다

0501.   과학은 지식 체계다

우리는 보통 과학을 크게 자연과학, 사회과학, 인문과학으로
나눈다. 학문들을 이렇게 나누고 개별 학문을 "과학"이라 부르
는 관행은 그다지 오래되지 않았다. 학문의 역사에서는 오랫
동안 낱말 "과학" 대신에 낱말 "철학"을 썼다. "동물학"은 예전
에 "동물철학"이었고 "자연과학"은 예전에 "자연철학"이었다.
물리학자 볼츠만이 20세기 초까지 대학에서 가르친 주제는 '자
연철학'이었다. 과학 공부의 마지막 단계에 주는 학위는 '과학
박사'가 아니라 오늘날에도 '철학박사'다.

  왜 갑자기 낱말 "과학"이 널리 퍼졌는가? 1881년에
출판된 일본 사전에 영어 "사이언스"의 옮김말로 "과학"이 거

의 처음 나타났다. "사이언스"의 옮김말은 아니었지만 일본에서 1832년에 '분과 학문'이나 '전문 학문'을 뜻하는 낱말로 이미 "과학"을 썼다. "과학"에서 "과"는 "과거시험", "과목", "학과" 따위에서 쓰이는 한자다. 한자어 "과학"은 19세기 말 또는 20세기 초 우리나라에도 들어왔다. 김성근의 연구에 따르면 "사이언스"의 옮김말로 "과학"이 우리나라 사람의 문헌에 처음 나타난 일은 1906년 장응진의 『과학론』에서다. 다만 장응진은 논리학, 윤리학, 미학, 정치학을 "규범적 과학"이라 표현했는데 그가 낱말 "과학"을 "사이언스"의 옮김말로 썼는지 그냥 한자 뜻 그대로 '분과 학문'을 뜻하는 말로 썼는지 또렷하지 않다. 유길준은 1895년 『서유견문』에서 '분과 학문'을 뜻하는 낱말로 "과학"을 이미 쓴 적이 있다.

만일 서양에서 낱말 "사이언스"가 크게 유행하지 않았다면 일본의 학자들이 "사이언스"를 하나의 전문용어로 번역할 필요가 없었다. 누가 "사이언스"를 유행시켰는가? 1833년 영국의 철학자 윌리엄 휴얼은 '자연철학자'나 '실험철학자'를 특별히 "사이언티스트"라 부르자고 제안했다. 그는 1840년에 "사이언티스트"를 '수학자', '물리학자', '자연학자', '박물학자' 따위로 정의했다. 19세기 말에 차츰 "사이언티스트"와 "사이언스"가 미국에서 널리 쓰였고 20세기 초에 영국이 이를 뒤따랐다. 뉴욕의 언론인 존 마이클은 토머스 에디슨과 그레이엄 벨의 자금을 받아 마침내 1880년에 학술지 『사이언스』를 창간했다.

낱말 "사이언스"는 본디 무슨 뜻인가? 이 영어 낱말은 라틴말 "스키엔티아"에서 왔고 이는 더 멀리 인도유럽 할머니말 "스케이"나 "섹"에서 왔다. 이 낱말은 '자르다', '쪼개다', '가르다'를 뜻한다. 우리는 한 사물이 무엇인지 알려고 그것을 때때로 자르고 쪼갠다. 우리는 사물과 사물을 갈래짓고 가름으로써 사물들을 알아간다. 한자 "과학"에서 "과"는 '갈래'와 '갈래 짓기'를 뜻하기도 한다. 옛날 인도유럽 사람들의 '쪼개다'나 '가르다'는 차츰 '안다'의 뜻을 지닌 듯하다. 라틴말 "스키엔티아", 프랑스말 "시앙스", 영국말 "사이언스"는 그냥 '앎', '인식', '지식'을 뜻할 뿐이다. 휴얼의 "사이언티스트"를 말뜻 그대로 우리말로 옮기면 그냥 '아는 이'다.

왜 휴얼은 수학자, 물리학자, 자연학자를 "아는 이"라 불렀는가? '아는 이'를 뜻하는 더 유명한 낱말이 있다. 그것은 바로 "소피스트" 또는 "소피스테스"다. 서양의 학문 전통은 '소피스트'를 비판하고 '필로소포스'를 존중하는 전통을 세웠다. 이 전통에서 "필로소포스"는 '알고 싶어 하는 이', '알려고 애쓰는 이', '앎을 사랑하는 이'를 뜻하고 "필로소피아"는 '알고 싶음'이나 '앎 사랑'을 뜻한다. 옛날에 사람이 아는 바가 적었을 때 '아는 이'는 대체로 그냥 '아는 체하는 이'일 뿐이었다. 자신을 '아는 이'로 여겼던 소피스트를 소크라테스와 플라톤은 그냥 '아는 체하는 이'라 비판했다. 서양 지성사는 오히려 '알고 싶어 하는 이', '앎에 애타는 이', '앎을 사랑하는 이', '앎을 좋아하는 이'를 존중했다. 그 존중을 표현 "필로소피아"와 "필로소포스"

제II부 앎

안에 담았는데 동아시아에서는 이를 "철학"과 "철학자"로 각각 옮긴다.

휴얼이 수학자, 물리학자, 자연학자를 '아는 이'로 여긴 일은 존중이었을까 비판이었을까? 몇몇 학자는 휴얼이 "사이언티스트"를 약간 냉소를 담아 표현했다고 주장한다. 그의 의도가 무엇이든 표현 "철학"에서 표현 "과학"으로 변화는 오히려 지성의 진보 또는 지식의 진보를 반영한다. 지성사의 초창기에는 '아는 체하는 일'보다 '알려고 애쓰는 일'이 더 중요했다. 하지만 수학자, 물리학자, 자연학자는 그냥 '알려고 애쓰는 이'에서 멈추지 않고 참말로 '아는 이'로 차츰 자랐다. 요즘 그들은 자신을 오히려 자랑스럽게 "사이언티스트"라 부른다. 지식의 진보와 함께 지식은 차츰 체계화되었다. 이 체계화의 결과가 바로 오늘날 '과학'이다. 누군가 과학이 무엇인가 묻는다면 "과학은 지식 체계다"고 말할 수 있다. 과학은 앎의 짜임, 잘 짜인 앎, 짜임새를 갖춘 앎이다.

0502.   인문사회 연구도 과학일 수 있다

휴얼에게 "사이언스"는 처음에 자연철학, 실험철학, 물리학, 자연학 따위 오늘날의 '자연과학'만을 뜻했다. 낱말의 이 쓰임새 때문에 오직 자연과학만이 유일한 '사이언스'인 양 생각하는 경

향이 생겼다. 이 경향은 자연에 관한 자연과학 탐구만이 앎을
줄 수 있다는 견해를 낳았는데 이 견해는 이른바 "자연과학주
의"다. 탐구 대상을 자연으로 한정한 뒤 경험, 관찰, 실험으로
자연에 접근함으로써 자연철학자, 실험철학자, 물리학자, 자연
학자는 실제로 앎을 차츰 얻었다. 자연 말고 다른 사물을 탐구
대상으로 삼으면 앎을 얻는 데 무작정 실패하는가? 과학의 탐
구 대상은 자연에만 한정해야 하는가? 자연과학 말고 다른 과
학은 없는가?

오늘날 사람에 관한 연구를 "인문과학"이라 하고 사
회에 관한 연구를 "사회과학"이라 한다. '인문과학'과 '사회과학'
은 무슨 과학인가? 인문과학은 '사람을 다루는 자연과학'인가
'사람을 다루는 별도의 과학'인가? 사회과학은 '사회를 다루는
자연과학'인가 '사회를 다루는 별도의 과학'인가? 이는 매우 어
려운 물음이다. 이 물음에 제대로 답하려면 낱말 "과학"을 '자
연과학'에 한정하는 뜻으로 이해하지 말아야 한다. 오히려 낱
말 "과학"을 '지식'이나 '앎'으로 이해해야 한다. 나는 인문사회
연구도 지식 체계일 수 있다고 믿는다. 나는 인문과학과 사회
과학을 과학으로 여기며 나아가 자연과학과 다른 별도의 과학
으로 여긴다.

나에게 "인문과학"은 '사람에 관한 앎의 짜임'이고
"사회과학"은 '사회에 관한 앎의 짜임'이다. 만일 '사람에 관한
앎'이 자연과학자가 여태 이룩한 앎과 매우 다르다면 사람에
관한 앎으로서 인문과학은 사람을 다루는 자연과학이 아니다.

만일 '사회에 관한 앎'이 자연과학자가 여태 이룩한 앎과 매우
다르다면 사회에 관한 앎으로서 사회과학은 사회를 다루는 자
연과학이 아니다. 나는 '사람에 관한 앎'이 자연과학자가 여태
이룩한 앎과 매우 다르다고 생각한다. 나는 '사회에 관한 앎'이
자연과학자가 여태 이룩한 앎과 매우 다르다고 생각한다.

0503.　앎에 이르는 길이 있다

앎의 철학 곧 인식론은 오랫동안 '앎'과 '알다'를 깊이 따져 물었
다. 인식론은 "나는 X를 안다"를 "나는 까닭을 가진 채 X를 믿
으며 X는 참말로 참이다"로 이해한다. "까닭을 가진 채 믿은 믿
음"은 '정당화된 믿음', '이유 있는 믿음', '이성을 따르는 믿음',
'이성에 맞는 믿음', '합리 믿음', '헤아린 믿음'이다. 따라서 "앎"
은 '헤아린 참인 믿음'이고 "과학"은 '헤아린 참인 믿음들의 짜
임'이다. '얼핏 드는 이런저런 생각들'로부터 '헤아린 참인 믿음
들의 짜임'으로 나아가려면 적절한 절차를 밟아야 한다. 이 절
차를 "과학 방법"이라 한다. 과학 방법은 '앎에 이르는 길'이며
'알길'이다.

　　　우리가 "방법"으로 옮기는 영국말 "매써드"는 그리
스말 "메토도스"에서 왔다. 이를 말뜻 그대로 풀면 '길 따라'다.
이에 나는 영국말 "사이언티픽 매써드"를 "알길"로 옮긴다. '알

길'을 뜻하는 다른 말은 그리스말 "오르가논" 또는 라틴말 "오르가눔"이다. 서양 과학사에서 "오르가논"은 처음에 논리학을 다루는 아리스토텔레스의 책들을 가리켰다. 낱말 "오르가논"은 '일'이나 '함'을 뜻하는 "에르곤"에서 왔다. 본디 "오르가논"은 일할 때 도움을 주는 '연장', '도구', '기관'을 뜻한다. 서양 과학사에서 "오르가논"은 아는 일을 하는 데 도움을 주는 연장인 셈이다. 프랜시스 베이컨은 1620년의 『노붐 오르가눔』에서 새로운 과학 방법을 제안했다. 그의 이 책 제목을 터박이말로 옮기면 『새 연장』이다.

0504.　과학은 명제의 짜임이다

내가 "나는 X를 안다"고 말할 때 X는 무엇인가? 이에 고대 철학자와 초기 근대 철학자는 각각 "형상"과 "관념"이라 말했지만 오늘날 철학자는 "명제"라 말한다. 로크 이후 관념이론가들은 마음 안에서 관념들이 어떻게 짜일 때 판단 또는 믿음이 되는지 탐구했다. 이를 탐구하는 과정에서 영국에서 제러미 벤담 등은 관념 연구를 낱말 연구로 바꾸었고 낱말 연구를 문장 연구로 바꾸었다. 연구의 방향이 바뀜에 따라 19세기 이후 언어철학 및 과학철학이 중요한 연구 기획으로 떠올랐다.

　　　형상이론과 관념이론에 매달리는 이들은 크게 줄고

그 대신 문장, 진술, 명제, 가설, 법칙 따위에 매달리는 학자들이 크게 는 까닭은 무엇인가? 그것은 자연언어에 나타나는 "이면"이나 "모든" 따위 낱말에 어울리는 관념을 찾을 수 없었기 때문이다. 앎을 표현하려면 이들 낱말이 반드시 있어야 하는데 기존 관념이론으로는 이들 낱말에 해당하는 관념이 어디서 비롯되며 어떻게 생길 수 있는지 설명할 수 없었다.

　　"X를 앎"은 "참인 X를 헤아려 믿음"인데 X는 참일 수 있는 무엇이어야 한다. 철학자들은 형상이나 관념에 "참이다", "진실이다", "사실이다", "진리다"를 붙이는 일이 잘못되었음을 차츰 깨달았다. 반면 '명제'는 그것들을 붙이기에 가장 잘 어울린다. 현대의 이론가들은 과학이 참인 명제들로 이루어졌음을 크게 반대하지 않는다. 1972년 강연 「과학 이론의 논리와 진화」에서 칼 포퍼는 과학 이론의 진화 과정에 매우 중요한 발걸음 하나를 이야기한다. 그것은 생각하기에서 말하기로 나아간 일이며 말하기에서 쓰기로 나아간 일이다. 글로 표현된 명제는, 머릿속에서 생각한 내용과 달리, 여러 사람이 함께 논의 및 비판할 수 있는 대상이다. 검증과 반증의 대상 나아가 입증과 반입증의 대상은 형상이나 관념이 아니다. 그 대상은 오히려 명제다.

0505.   추론은 과학 방법이다

"X를 앎"은 "참인 X를 헤아려 믿음"인데 "X를 앎"의 X 자리에 '참인 명제'가 와야 한다. 인식론, 언어철학, 과학철학은 '참인 명제'를 얻는 길을 오랫동안 치열하게 탐구했다. 몇몇 철학자는 참인 명제의 보기를 찾음으로써 그 길을 찾으려 했다. 아우구스티누스는 "나는 잘못을 저지른다"를 찾았고 데카르트는 "나는 생각한다"나 "나는 의심한다"를 찾았다. 이들은 과학 방법으로서 확실히 참인 명제로부터 다른 참인 명제를 얻는 방법을 제안했다. 이 방법은 이른바 '연역추론' 또는 '반드시 추론'이다.

"나는 잘못을 저지른다"는 확실히 참인가? 내가 잘못을 저지르는지 그렇지 않은지 나 스스로 확인할 길은 없다. 하지만 "나는 생각한다"는 확실히 참이다. "나는 생각한다"로부터 무슨 앎을 더 얻을 수 있는가? 그것은 "나는 있다"는 앎이다. 또 무슨 앎을 더 얻을 수 있는가? 그다지 없다. 데카르트는 1637년 『이성을 올바르게 이끌어 과학들에서 참말을 얻는 방법 이야기』 곧 『방법서설』에서 새로운 앎을 추가로 얻는 방법을 제안한다. "나는 생각한다"로부터 "내가 밝고 또렷하게 생각하는 생각은 참이다"를 얻는다. 그다음 만일 한 생각이 내가 밝고 또렷하게 생각된 생각이면 그 생각은 참이고 앎이다. "내가 밝고 또렷하게 생각하는 생각은 참이다"를 얻으려면 "나는 착한 하느님이 만든 마음이다"가 참이어야 한다고 데카르트는 판단했다. 하지만 "나는 생각한다"로부터 "나는 착한 하느님이 만든 마음이다"를 추론하기는 매우 어렵다.

확실한 참말로부터 다른 확실한 참말을 추론하는 일만으로는 앎의 짜임 곧 과학을 얻을 수 없다. 철학자들은 앎의 짜임을 얻는 다른 두 방법을 제안했다. 하나는 확실히 참인 명제들을 더 많이 찾는 길이다. 칸트는 '선험 종합명제'를 찾는 방법을 제안했다. 종합명제는 새로운 정보가 될 만한 내용을 담은 명제다. 보통의 경우 종합명제는 몸으로 겪고 난 뒤에야 그것이 참임이 드러난다. 하지만 '몸으로 겪고 난 뒤에야 그것이 참임이 드러나는 명제'는 나중에 거짓일 여지가 있다. 칸트는 1781년 『순수이성비판』에서 '겪지 않고도 참임이 드러나는 종합명제' 곧 '선험 종합명제'가 있다고 주장한다. 그는 선험 종합명제들이 과학의 밑바탕을 떠받친다고 믿었다. 그에 따르면 기하학의 명제뿐만 아니라 산수의 명제는 선험 종합명제며 "모든 물체는 무게를 갖는다"도 선험 종합명제다.

앎의 짜임을 얻는 다른 방법은 '귀납추론' 또는 '아마도 추론'이다. 베이컨은 자신이 찾은 아마도 추론을 "노붐 오르가눔" 곧 "새 연장"이라며 자신의 방법이 기존 방법보다 더 낫다고 생각했다. 그는 새 알길에 따라 영국 과학을 새로 세워야 한다며 1605년에 『학문의 진보』와 1620년에 『위대한 혁신』을 썼다. 그는 학자는 책 읽는 일보다 관찰 자료를 모으고 실험하는 일을 더 많이 해야 한다고 주장했다. 1660년에 「자연 지식의 향상을 위한 런던 왕립학회」가 세워졌고 이 학회는 베이컨의 조언에 따라 관찰과 실험을 북돋웠다. 19세기의 윌리엄 휴얼은 베이컨과 밀의 기존 아마도 추론을 보완하려고 새로운 아마도 추론 곧 '가설연역법'을 제안했다. 추론의 방법은 우리가 찾은 첫째 과학 방법이다. 추론에는 무슨 추론이 있는가? 반드시 추론과 아마도 추론이 있다. 이들 추론은 앎에 이르는 합당한 방법이다.

0506. 과학은 믿음직한 믿음의 짜임이다

선험 종합명제를 찾는 방법과 아마도 추론의 방법은 과학을 '앎의 짜임'이라기보다 '믿음직한 믿음의 짜임'으로 강등하는 결과를 낳았다. 왜 그런 결과를 낳았는가? 우선 선험 종합명제를 찾을 수 없고 찾더라도 그 명제는 100% 확실히 참인 명제일 수 없다. 그다음 아마도 추론은 전제의 참이 결론의 참을 보장하지 못한다. 19세기 철학자들은 수학의 명제들을 파고들어 그 명제가 과연 선험 종합명제인지 물었다. 프레게는 1884년 『산수의 기초』와 1893년 『산수의 근본 법칙』에서 기하학의 명제들이 선험 종합명제이지만 산수의 명제들은 새로운 정보를 주지 않는 분석명제라고 주장했다. 프레게, 러셀, 화이트헤드는 산수의 명제들을 논리 법칙 위에 세우려 했지만 끝내 실패했다. 1920년대에는 선험 종합명제를 버린 채 과학의 바탕을 새로 놓으려는 철학 운동이 오스트리아 빈에서 일어났다. "빈학파"로 불리는 이들의 운동을 "논리실증주의"라 한다.

빈학파는 모든 명제를 선험 분석명제와 후험 종합명제로 나눈 뒤 이들 명제가 언제 참일 수 있는지를 따졌다. 그들은 후험 종합명제 가운데서 '관찰명제'들을 과학의 바탕 명제로 삼았다. 칸트 인식론에서 선험 종합명제가 맡은 역할을 논리실증주의에서는 관찰명제가 맡는다. 빈학파의 과학 방법은 관찰명제들로부터 '반드시 추론'을 거쳐 새로운 앎을 얻는 방법이다. 복잡한 명제를 관찰명제의 꾸러미로 풀어헤치려면 명제의 겉모습 뒤에 숨은 논리 구조를 찾아야 한다. 카르납은 명제 또는 문장의 논리 구조를 드러내는 규칙을 "논리 문장론"이라했다. 그는 논리 문장론을 잘 마련하는 일이 기존 철학을 깔끔하게 다듬어 그 바탕 위에 과학을 제대로 세우는 길이라 생각했다.

논리실증주의는 개별 관찰문장이 경험의 법정에서 참과 거짓이 가려진다면 그것을 명제로 인정할 수 있다고 보았다. 하지만 과학은 엄청나게 많은 명제의 꾸러미다. 과학의 문장들은 서로 얽혀 하나의 큰 그물을 이룬다. 그 그물의 바깥자리는 경험과 연결되는데 이로써 명제들 전체가 경험의 영향 아래 놓인다. 콰인은 집합론이나 정수론의 명제조차도 후험 종합명제라고 주장한다. 수학의 명제에도 이미 경험이 아주 조금 담겼기에 논리 법칙만으로 수학을 세울 수 없다. 콰인은 과학을 튼튼한 바탕 위에 세우려 했던 전통 철학의 꿈 자체가 헛된 꿈이라고 결론 내린다. 과학은 '참인 명제들의 짜임'이라기보다 오히려 '흔들릴 수 있는 믿음들의 짜임'이다.

플라톤부터 20세기 논리실증주의까지 과학을 '확실한 참말로 짜인 튼튼한 구조물'로 세우려는 노력은 결코 성공하지 못했다. 과학의 역사는 참말이라 여긴 기존 믿음을 무너뜨리고 더 믿음직함 믿음을 참말이라 여기는 일의 역사다. 오랫동안 철학자와 과학자는 믿음을 얕잡아보고 앎을 늘 추켜세웠다. 믿음을 얕잡아보지 않았던 파스칼과 베이즈 같은 이들은 믿음들을 더 믿음직한 믿음과 덜 믿음직한 믿음으로 나눌 수 있음을 알아차렸다. 과학은 다른 이야기들보다 그나마 더 믿음직한 믿음 체계다. 1952년에 출판된 포퍼의 『파르메니데스의 세계』에 따르면 사람이 할 수 있는 일은 다만 '참말 비슷한 것' 또는 '그럴듯한 이야기'를 찾는 일이다.

사람 마음은 모든 참말의 샘일 수 없고 모든 참말의 잣대일 수 없다. 사람 마음은 참이라 여기는 일 곧 믿음의 샘이다. 우리는 처음에 그나마 믿음직한 믿음들을 발판으로 더 믿음직한 믿음 체계를 조금씩 짜고 조금씩 다듬는다. 과학 활동은 참인 믿음 체계를 짜는 활동이라기보다 믿음직한 믿음 체계를 짜는 활동이다. 과학 활동은 지금 당장 앎을 가진 상태라기보다 더 믿음직한 믿음을 가지려는 활동이다. 오늘날에도 과학자는 앎을 가졌다고 자랑하기보다 앎이 모자라 그것에 애타는 마음을 여전히 가져야 한다. 바른 과학자는 아무것도 알 수 없다고 절망하지 않고 자신이 알 힘을 지녔다고 굳게 믿는다.

그는 아직 완전한 앎에 이르지 못했기에 알고 싶어 앎을 좋아하고 앎에 굶주리고 애탄다.

0507. 추론은 모든 과학의 공통 방법이다

추론은 자연과학에 많이 쓰인다. 자연과학의 분과로 분류되는 수학, 통계학, 물리학 안에는 추론이 가득 차 있다. 이들 학문은 공리와 정의 및 공준을 바탕으로 반드시 추론을 거쳐 참말들을 이끈다. 물리학은 근본 차원에서 통계 추론을 다룬다. 자연과학의 다른 분과 학문도 수학과 통계학의 추론을 많이 쓴다. 심리학, 사회학, 경제학, 정치학, 경영학, 회계학 같은 사회과학에 통계가 아주 많이 쓰인다. 요즘에는 인류학이나 역사학 같은 인문과학에도 수학 추론 및 통계 추론이 쓰인다. 자연과학으로 분류되는 수학과 통계학을 동원하는 이론은 흔히들 자연과학 이론에 가깝다고 착각한다. 나아가 추론을 많이 쓰면 자연과학과 비슷해진다고 잘못 생각한다. 심지어 추론이 자연과학의 본모습을 이루는 과학 방법이라 착각들 한다.

수학이나 통계학을 많이 쓴다는 까닭에서 경제학이나 회계학 같은 학문을 자연과학으로 여겨서는 안 된다. 수학과 통계학은 추론의 기법을 다루지만 명제나 추론 그 자체는 수학의 산물도 아니고 통계학의 산물도 아니다. 수학과 통계학은 다만 논리학의 바탕 위에서 특수한 유형의 명제들 사이의 논리 관계를 따지는 학문일 뿐이다. 추론을 직접 다루는 학문은 논리학이다. 논리학은 추론의 과학이지만 추론의 자연과학은 아니다. 논리학은 참과 거짓의 규범을 가정하고, 문장의 의미 곧 명제를 가정하고, 추론의 규칙을 가정한다. 논리학은 철학의 한 분야고 철학은 인문과학의 한 분야다.

추론은 자연과학에서 비롯된 방법이 아니며, 자연과학에서만 쓰는 방법도 아니고, 자연과학을 특징짓는 방법도 아니다. 추론은 오히려 모든 과학이 함께 쓸 수 있는 공통 방법이다. 통계는 '아마도 추론'의 한 갈래고 아마도 추론은 추론의 한 갈래다. 통계의 방법은 다만 추론의 방법일 뿐이다. 추론이 자연과학의 고유 방법이 아니기에 통계도 자연과학의 고유 방법이 아니다. 여기서 "고유 방법"은 '해당 과학 분야에서만 쓰는 방법'을 뜻하지 않고 '해당 과학을 특징짓는 방법'을 뜻한다. 통계를 쓴 학문이 과학이 되는 까닭은 그것이 자연과학 방법을 썼기 때문이 아니라 추론이라는 과학 방법을 썼기 때문이다. 인문사회과학에서도 수학과 통계학을 자주 쓰는 까닭은 그것이 반드시 추론이나 아마도 추론에 도움을 주기 때문이다.

0508.   새 정보를 얻는 두 방법이 있다

무엇이 과학들을 인문과학, 사회과학, 자연과학으로 갈래짓는가? 추론의 방법을 쓰느냐 쓰지 않느냐는 과학들을 그렇게 갈래지을 수 없다. 자연과학뿐만 아니라 인문과학과 사회과학에서도 추론을 쓴다. 모든 과학은 추론의 방법을 사용한다. 나아가 이들 과학이 쓰는 추론은 모두 같다. 추론의 차이가 과학들을 갈래짓지 않는다. 반드시 추론이든 아마도 추론이든 추론을 시작할 바탕 믿음, 바탕 정보, 바탕 자료가 있어야 한다. 그것은 "나는 생각한다"나 "나는 말한다"일 수 있고, 칸트식 선험종합명제일 수 있고, 논리실증주의자의 관찰명제일 수 있다. 내 생각에 과학들은 추론의 전제를 얻는 방법에 따라 크게 인문사회과학과 자연과학으로 갈래지어진다.

추론의 재료로 쓰일 종합명제, 새 정보, 새 자료를 얻는 두 가지 방법이 있다. 하나는 '측정'이고 다른 하나는 '해석'이다. 자연과학과 인문사회과학은 새 정보를 얻는 방법에서 차이가 있다. 자연과학은 측정의 방법으로 새 정보를 얻지만 인문사회과학은 해석의 방법으로 새 정보를 얻는다. 인문사회과학에서 많이 쓰는 설문과 여론조사는 새 정보, 새 믿음, 새 명제를 모으는 인문사회과학 나름의 방법이다. 문헌 조사, 설문, 여론조사 따위로 정보를 모으는 일은 행위자의 말을 해석하고 행위자의 의도를 해석하는 일이다. 인문사회과학자는 해석의 방법으로 새 정보를 모은 뒤 이를 바탕으로 반드시 추론이나 아마도 추론을 진행한다.

해석과 측정은 다른가? 측정은 비의도 움직임을 기술하고, 추적하고, 예측하는 데 쓰인다. 반면 해석은 의도 움직임을 기술하고, 추적하고, 예측하는 데 쓰인다. 해석의 방법으로 자연의 움직임을 기술하면 그 움직임의 자연스러움을 제대로 기술할 수 없다. 측정의 방법으로 행위자의 행위를 기술하면 그의 의도 움직임을 제대로 기술할 수 없다. 인문사회과학자는 때때로 측정과 해석 모두를 써서 새 정보를 모은다. 보기를 들어 키와 결혼 사이의 관계를 연구하는 사회과학자는 측정으로 사물의 키 정보를 얻고 해석으로 결혼 정보를 얻는다. 결혼 여부가 측정으로 드러난다고 흔히들 생각하겠지만 결혼 여부는 오히려 문서나 발화를 해석함으로써 드러난다.

몇몇 경제 현상은 동물 본능이나 신경 반사에 따른 비의도 또는 무의식 행동에서 비롯될 수 있다. 하지만 경제 현상의 대부분은 행위자들의 의도 행동에서 비롯된다. 경제학자가 행위자들의 의도 행동을 해석하지 않는다면 그는 경제학 이론을 세울 수 없다. 경제학을 구성하려면 경제 주체의 행위를 해석해야 한다. 경제학이 해석의 방법에 뿌리를 두는 한 그것은 사회과학에 속한다. 다만 경제 현상에 참여하는 행위자들이 너무 많고 그들의 의도도 너무 복잡하고 한 현상에 매우 많은 행위가 얽힌다. 이 복잡한 정보를 다루려고 경제학은 수학과 통계학의 추론 방법을 자주 쓸 뿐이다.

0509.   측정과 해석은 다른 방법이다

많은 이들이 해석과 측정을 분간하지 않는다. 과학자 대부분은 경험, 관찰, 실험, 측정을 모두 비슷한 한 묶음의 인식 활동으로 여긴다. 하지만 경험, 관찰, 실험 그 자체는 새 정보를 주지 못한다. 한 경험이 측정 과정이나 해석 과정을 거치지 않는다면 그 경험은 새 정보를 줄 수 없다. 한 경험이 새 정보를 주려면 그 경험은 측정 경험이거나 해석 경험이어야 한다. 마찬가지로 한 관찰이 측정 과정이나 해석 과정을 거치지 않는다면 그 관찰은 새 정보를 줄 수 없다. 한 관찰이 새 정보를 주려면 그 관찰은 측정 관찰이거나 해석 관찰이어야 한다. 나아가 한 실험이 새 정보를 주려면 그 실험은 측정 실험이거나 해석 실험이어야 한다.

경험은 우리 몸으로 느끼는 일이다. 도구나 장치 같은 매개물을 쓰더라도 마지막에는 눈으로 보거나 귀로 들어야 한다. 자연과학에서 이 경험은 주로 관찰이나 실험을 뜻한다. 하지만 자연과학만이 경험, 관찰, 실험을 바탕으로 전제와 가설을 세우지는 않는다. 인문과학과 사회과학도 경험, 관찰, 실험을 거쳐 가설을 추측한다. 다만 인문사회과학의 경험이 자연과학의 경험과 다를 뿐이다. 나는 이 다름을 나타내려고 '측정'과 '해석'을 또렷이 분간한다. 자연과학의 경험, 관찰, 실험은 가장 밑바닥에 측정을 두어야 한다. 인문사회과학의 경험, 관찰, 실험은 가장 밑바닥에 해석을 두어야 한다.

실험은 꾸며진 조건 아래서 현상을 일으키는 일이다. '실험실' 또는 '실험실 조건'은 그 꾸며진 조건이다. 실험 과학자는 실험실 안에 대상을 집어넣어 그것을 휘젓거나 뒤흔든다. 그는 이런저런 현상들을 일으켜 현상들 사이의 관계를 더듬는다. 물체나 알갱이만이 실험 대상이지 않고 사람이나 사회도 실험 대상일 수 있다. 과학자는 사람들을 실험실에 넣어 그들의 움직임을 관찰한다. 실험실 조건 아래서 그 사람들이 드러내는 움직임은 실험하는 이가 일으킨 현상이다. 사람이나 사회를 대상으로 한 실험은 모두 측정 실험이고 자연과학 실험인가?

실험의 방법 그 자체는 자연과학 방법도 인문사회과학 방법도 아니다. 실험하는 이가 기술하는 현상이 실험 대상의 의도 행위인지 비의도 운동인지에 따라 그 실험은 인문사회과학 실험일 수 있고 자연과학 실험일 수 있다. 사람을 대상으로 실험하더라도 몸의 변화를 측정하는 의학 및 심리학 실험은 자연과학 실험이다. 자연과학 실험은 실험 대상의 비의도 운동 또는 무목적 운동을 기술하고 그 운동을 측정한다. 반면 인문사회과학 실험은 실험 대상의 의도 행위를 기술하고 그 행위를 해석한다. 인문사회과학의 실험은 행위자의 행위가 관심의 대상이며 그의 행위를 해석해야 실험 결과를 제대로 얻을 수 있다. 물론 대부분 의학, 간호학, 심리학, 생활과학 등 인간과학 분야에서 이루어지는 실험은 측정과 해석이 함께 이루어진다.

측정은 자연과학의 방법이지만 인문사회과학에서
도 측정의 방법을 동원할 수 있다. 보기를 들어 역사학, 고고
학, 인류학, 서지학에서는 탄소연대측정법을 써서 유물의 제작
시점을 알아낸다. 과학자는 유물이나 작품이 만들어진 시점을
알려고 추론, 해석, 측정을 모두 동원한다. 인문사회과학자가
더 믿음직한 이론을 만들려고 자연과학 방법을 쓰는 일은 바람
직하다. 측정의 방법을 쓴다고 인문사회과학이 곧바로 자연과
학이 되지는 않는다. 측정의 방법을 아무리 많이 쓰더라도 역
사학, 고고학, 인류학, 언어학은 인문사회과학으로 남는다. 그
까닭은 그 과학들이 사람과 사회를 이해하려고 사람들의 믿음
과 바람을 해석하기 때문이다. 하지만 그 학문 분야가 해석의
방법을 아예 쓰지 않는다면 그 분야를 인문사회과학으로 여길
까닭이 없다.

0510. 측정과 해석은 세계를 다르게 드러낸다

측정과 해석은 새 믿음, 새 정보, 새 명제를 얻는 두 가지 다른
방법이다. 측정을 제대로 했다면 측정으로 얻은 믿음은 믿음
직한 믿음이다. 해석을 제대로 했다면 해석으로 얻은 믿음은
믿음직한 믿음이다. 자연과학은 주로 측정으로 믿음직한 믿음
을 얻은 뒤 추론으로 다른 믿음을 얻는다. 자연과학자는 주로

측정과 추론으로 믿음들을 체계화하는데 자연과학은 그렇게 체계화된 믿음 짜임이다. 인문사회과학은 주로 해석으로 믿음 직한 믿음을 얻은 뒤 추론으로 다른 믿음을 얻는다. 인문사회과학자는 주로 해석과 추론으로 믿음들을 체계화하는데 인문사회과학은 그렇게 체계화된 믿음 짜임이다. 간추리면 과학방법은 크게 추론, 측정, 해석으로 나눌 수 있다. 추론은 모든 과학이 함께 쓰는 방법이고, 측정은 사물의 물성을 알아내는 자연과학의 고유 방법이며, 해석은 사물의 심성을 알아내는 인문사회과학의 고유 방법이다.

측정은 전체 세계의 물리 측면을 드러내는 과정이다. 우리가 "자연"이라 부르는 것은 전체 세계의 물리 측면을 말한다. 자연을 다른 말로 "물리계"라 하는데 여기서 "계"는 '체계'를 뜻하지 않고 '세계'를 뜻한다. "물리계"보다 더 좋은 말은 "코스모스"다. 나중에 다시 이야기하겠지만 코스모스, 물리계, 자연은 세계 전체가 아니라 다만 전체 세계의 물리 측면일 뿐이다. '물리 술어', '물리 어휘', '물리량'은 전체 세계의 물리 측면을 기술하는 용어다. 측정은 전체 세계에서 물리 측면만을 따로 뽑아내는 과정이기에 측정은 물리량을 얻는 과정이다. 물리량은 물리학에서 쓰는 술어만을 가리키지 않는다. 세계의 자연 측면을 기술하려고 쓰는 화학 술어나 생물 술어도 물리량이다.

해석은 전체 세계의 의미 측면 또는 지향 측면을 드러내는 과정이다. 우리가 "마음", "의미", "뜻" 따위로 부르는 것은 전체 세계의 지향 측면이다. 전체 세계의 지향 측면은 다른 말로 "정신계", "문화계", "사상계", "지향계", "의미계", "해석계", "코뮌"이다. 인문사회과학자는 행위자들이 드러내는 행위들을 경험하고 이 경험을 해석한다. 이 해석을 바탕으로 가설을 추측하고 이로써 사람과 사회의 지향 현상을 설명하고 예측한다. 당연히 사람과 사회의 물리 현상을 기술하고 설명 및 예측하는 데는 자연과학의 방법을 동원해야 한다. 하지만 측정으로는 사람과 사회의 지향 현상을 기술할 수 없으며 더구나 그것을 설명할 수도 예측할 수도 없다. 자연과학과 인문사회과학의 차이를 또렷이 이해하려면 해석과 측정의 차이를 또렷이 이해해야 한다.

0511.   측정과 해석은 다른 패러다임을 낳는다

빼어난 과학철학자들은 방법을 추론, 측정, 해석으로 나누지 않는다. 그들 대부분은 경험과 측정 사이의 또렷한 차이를 눈여겨보지 않았다. 이 때문에 측정이 자연과학을 튼튼히 할 모퉁잇돌이라고 생각하지도 못했다. 그들은 "경험", "감각", "관찰", "실험" 같은 흐릿하고 헷갈리는 낱말로 과학의 본모습을 그리려 했다. 그들이 과학 방법을 이야기할 때는 주로 추론의 방법을 이야기할 뿐이다. 그들은 해석의 방법이 하나의 과학 방법일 수 있다고 생각하지 못했다. 파울 파이어아벤트는 과학 방법에 열린 마음을 가졌으나 과학 연구를 도울 또렷한 방법을 내세우지 못했다. 오히려 그런 것을 내세우는 짓이 과학의 성장을 억누른다고 보았다.

카르납과 콰인은 경험주의와 자연주의를 바탕으로 과학철학을 했으며 관찰명제나 감각 경험을 여전히 중요하게 여겼다. 포퍼에게 과학 활동의 고갱이는 가설의 반증인데 가설의 반증은 추론 방법 가운데 하나일 뿐이다. 그에 따르면 반증은 우리가 할 수 있는 최선의 과학 활동이다. 다만 토머스 쿤은 1961년 논문 「물리과학에서 측정의 기능」에서 측정의 특별한 역할을 인정했다. 그에 따르면 측정은 정상과학 시기부터 과학혁명 시기까지 줄곧 과학 활동에 긴장을 불러일으킨다. 하지만 쿤을 포함해 카르납, 콰인, 포퍼는 측정이 객관성과 보편성의 원천일 수 있음을 깨닫지 못했다. 그들은 자연과학의 객관성과 견고성을 뒷받침해줄 튼튼한 바탕을 전혀 갖지 못했다. 그들은 과학의 객관성을 해명하는 데 매우 서툴렀고 오히려 객관성을 포기해야 했다.

쿤은 과학 추론에 과학의 본모습이 담겼다고 보고 과학 추론의 얼개를 파헤쳤다. 그에 따르면 정상과학 시기에 과학자들은 주로 '패러다임 안에서 추론하기'로 과학 활동을 한다. 물론 패러다임 안에서 추론하기는 자연과학만의 방법은 아니다. 쿤은 한 패러다임과 다른 패러다임을 같은 잣대로 견줄 수 없다고 생각했다. 내 생각에 자연과학에 패러다임이 있다면 그것은 측정의 패러다임이다. 자연과학의 이론 체계들은 측정의 패러다임 안에서 서로 견줄 수 있다. 마찬가지로 인문사회과학의 이론 체계들은 해석의 패러다임 안에서 서로 견줄 수 있다. 하지만 내 생각에 측정의 패러다임과 해석의 패러다임은 서로 견줄 수 없으며 자연과학의 체계와 인문사회과학의 체계는 서로 견줄 수 없다. 코스모스는 측정의 패러다임으로 본 세계며 자연과학의 체계로 기술한 세계다. 코뮌은 해석의 패러다임으로 본 세계며 인문사회과학의 체계로 기술한 세계다. 코스모스와 코뮌은 '한 세계의 다른 두 측면'이다.

러커토시 임레는 자연과학 방법과 인문사회과학 방법을 따로 나누지 않았다. 그에게 과학 방법은 포퍼처럼 대체로 가설 연역과 반증 같은 추론에 한정되었다. 그에 따르면 과학자들은 여러 연구 프로그램들을 견주어 더 나은 연구 프로그램으로 갈아탈 수 있다. 내 생각에 측정이론은 자연과학의 모든 연구 프로그램들이 따라야 하는 연구지침이다. 자연과학자는 측정을 거쳐 자기 연구 프로그램의 고갱이를 구성해야 한다. 해석이론은 인문사회과학의 모든 연구 프로그램들이 따라야 하는 연구지침이다. 인문사회과학자는 해석을 거쳐 자기 연구 프로그램의 고갱이를 구성해야 한다.

파이어아벤트는 과학 방법이 우리의 창조성과 상상력을 억누르기 때문에 우리가 방법을 거슬러야 한다고 생각했다. 그에게 과학은 주로 자연과학인데 그는 자연과학의 월권을 억누르려고 오히려 과학 방법 일체를 얕잡아보았다. 시민들은 엘리트 자연과학자가 자연과학만의 방법을 내세워 시민의 믿음 체계를 옥죄려는 움직임에 반대해야 한다. 자연과학이 민주주의를 흔들지 않도록 시민이 온갖 알길로 온갖 앎을 얻도록 풀어주어야 한다. 자연과학보다 민주주의 이념이 더 중요한 가치라는 파이어아벤트의 믿음을 정당화하는 일은 내 생각에 인문사회과학의 몫이다. 나는 해석을 과학 방법으로 여김으로써 인문사회과학을 합당한 과학으로 올려놓는다.

06. 측정은 코스모스를 드러낸다

0601. 길이 측정은 모든 측정의 바탕이다

데카르트는 『방법서설』과 『성찰』에서 앎의 두 원리를 제안한다. 하나는 "나는 생각하는 이로서 있다"고 다른 하나는 "내가 밝고 뚜렷이 생각한 생각은 참이다"다. 그는 두 원리를 각각 "마음과 몸은 다른 실체를 이룬다"와 "착한 하느님이 저기 바깥에 있다"로 달리 표현한다. 만일 마음과 몸이 다른 실체면 이들은 다른 으뜸 속성을 지녀야 한다. 데카르트에 따르면 '퍼짐'과 '생각'만이 으뜸 속성일 수 있다. 마음은 오직 으뜸 속성 '생각'만 갖고 물체는 오직 으뜸 속성 '퍼짐'만 갖는다. 따라서 "마음과 몸은 다른 실체를 이룬다"는 "마음은 생각 사물이고 몸은 퍼진 사물이다"로 달리 표현된다.

"퍼짐"은 '자리를 차지함' 또는 '너비 높이 깊이를 채움'을 뜻한다. 몸 또는 물체는 퍼진 사물이고 깊이, 너비, 높이를 갖는 사물이다. 깊이, 너비, 높이는 세 개의 길이로 나타낼 수 있다. 데카르트는 이 세 길이를 한꺼번에 나타내려고 직교하는 세 축으로 이루어진 좌표계를 만든다. 물체를 이 좌표계 안에 그리면 그 물체가 어디부터 어디까지 공간에서 자리를 채우는지 잘 나타낼 수 있다. 한 물체의 테두리와 움직임을 나타낼 때도 데카르트의 좌표계는 큰 도움이 된다. 데카르트는 물체를 이 좌표계 안에 그려 탐구해야 한다고 주장했다. 그에 따르면 오직 이 방법만이 자연과학을 튼튼히 세우는 길이다. 하지만 마음은 좌표계 안에 놓을 수 없고 마음을 그 안에 그려 탐구하는 일은 올바른 과학 방법이 아니다.

위치는 무엇이고 두 위치 사이의 간격 곧 길이는 어떻게 측정되는가? '길이' 개념을 제대로 이해하려면 20세기 아인슈타인의 상대성이론을 또렷이 이해해야 한다. 물론 흐릿한 길이 개념만으로 '길이 측정'을 어느 정도 충분히 이야기할 수 있다. 아인슈타인도 처음에는 우리처럼 길이 개념을 또렷이 이해하지 못한 채 상대성이론을 얻었다. 한 사물의 길이를 재려면 길이를 이미 아는 다른 사물과 그 사물을 서로 견주어야 한다. '자'는 정의상 '그 길이를 이미 아는 사물'이다. 우리는 자가 이미 그 자체로 한결같은 '길이'를 갖는다고 가정한다. 자를 만들고 자로 다른 사물의 길이를 재는 일에 우리의 흐릿한 길이 개념이 이미 담겼다.

자가 아직 만들어지지 않은 상황에서 우리가 자의 길이를 아는 방법은 간단하다. 먼저 한 막대를 구해 그 막대의 길이를 "1미터"로 정의한다. 숫자 "1"과 단위 표현 "미터"는 일종의 어휘다. 숫자를 무엇으로 쓰든 상관없는데 보통 "1"을 쓰면 편하다. 단위 표현도 무슨 이름을 쓰든 상관없다. 하지만 한 막대의 길이를 단위 없이 "1"로 정의하거나 "3"으로 정의하는 일은 무의미하다. "미터"는 개념 관계나 수학 관계를 표현하지 않으며 모종의 물리 관계를 표현한다. 한 막대의 길이를 "1미터"로 정의하는 일은 그 막대를 '1미터의 표준'으로 삼는 일이다. 우리는 그 막대가 한결같은 길이, 불변하는 길이, 고정된 길이를 갖는다고 가정한다.

우리는 이제 미터 표준 막대의 길이를 이미 안다. 그 막대의 길이는 '1미터'다. 막대자를 만들고 길이를 재는 일은 측정장치를 만들고 이 장치로 사물의 물리량을 측정하는 일의 바탕이 거의 담겼다. 길이 측정은 아마도 다른 모든 측정의 바탕이다. 우리는 '1미터 표준자'가 한결같은 길이 곧 '1미터'를 갖는다고 가정한다. 왜 우리는 자가 한결같은 길이를 갖는다고 가정하는가? 만일 재는 때, 재는 곳, 재는 물체, 재는 사람에 따라 1미터 표준자의 길이가 달라진다면 우리는 그 자로 물체의 길이를 제대로 측정할 수 없을 테다. 이는 무슨 측정이든 한 측정이 갖추어야 하는 최소한의 조건이다. 하지만 '1미터 표준자'는 참말로 한결같은 길이를 갖는가?

자가 한결같은 길이를 갖지 않는다면 길이를 측정

할 다른 방법이 있는가? 한결같은 길이를 갖는 물체가 아예 없다면 물체는 '길이'를 가질 수 있는가? 세계에 모종의 한결같음이 없다면 길이는 측정될 수 없고 길이 개념 자체를 세울 수 없다. 세계에 한결같음이 아예 없다면 단 하나의 물리량도 측정될 수 없다. 측정하는 사람은 한결같음을 믿으며 측정이론은 한결같음을 가장 먼저 가정한다. 자연, 코스모스, 물리계는 한결같음을 드러내는 세계의 한 측면이다. 놀랍게도 세계에는 참말로 한결같음이 있다. 물리학자는 빛의 속도가 언제 어디서 누구에게나 한결같다는 사실로부터 '길이' 개념과 '1미터' 개념을 세우고 그 사실을 바탕으로 뭇 물체의 길이를 이루 말할 수 없을 만큼 정밀하게 측정한다.

0602. 시간 측정은 물리 사건들을 견주는 일이다

물체는 공간에서 때때로 자리를 바꾼다. 이 '바뀜' 또는 '움직임'은 위치가 시점에 따라 달라지는 일이다. 한 물체가 지점 및 시점 ㄱ에 자리하는 일을 한 사건으로 여기고 그 물체가 지점 및 시점 ㄴ에 자리하는 일을 다른 사건으로 여길 수 있다. 두 사건이 일어난 시점 사이의 시간 간격을 잴 수 있는가? 또는 그 물체가 지점 및 시점 ㄱ에서 지점 및 시점 ㄴ까지 움직이는 일을 하나의 사건으로 여길 수 있다. 그 사건이 지속된 시간을 잴 수

제II부 앎

있는가? '때', '시점', '시간'이 무엇인지 이해하고 '시간 간격'이나 '지속'을 재는 일은 '위치', '곳', '자리', '장소', '지점', '공간'이 무엇인지 이해하고 '공간 간격'이나 '길이'를 재는 일보다 훨씬 어렵다.

우리 눈이 어렴풋이 길이를 잴 수 있듯 우리 기억은 지속을 어렴풋이 잴 수 있다. 길이를 더 또렷이 재려면 자가 있어야 하듯 지속을 더 또렷이 재려면 시계가 있어야 한다. 우리는 일정한 길이를 가진 막대 물체를 자로 쓴다. 마찬가지로 우리는 일정한 지속을 가진 사건을 시계로 쓴다. 일단 시계가 만들어지면 시계 안에서 일어나는 사건의 지속과 다른 사건의 지속을 서로 견줌으로써 그 다른 사건의 지속을 측정한다. 한 물체의 길이를 재는 일이 그 물체의 길이와 다른 물체의 길이를 견주는 일이듯 한 사건의 지속을 재는 일은 그 사건의 지속과 다른 사건의 지속을 견주는 일이다. 측정은 한 사물과 다른 사물을 견주는 일이다.

시간이나 지속을 또렷이 이해하는 일도 상대성이론의 힘을 빌려야 한다. 아인슈타인은 시간 개념을 또렷이 이해하지 못한 채 상대성이론에 이르렀다. 상대성이론을 알기 전에 사람은 흐릿한 시간 개념을 써서 어설프게나마 시계를 만들었다. 동쪽에서 해가 뜬 뒤 그다음 해 뜰 때까지 시간 간격 또는 지속을 '하루'로 정의했다. '하루' 또는 '1날'을 정의할 때 '동쪽에서 해가 뜬 뒤 그다음 해 뜰 때까지 지속'이 한결같다고 가정한다. 일단 '하루'가 정의되면 '1초'를 '하루의 1/86,400'로 정의한다.

　　해시계, 모래시계, 물시계 등 시계의 역사는 일정한 지속을 갖는 사건을 찾는 역사다. '하루' 동안의 지속이 고정되지 않았음이 드러나자 '1년' 동안의 지속을 바탕으로 '하루'와 '1초'가 재정의되었다. 1956년에는 '1초'를 '1900년 1월 0일 12시 기준으로 1년의 1/31,556,925.9747'로 바꿨다. 한편 고정된 길이의 실에 매달린 추가 처음 위치로 되돌아오는 사건은 어느 정도 고정된, 불변하는, 한결같은 지속을 갖는다. 이 사실이 1583년 무렵 갈릴레이 덕분에 밝혀진 뒤 1656년 하위헌스 등의 노력으로 흔들이 시계가 개발되었다. 한 사건의 지속이 한결같다면 그 사건을 이용해 더 정밀한 시계를 만들 수 있다. 일정하게 주기 운동하는 물체는 시계로 쓰기에 알맞다. 물체의 주기 운동은 사건 유형을 낳는데 이들 사건의 지속은 거의 비슷하거나 거의 똑같다. 무엇보다 특정 빛의 진동수 또는 주기가 한결같다는 사실은 시간을 매우 정밀하게 정의하고 측정하는 바탕이다.

　　국제도량형국은 '절대 0도 세슘-133 원자의 바닥 상태에 있는 두 초미세 준위 사이에 오가는 빛'을 사용해 '1초'를 정의한다. '1초'는 정의상 이 빛의 9,192,631,770주기 동안의 지속이고 '1미터'는 정의상 진공에서 1/299,792,458초 동안 빛이 나아가는 길이다. 이렇게 빛의 속력이 정확히 초속 299,792,458미터가 되도록 '미터'와 '초'가 정의된다. 물리량을 정의하고 그 물리량을 측정하려면 최소한의 한결같음을 반드시 가정해야 한다. 방금 이야기했듯 오늘날 자연과학은 광속의 한결같음을 바탕으로 지속 '1초'와 길이 '1미터'를 정의한다.

길이 측정과 시간 측정은 매우 특별한 지위를 갖는다. 길이 측정에서는 표준물체 그 자체가 하나의 측정장치 노릇을 한다. 시간 측정에서 표준은 물체가 아니라 '물리 사건'이기에 '1초의 표준물체'는 없고 다만 '1초의 표준사건'이 있을 뿐이다. '1초의 표준사건'은 '절대 0도 세슘-133 원자의 바닥 상태에 있는 두 초미세 준위 사이에 오가는 빛의 9,192,631,770주기만큼 위상 변화'다. 시간을 측정하는 통상의 측정장치는 1초의 지속을 갖는 사건들을 연이어 생성한다. 시계의 초바늘이 한 눈금에서 다음 눈금으로 움직이는 데 1초가 걸린다. 초바늘 시계에서 1분의 시간 간격은 1초 지속하는 한 개별 사건이 60번 거듭해서 일어나는 시간 간격이 아니라 1초 지속하는 개별 사건 60개가 연이어 일어나는 시간 간격이다.

0603. 질량 측정은 물체들을 견주는 일이다

'관성 운동'은 물체를 건드리지 않고 가만둘 때 생기는 운동이다. 물체를 가만두면 물체는 무슨 운동을 하는가? 갈릴레오 갈릴레이는 움직이는 물체를 가만두면 등속 원운동을 하리라 생각했다. 데카르트는 관성 운동이 움직임의 방향과 빠르기가 달라지지 않는 등속직선운동임을 알아차렸다. 하지만 라이프니츠는 관성 운동이 움직임의 방향도 달라지지 않는 운동임을 데카르트가 때때로 망각한다고 비판했다. 물체를 가만두지 않으면 무슨 일이 벌어지는가? 머물던 물체가 움직이고, 움직이던 물체가 더 느리게 또는 더 빠르게 움직이며, 때때로 아예 멈춘다. 또는 이쪽으로 움직이던 물체가 방향을 바꾸어 저쪽으로 움직인다.

　　　물체를 가만두지 않으면 물체는 움직이기 시작하거나, 더 느리게 또는 더 빠르게 움직이며, 아예 멈추거나, 움직임의 방향이 바뀐다. 물체의 이 모든 바뀜은 물체의 '속도'가 달라지는 일이다. 따라서 물체를 가만두지 않으면 물체의 속도가 바뀐다. '가속도'는 '시간에 따라 속도가 달라지는 정도'인데 만일 물체를 가만두지 않으면 대체로 물체에 가속도가 생긴다. 한편 한 물체를 가만두지 않고 건드리는 일은 '힘을 주는 일'이다. 물체에 힘을 주는 방향으로 속도가 달라지고 그 방향으로 가속도가 생긴다. 또한 물체에 주는 힘의 크기에 따라 그만큼의 가속도가 생긴다. 따라서 물체에 생기는 가속도는 물체에 주는 힘에 비례한다. 인과관계를 떠나 순전히 관계만 보면 힘은 가속도에 비례한다.

　　　힘을 주지 않을 때 물체는 관성 운동을 한다. 힘을 주는 일은 관성을 거스르는 일이다. 낱말 "관성"은 라틴말 "이네르티아"를 옮긴 말이다. 본디 뜻은 '솜씨 없음', '재주 없음', '서툶', '모름'인데 나중에 '게으름', '굼뜸', '움직이지 않으려 함'

의 뜻을 얻었다. 물체 그 자체가 마치 '관성'을 갖는 듯하다. 한 물체는 더 많은 '관성'을 갖고 다른 물체는 더 적은 '관성'을 갖는다. 관성은 마치 물체성, 물질성, 물질량, 질량의 척도처럼 보인다. 데카르트는 물체성이나 물질성을 '공간에 퍼짐'이나 '공간을 채움'에서 찾는다. 관성이 물체성이나 물질성의 척도면 부피가 클수록 관성도 커야 한다. 하지만 관성과 부피 사이에 일정한 관계를 찾기는 어렵다.

부피 측정은 너비, 깊이, 높이의 길이 측정일 뿐이다. 하지만 관성 측정은 단순히 부피 측정이 아니며 길이 측정이 아니다. '잘 움직이려 함'이나 '안 움직이지 않으려 함'은 물체의 가속도를 측정함으로써 가늠된다. 따라서 물체 ㄱ과 물체 ㄴ에 똑같은 힘을 줄 때 물체 ㄴ의 가속도가 물체 ㄱ의 가속도보다 더 작다면 물체 ㄴ의 관성은 물체 ㄱ의 관성보다 더 크다. 이른바 '관성질량'은 힘과 가속도를 거쳐 정의되고 측정되는 관성, 물체성, 물질성, 물질량, 질량이다. "관성질량"을 짧게 "질량"이라 하겠다. 물체에 힘이 미칠 때 물체의 질량이 작을수록 물체의 가속도는 크고 물체의 질량이 클수록 물체의 가속도는 작다. 결국 가속도는 질량에 반비례한다. 인과관계를 떠나 순전히 관계만 보면 질량은 가속도에 반비례한다.

물체의 질량을 측정하는 과정은 다음과 같다. 먼저 한 물체를 구해 그 물체의 질량을 "1그램"으로 정의한다. "그램"은 모종의 물리 관계를 표현하는데 그 관계는 당연히 "미터"가 표현하는 물리 관계와 다르며 "초"가 표현하는 물리 관계와 다르다. 한 물체의 질량을 "1그램"으로 정의하는 일은 그 물체를 '1그램의 표준'으로 삼는 일이다. 물론 그 물체는 한결같은 질량, 불변하는 질량, 고정된 질량을 갖는다고 가정된다. 1795년 프랑스는 밀도가 가장 높을 때 너비, 깊이, 높이 1센티미터 물의 질량을 '1그램'으로 정의한다. 잘 알다시피 '1킬로그램'은 '1,000그램'이다. '1그램의 표준물체'가 무엇이든 우리는 그 물체의 질량을 이미 안다. 그 물체의 질량은 '1그램'이다.

한 물체의 질량을 측정하려면 그 물체와 '1그램의 표준물체'를 서로 견주어야 한다. 질량 측정은 '움직이지 않으려는 정도'를 가늠하는 일이고 이는 가속도를 가늠하는 일이다. 따라서 한 물체의 질량을 측정하려면 두 물체에 똑같은 힘을 준 뒤 이들의 가속도를 견주어야 한다. 하지만 두 물체에 '똑같은 힘'을 주는 상황을 만들기는 쉽지 않다. 우리가 흔히 겪는 힘에는 무엇이 있는가? 질량 있는 물체는 지구 중심 쪽으로 힘을 받는다. 이 힘 때문에 물체는 아래로 떨어지며 아래로 가속된다. 안타깝게도 물체의 질량이 무엇이든 낙하하는 물체의 가속도는 모두 똑같다. 따라서 낙하하는 물체의 가속도를 측정함으로써 물체의 질량을 측정할 수는 없다.

제II부 앎

0604.   물리량은 사물들 사이 물리 관계다

물체의 질량이 무엇이든 지구상에서 낙하하는 물체의 가속도가 모두 똑같다는 사실은 모종의 한결같음이다. 이는 뉴턴이 발견한 중력 법칙이다. 그의 중력 법칙에 따르면 지표면 또는 해수면 근처에서 지구가 물체를 당기는 힘은 오직 그 물체의 질량에만 비례한다. '중력' 또는 '무게'는 지구가 물체를 당기는 힘이다. 뉴턴의 중력 법칙 덕분에 두 물체의 무게를 서로 견주는 일은 두 물체의 질량을 견주는 일이다. 용수철저울은 물체의 무게와 표준물체의 무게를 견줌으로써 그 물체의 질량을 측정하는 장치 가운데 하나다. 용수철은 무게 측정을 길이 측정으로 바꾸는 데 안성맞춤이다. 용수철은 당기는 힘이 클수록 더 많이 늘어나는 물질인데 용수철에 매단 물체의 무게가 많을수록 용수철은 더 많이 늘어난다. 용수철저울에서 용수철이 늘어난 길이를 견주면 이는 물체의 무게를 견주는 일이고 나아가 물체의 질량을 견주는 일이다.

추저울 또는 대저울도 물체의 무게를 견줌으로써 질량을 측정한다. 추저울이 나오기 전에 양팔 저울 또는 천칭을 써서 두 물체의 질량을 견주었는데 이 또한 사실상 물체의 무게를 견주는 장치다. 두 물체를 저울의 두 팔에 각각 올려놓는데 팔이 한쪽으로 기울지 않는다면 두 물체의 질량은 같다. 한쪽 팔이 아래로 기운다면 기운 쪽 물체의 질량이 더 크다. 이 방식으로 물체의 질량을 크기순으로 줄 세울 수 있다. 숫자는 크기 순서를 표현하려고 만든 어휘인데, 질량을 크기순으로 줄세울 수 있다면, 적절한 절차를 거쳐, 질량의 크기를 숫자로 표현할 수 있다. 일단 한 물체를 '1그램'의 표준물체로 삼으면 저울을 써서 다른 물체의 질량이 몇 그램인지 알 수 있다.

　　　　질량 측정에서도 재확인할 수 있듯 측정은 한 사물과 다른 사물을 견주는 일이다. 측정은 측정장치와 표준물체 사이 물리 관계를 기본 관계로 설정한 뒤 측정장치와 측정대상 사이 물리 관계를 그 기본 관계와 비교한다. '1그램 표준물체'를 용수철저울에 매달았을 때 용수철은 특정 길이만큼 늘어난다. '그 길이만큼 늘어남'은 용수철저울과 1그램 표준물체 사이 물리 관계다. 이 물리 관계는 질량 측정장치로서 용수철저울과 질량 측정대상의 기본 관계다. 이 기본 관계는 '용수철저울이 드러내는 기본 질량 관계'다. 그다음 다른 측정대상을 이 저울에 매달았을 때 용수철이 늘어난 길이를 그 기본 관계와 비교한다. 이 비교를 거쳐 크기 순서에 따라 측정대상에 어울리는 숫자를 준다. 표현 "2그램"에서 "그램"은 질량이라는 물리 관계를 표현하고 "2"는 그 관계의 크기를 표현한다.

　　　　측정장치와 표준물체 사이 관계 및 그 측정장치와 측정대상 사이 관계를 견줌으로써 측정장치는 사실상 표준물체와 측정대상 사이의 물리 관계를 표현한다. 이 점에서 측정장치는 측정대상들을 비교하는 장치며 사실상 물체들 또는 물리 사건들을 서로 비교하는 장치다. 저울은 물체들이 서로 맺는 특정 물리 관계를 드러내는데 "그램" 또는 "질량"은 그 관계를 표현한다. 시계도 물리 사건들이 서로 맺는 특정 물리 관계를 드러내는데 그 관계는 저울이 드러내는 관계와 다르다. 마찬가지로 자와 시계도 서로 다른 물리 관계를 드러낸다. "초" 또는 "시간"이 표현하는 물리 관계는 "미터" 또는 "길이"가 표현하는 물리 관계와 다르다.

길이 측정장치와 시간 측정장치는 그 측정대상과 물리 상호작용하지 않는다. 하지만 질량 측정장치는 질량 측정대상과 물리 상호작용한다. 이는 질량이 물체와 물체의 상호작용에 관계하는 물리량임을 넌지시 알려준다. 전하량 측정장치도 전하량 측정대상과 물리 상호작용한다. 전하량도 물체와 물체의 상호작용에 관계하는 물리량이다. 물리 관계에는 모종의 층위가 있을 텐데 더 근본이 되는 특수상대성이론의 층위에서 '시간' 관계와 '길이' 관계는 하나의 '시공간' 관계다. 이보다 더 근본이 되는 일반상대성이론의 층위에서 심지어 '질량' 관계와 '시공간' 관계가 하나의 관계로 통합된다. 이 층위로 가면 시공간이 물리 상호작용과 무관하다고 말하기 어렵다. 가장 근본이 되는 양자중력이론의 층위에서는 '전하량' 관계도 '시공간' 관계로 융합된다.

0605.   한결같음은 측정의 객관성을 보장한다

무게가 지표면 또는 해수면 근처에서 오직 그 물체의 질량에만 비례한다는 사실은 엄밀 사실이 아니라 근사 사실이다. 또한 이 사실은 지구 중력 환경 아래서 성립하는 사실이다. 무게를 견줌으로써 질량을 측정하는 온갖 저울은 중력이 없는 곳에서 질량 측정장치로 사용할 수 없다. 용수철을 사용하는 저울은 용수철이 가진 특수한 물질구조의 안정성을 가정한다. 하지만 용수철의 탄성계수는 용수철이 늘어남에 따라 달라진다. 탄성계수의 한결같음이 보장되지 않는다면 용수철저울의 측정값은 믿을 만하지 않다. 따라서 질량 측정의 객관성을 보장하려면 자연과학자는 지표면 근처 중력이나 용수철의 물성 따위가 가진 얕은 한결같음보다 더 깊은 한결같음을 가정해야 한다.

무게든 용수철의 탄성력이든 이는 모두 힘이다. 하지만 힘을 정밀하게 측정하려면 물체의 질량과 그 물체의 가속도를 알아야 한다. 이를 보건대 물체의 질량을 모른 채 그 물체가 받는 힘을 측정하기란 쉽지 않다. 질량, 가속도, 힘 사이에 성립하는 법칙을 넘어서는 또는 그 법칙보다 더 높은 단계의 법칙은 없는가? 빛을 바탕으로 길이와 시간을 정의하고 이들을 정밀하게 측정할 수 있었다는 사실을 눈여겨볼 필요가 있다. 자연과학자는 처음에 상대성이론과 독립하여 기존 어렴풋한 개념에 따라 길이와 지속을 측정함으로써 특정 빛의 주기가 한결같으며 광속이 한결같다는 사실을 얻었다. 그다음 그 사실의 도움으로 '1미터'와 '1초'를 새로 또렷이 정의했다. '1그램' 또는는 '1킬로그램'을 또렷이 정의하려면 이와 비슷한 수준의 한 결같음이 발견되어야 한다.

측정은 "광속은 한결같다"는 사실을 다만 발견할 뿐 이다. 하지만 측정이 "광속은 한결같다"를 엄밀한 사실, 객관 사실, 절대 사실로서 확립할 수는 없다. 왜냐하면 측정할 때마 다 빛의 속도는 약간 다르게 측정되기 때문이다. 이른바 사실 "광속은 한결같다"가 참말로 사실인지는 기존 길이 측정과 지 속 측정으로는 검증되지 않는다. 상대성이론에서는 "광속은 한결같다"를 '측정된 사실'로 여기지 않고 이론의 '으뜸 명제', '원리', '중심 교의'로 여긴다. 이 이론에서 명제 "광속은 한결같 다"는 길이 측정 자체와 시간 측정 자체를 보장하는 바탕 원리 다. 마찬가지로 질량을 제대로 정밀하게 정의하려면 모종의 다른 '으뜸 명제', '원리', '중심 교의'를 도입해야 한다. 새로운 원리 또는 더 깊은 한결같음은 '에너지 보존 법칙'에서 찾을 수 있다.

시간에 따라 물체의 가속도가 달라지고 그 위치에 따라 물체가 받는 힘이 다르더라도 한결같음을 유지하는 무엇, 보존되는 무엇, 불변하는 무엇이 있다면, 그것은 바로 '에너지' 다. 에너지 연구로부터 자연과학자는 '에너지 보존 법칙', '질량 에너지 등가 원리', '양자 가설' 따위를 얻는다. 여기에 코스모 스 안에서 절대 불변 값을 갖는다고 가정되는 두 물리량이 나 온다. 하나는 질량 에너지 등가 원리에 나오는 '광속'이고 다른 하나는 양자 가설에 나오는 '플랑크 상수'다. 플랑크 상수는 빛 에너지 또는 양자 에너지의 한결같음을 표현한다. 빛의 주기 및 속력이 가진 한결같음이 길이 측정과 시간 측정의 '객관성'을 보장하듯 빛 에너지의 한결같음은 질량 측정의 '객관성'을 보장한다. 마침내 2018년 11월 16일 국제도량형 총회는 '1킬로그램'을 '플랑크 상수가 정확히 $6.62607015 \times 10^{-34}$ kg·m²/s이도록 하는 질량 값'으로 정의한다.

0606. 측정은 물성을 양화한다

과학자는 사물의 모습, 성질, 속성을 크게 양과 질로 나눈다. "양"으로 옮기는 영어 "콴터티"는 말샘에서 '얼마나 많이'를 뜻한다. '양'은 셀 수 있는 모습이며 말하자면 '셈모습'이다. "질"로 옮기는 영어 "콸러티"는 말샘에서 '어느 갈래'를 뜻한다. "어느 갈래"는 "그것은 어느 갈래에 들어가는가?"라 물을 때 쓰인다. '질'은 '감각질'이며 '몸의 느낌'이다. '질'은 다른 모습과 견줄 수 없거나 셀 수 없는 모습이며 말하자면 '느낌모습'이다. 셈모습이든 느낌모습이든 모습은 사물들을 갈래짓는 도우미다. 사물이 이런저런 모습을 갖는다는 말은 그 사물이 다른 사물들과 다르다는 말이다.

　　사람의 감각기관은 어느 정도 셈모습을 드러내는

데 쓰인다. 감각기관은 어설픈 측정장치며 관찰과 감각은 서툰 측정이다. 하지만 그냥 경험, 그냥 감각, 그냥 지각, 그냥 관찰, 그냥 실험을 거쳐 드러나는 모습은 오히려 사물의 느낌모습이다. '몸으로 느낌'만으로는 자연과학을 짤 수 없다. 사물의 자연과학은 그 사물의 셈모습들을 드러냄으로써 그 사물을 이해한다. 측정은 셈모습만 드러내고 셈모습만 추리는 일이다. 객관 측정은 측정대상을 객관화할 뿐만 아니라 측정장치 자체도 객관화한다. 자연과학자는 한결같음을 바탕으로 몸 바깥에 측정장치를 만듦으로써 사물의 셈모습을 정밀하게 드러낸다.

사물의 모습, 성질, 속성을 셈모습으로 바꾸는 과정은 '수량화'나 '양화'의 일종이다. 하지만 모든 수량화가 측정이지는 않다. 보기를 들어 믿음에 확률이나 믿음직함을 매기는 일은 수량화지만 이는 측정이 아니다. 바람에 효용이나 바람직함을 매기는 일도 측정이 아니다. 믿음과 바람 따위 명제 태도에 믿음직함과 바람직함을 매기는 일에는 측정장치가 개입되지 않는다. 믿음직함과 바람직함을 매기는 일은 오히려 행위자의 행위를 해석하는 일이다. 측정은 자, 시계, 저울, 온도계 따위 측정장치의 도움으로 사물의 속성을 양화하고 사물의 셈모습을 드러낸다. 자연과학은 측정으로 사물의 물리 측면을 추리고 셈모습만으로 사물을 기술한다. 이로써 자연과학은 다른 과학들에 견주어 더 빨리 자랐다.

아리스토텔레스는 속도나 가속도를 느낌모습으로 여겼지만 14세기의 니콜라스 오렘은 속도와 가속도를 기하학

그림으로 나타내었다. 이것은 이른바 '그래프'의 거의 첫 모습이다. 사물의 모습을 볼 수 있는 그림으로 나타낼 수 있다면 그것은 숫자로도 나타낼 수 있다. 갈릴레이는 1638년 무렵 낙하 운동을 수식으로 나타내는 데 성공했다. 이윽고 데카르트는 물질로 이루어진 물체를 공간 좌표 안에 퍼진 사물로 그렸다. 그의 물체 탐구 방법에 따르면 '수량화할 수 없음'은 곧 '자연 과학의 대상일 수 없음'이다. 데카르트의 이 원리는 나중에 뉴턴 과학의 '수학 원리'를 낳는 출발점이다. 처음에 느낌모습으로 여겼던 모습조차도 측정 과정을 거치면 셈모습으로 드러난다. 한때 느낌모습으로 여겼던 '따뜻함'과 '차가움'은 온도계 덕분에 셈모습으로 바뀌었다. '색깔'은 예전에 느낌모습으로 여겼지만 오늘날은 파장이나 진동수 따위 셈모습을 써서 '색깔'을 이해한다.

0607.   측정은 관계의 비율을 추적한다

질량의 표준물체를 무엇으로 하든, 무슨 저울을 사용하든, 누가 언제 어느 곳에서 질량을 측정하든, 자연과학자는 물체 ㄱ, ㄴ, ㄷ의 질량 사이에 다음의 '이행성'이 성립한다고 믿는다. 만일 ㄱ의 질량이 ㄴ의 질량과 같거나 더 크고 ㄴ의 질량이 ㄷ의 질량과 같거나 더 크다면, ㄱ의 질량은 ㄷ의 질량과 같거나 더 크다. 이 '이행성'은 '질량'뿐만 아니라 '길이'나 '지속' 따위에도 성립한다. 만일 물체의 한 모습이 같음과 크고 작음의 순서를 갖는다면 자연과학자는 이 모습을 셈모습으로 여기고 이 모습에 수를 매길 수 있다. 하지만 물체 ㄱ, ㄴ, ㄷ의 질량 사이에 '이행성'이 성립하지 않으면 물체의 질량을 수량화할 수 없다.

표준물체를 바꾸는 일은 측정장치의 눈금 크기나 간격을 바꾸는 일이다. 눈금 크기를 바꾸면 한 물체에 매기는 물리량 값은 달라진다. 보기를 들어 킬로그램 눈금을 근 눈금으로 바꾸면 킬로그램 눈금 저울은 한 물체에 수 10을 주지만 근 눈금 저울은 그 물체에 수 16.7을 준다. 하지만 킬로그램 눈금 저울로 재었을 때 물체 ㄱ의 질량이 ㄴ의 두 배면 근 눈금 저울로 재어도 ㄱ의 질량은 여전히 ㄴ의 두 배다. 표준물체, 눈금 간격, 저울, 측정하는 사람, 측정하는 때와 장소를 바꾸더라도 물체들의 질량 사이에 성립하는 동일성 관계, 대소 관계, 비율 관계는 달라지지 않으며 깨지지 않는다. 자연과학자는 이 한결같음을 바탕으로 물체의 질량을 안심하고 수량화한다.

물체는 그램 수도, 근 수도, 파운드 수도 지니지 않는다. 그램 수, 근 수, 파운드 수는 실재하는 무엇이 아니다. 수는 물체의 한 토막도 물체 표면에 있는 겉보기도 아니다. 물체는 수를 갖지 않으며 수는 물체 안에 담기지 않는다. 측정은 세계의 물리 측면을 수량화하는 일이지만 그렇다고 측정이 물체에서 수를 찾는 일은 아니다. 측정장치는 수를 찾는 도구가 아니라 오히려 물체와 물체의 관계를 더듬는 도구다. 물체에 물리량을 주는 일은 그 물체를 다른 물체들과 관련짓는 한 방법이다. 물체가 얼마큼의 질량을 '갖느냐'는 관계의 문제다. 이 관계는 물체와 수의 관계가 아니며 다만 물체와 다른 물체 사이의 관계다. "질량"과 "그램", "길이"와 "미터", "지속"과 "초"는 물체와 물체 또는 물체와 측정장치 사이의 물리 관계를 표현한다. 물체와 물체의 관계를 추적하고 나아가 전체 물리계의 짜임을 파악하려는 자연과학자의 목적이 없다면 물체에 이런저런 물리량을 매기는 일은 그 자체로 아무 의미가 없다.

물체의 질량수는 오직 그 물체가 표준물체 질량의 몇 배냐에 따라 결정된다. 물체의 질량수는 절대량이 아니며 표준물체에 상대하여 달라진다. 무슨 눈금 무슨 도량형을 도입해야 할지는 단지 관례와 실용의 문제다. 물리량의 절대 수치는 중요하지 않으며 눈금 자체는 물체의 물성을 바꾸지 못한다. 현상을 기술하는 데 쓰이는 수들은 다만 현상들의 관계 패턴을 기술할 뿐이다. 도량형이 바뀔 때마다 물체에 매기는 물리량의 값은 달라지지만 물체들 사이 물리량의 비율은 달라지지 않는다. 물체에 물리량을 줌으로써 자연과학자가 파악하려는 '실재'는 물체들 사이 물리량의 비율이다. 이 비율은 눈금 스케일에 아랑곳하지 않는데 고대 그리스의 자연학자는 이 비율을 "로고스"라 했다.

0608.　조작 방식과 무관한 한결같음이 있다

시간은 무엇이며 길이는 무엇인가? 이 물음에 가장 쉽게 답하는 길은 "시간은 시계로 잰 양이다"와 "길이는 자로 잰 양이다"고 답하는 길이다. 이와 비슷하게 "질량은 저울로 잰 양이다"고 말할 수 있다. 자연과학자는 도구를 써서 다른 사물들과 견주는 방식으로 물리량을 뜻매김한다. 자연을 이해하는 데 쓰이는 개념을 이 방식으로 뜻매김하는 일을 "조작 정의"라 한다. 1927년 물리학자 퍼지 브리지먼은 조작 정의 방식으로 물리 개념을 뜻매김한다면 헷갈리지 않게 그 개념을 파악할 수 있다고 주장했다. 하지만 사물의 속성을 측정하는 다른 여러 방법이 있기에 조작 정의를 하더라도 여러 헷갈리는 개념들이 나온다.

　　자연과학자는 두 물체에 똑같은 힘을 준 뒤 더 작은 가속도가 생기는 쪽에 더 큰 질량을 줌으로써 '관성질량'을 뜻매김한다. 또 그들은 양팔 저울의 두 팔에 물체를 하나씩 올려놓고 기운 쪽 물체에 더 큰 질량을 줌으로써 '중력질량'을 뜻매김한다. 아인슈타인은 두 질량 개념이 달라야 할 까닭이 없다고 생각했다. 그는 다른 방식으로 조작 정의된 두 질량 개념이 물리학의 차이를 낳지 않는다는 원리를 바탕으로 일반상대성이론을 세웠다. 여러 가지 방식으로 조작해도 질량 값이 같다는 사실은 조작 방식에 아랑곳하지 않는 한결같은 모습이 자연 안에 있음을 말해 준다.

0609.   측정은 한결같음을 전제한다

자연과학자는 사물에 물리량을 줌으로써 사물들 사이의 관계를 추적한다. 이 관계는 측정값의 비율에 그대로 반영된다. 이 비율은 측정 과정, 측정장치, 표준물체, 눈금, 스케일, 도량형에 따라 달라지지 않는다. 물리량에 숫자뿐만 아니라 단위도 들어있다는 사실은 물리량 측정이 절대 수치를 얻는 일이 아니라 비율을 얻는 일임을 말해 준다. 이 비율은 세계의 한결같음 덕분에 우리에게 드러난다. 이 한결같음은 과학사에서 "조화", "질서", "법칙", "대칭성", "불변성" 등 여러 가지로 달리 불렸다. 세계에 한결같음이 아예 없다면 사물에 측정값을 매길 수 없다. 측정하는 사람은 세계가 온통 뒤죽박죽 카오스라 생각하지 않으며 세계 안에 티끌만큼의 한결같음이라도 있으리라 믿는다.

사물들이 드러내는 현상, 사물들 사이의 관계, 이들의 비율에 한결같음이 있는가? 현상을 기술하는 관점을 바꾸어도 그대로 남는 불변량을 찾는 일은 현상들 안에서 한결같음을 찾는 일이다. 자연과학자는 사물을 좌표계 안에 넣어 기술하는데 좌표계는 측정 위치와 방향 및 시간을 표현하는 수학 장치다. 자연과학에서 현상을 기술하는 관점을 바꾸는 일은 좌표계를 바꾸는 일이며 이른바 '좌표 변환'이다. 좌표 변환에 아랑곳하지 않고 그 값을 지키는 불변량 또는 보존량이 실제로 있는가? 자연과학은 "세계에 한결같음이 있다"를 중심 교의로 전제한다. 자연과학에 왜 이러한 중심 교의가 필요한가? 만일 세계에 한결같음이 아예 없다면 측정 과정, 측정장치, 표준물체, 눈금, 스케일, 도량형의 변화에 아랑곳하지 않는 불변량이 세계에 있다고 말할 수 없다. 세계에 불변량이 없다면 측정은 우리에게 '앎', '정보', '자료', '믿음직한 믿음'을 줄 수 없다.

　　　　"세계에 한결같음이 있다"는 믿음은 "좌표를 변환해도 달라지지 않는 모습이 세계에 있다"는 믿음이기도 하다. '좌표를 변환해도 달라지지 않는 모습'은 심성이라기보다 물성이다. 자연과학은 '좌표를 변환해도 달라지지 않는 모습'을 바탕으로 세계를 자연, 물리계, 측정계, 코스모스로 기술한다. 아인슈타인은 빛의 속도가 좌표를 변환해도 달라지지 않는 모습임을 깨달았다. 그가 이를 깨닫자마자 광속 불변을 하나의 '원리'로 여기고 이를 바탕으로 상대성이론을 세웠다. 1915년 에미 뇌터는 자연법칙을 구성하는 이와 같은 절차를 일반화했다. 이른바 '뇌터 정리'에 따르면 좌표를 변환해도 달라지지 않는 사물의 모습이 있다면 그 모습과 관련된 한 보존량을 정의할 수 있으며 나아가 한 보존법칙을 확립할 수 있다.

0610.　　자연은 한결같다

"세계에 한결같음이 있다"는 믿음은 "좌표를 변환해도 달라지지 않는 모습이 세계에 있다"는 믿음으로 구체화된다. 이 믿음을 보통 "대칭성 원리"라 일컫는다. 왜 갑자기 낱말 "대칭성"이 나오는가? 좌표를 변환해도 현상들 안에 달라지지 않는 모습이 있다면 그 현상들은 "대칭성을 갖는다"고 흔히들 말하기 때문이다. 한자어 "대칭성"은 그리스말 "심메트리아"를 옮긴 말이다. 이 낱말은 '똑같이 재어짐', '측정값 같음', '결맞음', '한결같음'을 뜻한다. 자연과학은 세계의 한결같음만을 추적하고 드러내고 기술한다. 자연과학의 세계, 자연계, 물리계, 코스모스, 자연은 오직 한결같음만을 갖는 세계다. 자연과학의 중심 교의로서 대칭성 원리는 이제 다음처럼 표현된다. 자연의 결은 모든 곳과 모든 때에 한결같다. 나는 "대칭성 원리"를 "한결의 원리"라 달리 부른다.

한결의 원리는 "자연과학은 측정 위치에, 측정 방향에, 측정 시간에 따라 달라지지 않는다"는 원리로 더 구체화될 수 있다. 상대성이론은 이 원리를 "상대성 원리"라 달리 일컫는다. 아인슈타인은 이 원리를 "허용될 수 있는 동역학 법칙을 제약하는 자연의 으뜸 모습"이라 표현했다. 그는 표현 "상대성" 대신에 표현 "불변성"을 쓰고 싶었다. 그의 상대성이론은 "빛의 속도는 한결같다"를 바탕으로 세워졌다. "광속은 좌표 변환에 아랑곳하지 않는다"는 처음에 그냥 마이컬슨과 몰리가 1887년에 얻은 측정 결과였지만 아인슈타인은 이를 단순한 측정 결과로만 여기지 않았다. 그는 이 결과를 관측자의 상태, 시각, 관점에 아랑곳하지 않으면서 모든 좌표계에서 성립하는 '절대 사

제II부 앎

실', '법칙', '원리'로 여겼다.

　　　"빛의 속도는 한결같다"는 자연과학 이론가의 '절대 믿음' 또는 '중심 교의' 가운데 하나다. 먼저 이론가는 모든 좌표계에서 성립하는 이 절대 믿음을 바탕으로 물리량들을 새로 정의한다. 광속은 '지속'과 '거리'를 정의하고 이것들을 측정하는 밑바탕이다. 이윽고 이론가는 이 물리량들 사이에 성립하는 관계를 찾고 이 관계를 '자연법칙'으로 여긴다. 보기를 들어 아인슈타인은 길이 줄어듦, 시간 늦어짐, 질량 늘어남, 질량 에너지 등가 따위 법칙을 얻는다. 이 법칙들은 처음에 '가설'이지만 실험가의 정밀한 측정을 거친 뒤에 매우 튼튼한 '법칙'으로 차츰 자리매김한다. 이리하여 광속의 한결같음은 마침내 "자연과학은 측정 위치에, 측정 방향에, 측정 시간에 따라 달라지지 않는다"를 실제로 구현하는 한 자연과학 이론 곧 상대성이론을 낳는다. 한결같음을 세계에서 새롭게 발견할 때마다 사물의 물성은 재정의되고 새로운 자연과학 이론이 구성된다.

0611.　한결의 원리는 사물을 물체화한다

체계화된 앎이 나오기 전에도 사람은 말의 힘으로 돌, 막대, 풀, 토끼, 물고기 따위 사물을 파악하고 이들을 개별화했다. 이들 사물을 개별화하면서 사람은 어렴풋하게나마 '한결의 원리'

를 적용했다. 나는 한 사물의 주위를 한 바퀴 돌면서 앞뒤 위아래 오른쪽 왼쪽 그 사물을 살펴본다. 여전히 그 사물은 거기에 있고 시간 흐름에도 그 존재를 유지한다. 나만 그렇게 보지 않고 다른 이들도 그렇게 보고 있음을 다른 이와 대화함으로써 안다. 사물의 이런 모습은 모종의 한결같음이며 불변성이다. 그것이 그림자, 꿈, 환상, 착시, 착각이었다면 이러한 한결같음을 볼 수 없다. 이 한결같음을 바탕으로 우리는 그 사물을 '물체'로 여긴다.

사람은 어설프게나마 한결의 원리를 가동함으로써 물체를 개별화한 뒤 세계가 물체들로 이루어졌다는 믿음을 형성한다. 자연과학자는 어설픈 한결의 원리를 더욱 정교화한다. 한결의 원리는 물리학에서 공간의 동질성, 공간의 등방성, 시간의 동질성으로 정교화된다. 오늘날 물리학은 공간의 동질성과 등방성 및 시간의 동질성을 바탕으로 재구성된다. 자연과학, 자연학, 물리학을 떠받치는 원리가 무엇인지 가장 깊게 성찰한 철학자는 라이프니츠다. 그는 데카르트나 뉴턴의 수학 원리가 자연과학을 짜는 데 충분하지 않다고 생각했다. 그는 자연과학을 짜는 별도의 원리를 도입하는데 바로 충족이유율이다. 그는 이 원리를 "물리학의 원리", "동역학의 원리", "힘의 원리", "자연의 원리" 따위로 표현했다.

라이프니츠는 뉴턴의 견해를 대변하는 새뮤얼 클러크에게 다음처럼 편지했다. "수학에서 물리학으로 가려면, 그 너머의 원리, 무슨 일이든 그 일이 다른 방식이 아니라 왜

이 방식으로 일어나는지 그 이유가 있다고 말하는 원리, 이른바 충분한 이유의 원리가 있어야 한다." 그는 충족이유율에 따라 수학에서 물리학으로 나아가려 애썼던 위대한 자연과학자의 본보기로 아르키메데스를 들었다. "완벽한 대칭을 이룬 양팔 저울과 이 저울 두 쪽에 똑같은 무게를 지닌 물체를 올려놓았다고 생각해 보라. 어느 쪽도 움직이지 않을 테다. 아르키메데스는 저울의 한쪽이 내려가야 할 이유가 전혀 없기에 어느 쪽도 움직이지 않으리라 생각했다." 아르키메데스의 이 생각은 나중에 공간의 동질성, 공간의 등방성, 시간의 동질성 개념으로 분화된다.

한결의 원리는 "자연과학은 측정 위치에, 측정 방향에, 측정 시간에 따라 달라지지 않는다"는 원리다. 이 원리 안에 공간의 동질성, 공간의 등방성, 시간의 동질성이 모두 담겼다. 공간의 동질성은 "공간은 어느 곳이든 한결같다"는 원리인데 "자연과학은 측정 위치에 따라 달라지지 않는다"는 원리이기도 하다. 이 원리에 따르면 사물을 기술하는 좌표계를 다른 위치로 옮겨도 자연법칙은 달라지지 않는다. 공간의 등방성은 "공간은 어느 쪽이든 한결같다"는 원리인데 "자연과학은 측정 방향에 따라 달라지지 않는다"는 원리이기도 하다. 이 원리에 따르면 사물을 기술하는 좌표계를 다른 방향으로 돌려도 자연법칙은 달라지지 않는다. 시간의 동질성은 "시간은 어느 때든 한결같다"는 원리인데 "자연과학은 측정 시간에 따라 달라지지 않는다"는 원리이기도 하다. 이 원리에 따르면 사물을 기술하는 좌표계를 다른 시간으로 옮겨도 자연법칙은 달라지지 않는다.

공간의 동질성에 따르면 사물을 기술하는 좌표계를 다른 위치로 옮겨도 자연법칙은 달라지지 않는다. 공간의 동질성은 좌표의 위치 변환에도 달라지지 않는 모습이 세계에 있음을 함축한다. 우리는 '뇌터 정리'에 따라 모종의 보존량을 정의할 수 있다. 좌표계의 이동에도 달라지지 않는 보존량은 무엇인가? 만일 공간이 어느 곳이든 한결같다면 아무것도 없는 공간에서 움직이던 한 사물이 어느 한 곳에서 더 빨라지거나 더 느려질 까닭이 없다. '더 빨라지거나 더 느려지지 않음'은 '속도가 그대로임'이며 '운동량이 달라지지 않음'이다. 좌표계의 이동에도 달라지지 않는 보존량은 '운동량'이다. 이리하여 우리는 공간의 동질성으로부터 운동량보존법칙을 확립할 수 있다. 운동량보존법칙은 "자연과학은 측정 위치에 따라 달라지지 않는다"를 구현한다.

공간의 등방성에 따르면 사물을 기술하는 좌표계를 다른 방향으로 돌려도 자연법칙은 달라지지 않는다. 공간의 등방성은 좌표의 회전 변환에도 달라지지 않는 모습이 세계에 있음을 함축한다. 우리는 한 보존량을 정의할 수 있는데 좌표계의 회전에도 달라지지 않는 보존량은 무엇인가? 만일 공간이 어느 쪽이든 한결같다면 아무것도 없는 공간에서 움직이던 한 사물이 어느 한 방향으로 굽을 까닭이 없다. 또한 아무것도 없는 공간에서 돌던 한 사물이 더 빨리 돌거나 더 천천히 돌 까닭이 없다. '굽지 않음'이나 '더 빨리 돌거나 더 천천히 돌지 않음'은 '각속도가 그대로임'이며 '각운동량이 달라지지 않음'이다. 좌표계의 회전에도 달라지지 않는 보존량은 '각운동량'이다. 이리하여 우리는 공간의 등방성으로부터 각운동량보존법칙을 확립할 수 있다. 각운동량보존법칙은 "자연과학은 측정 방향에 따라 달라지지 않는다"를 구현한다.

시간의 동질성에 따르면 사물을 기술하는 좌표계를 다른 시간으로 옮겨도 자연법칙은 달라지지 않는다. 시간의 동질성은 좌표의 시간 흐름 변환에도 달라지지 않는 모습이 세계에 있음을 함축한다. 우리는 한 보존량을 정의할 수 있는데 좌표계의 시간 옮김에도 달라지지 않는 보존량은 무엇인가? 아무것도 없는 공간에 머물던 한 사물이 어느 때 갑자기 움직이거나 돌 까닭이 없다. 아무것도 없는 공간에서 움직이던 한 사물이 어느 때 갑자기 더 빨라지거나 더 느려질 까닭이 없다. 아무것도 없는 공간에서 돌던 한 사물이 어느 때 갑자기 더 빨리 돌거나 더 천천히 돌 까닭이 없다. 이처럼 시간 흐름에도 운동량은 보존되고 각운동량도 보존된다. 하지만 이것들은 아무것도 없는 공간에서 보존되는 물리량이다.

공간이 굽거나 공간에 다른 무엇이 있더라도 시간 흐름에 따라 보존되는 물리량이 따로 있을 테다. 천장에 매달려 흔들거리는 추는 힘을 받아 시시각각 위치를 바꾸고 속도를 바꾼다. 이러한 변화 가운데서도 추의 에너지는 달라지지 않는다. 측정하는 시간을 바꾸어도 사물의 에너지는 그대로 남는다. 정의상 에너지는 좌표계의 시간 옮김에도 달라지지 않는 보존량이다. 시간의 동질성으로부터 에너지보존법칙을 확립할 수 있는데 이 법칙은 "자연과학은 측정 시간에 따라 달라지지 않는다"를 구현한다. 측정의 방법으로 찾은 가장 중요한 사물의 모습은 아마 에너지일 테다. 만일 한 사물이 에너지를 갖는다면 그 사물은 한결의 원리를 따르는 사물이며 곧 물체 또는 물질이다.

　　　한결의 원리는 모든 곳, 모든 쪽, 모든 때의 한결같음을 보장한다. 모든 곳, 모든 쪽, 모든 때의 한결같음은 '운동량', '각운동량', '에너지' 따위 물리량을 정의하는 바탕이다. 자연과학자, 자연학자, 물리학자는 이 바탕 위에 운동량보존법칙, 각운동량보존법칙, 에너지보존법칙을 세운다. 그는 한결의 원리와 측정의 방법에 따라 한 사물이 길이, 지속, 질량, 운동량, 각운동량, 에너지 따위 모습을 갖는다고 기술함으로써 그 사물을 물체화한다. 그에게 물체는 운동량, 각운동량, 에너지를 갖는 사물이며 운동량보존법칙, 각운동량보존법칙, 에너지보존법칙을 따르는 사물이다. 하지만 이렇게 드러난 물체가 그 자체로 시퍼렇게 실재하는 객관 사물이라 착각해서는 안 된다.

　　　우리는 한 사물을 공통 공간에 놓는데 자연과학의 공통 공간은 한결의 원리를 따르는 시공간이다. 무엇이든 한 사물이 한결의 원리를 따르면 그 사물은 측정되는 사물이며 물리량을 갖는 사물, 물질 사물, 물체다. 따라서 한 사물을 한결의 원리를 따르는 시공간에 놓자마자 그 사물은 물체화된다. 거꾸로 한 사물이 자연물, 물질, 물체면 그것은 한결의 원리를 따라 측정된다. 일단 '물체' 개념이 형성되면 그 물체를 길이 척도에 따라 더 잘게 쪼갤 수 있다. 이 개념 분할 또는 실제 분할로부터 '알갱이', '입자', '소립자', '원소', '원자', '분자' 개념이 연이어 나온다. 자연과학자는 한결의 원리에 따라 이들 작은 물체들을 더욱 정밀하게 측정하는데 이 과정을 거쳐 그들 앎의 체계 곧 자연과학은 더욱 고도화된다.

　　　　자연과학의 모든 대상은 한결의 원리를 따라 측정되는 물체다. 지구와 달과 별이 그러하고 블랙홀이 그러하다. 산소가 그러하고 DNA나 호르몬이 그러하며 생물이 그러하다. 자연과학자는 분자나 원자 주위를 돌며 그것들을 살펴볼 수 없다. 하지만 엄밀한 장치나 수학 이론을 써서 좌표를 변환함으로써 관점 변환에 아랑곳하지 않고 그대로 남는 모습을 그 물체의 물성으로 여긴다. 운동량, 각운동량, 에너지, 질량, 전하량, 고유스핀 따위가 그 보기다. 이들 속성은 우리가 그냥 마음속에 품은 느낌이나 관념이 아니다. 자연과학자는 질량, 분자량, 원자량, 전하량 따위 물리량을 바탕으로 세계를 물체로 쪼개고, 물체를 다시 알갱이들로 쪼개고, 알갱이들을 갈래짓는다. 이 모든 일은 한결의 원리를 바탕으로 물체를 측정함으로써 물체의 정보, 앎, 자료, 믿음을 얻는 자연과학의 임무다.

0612.　한결의 원리는 자연과학을 낳는다

나는 측정이 자연과학의 고유 방법이라 주장한다. 자연과학은 측정으로 앎을 얻는 체계다. 측정은 무엇인가? 측정은 사물과 사물의 물리 관계로부터 사물의 셈모습을 추리는 과정이다. 사물을 측정함으로써 얻은 사물의 셈모습은 사물의 자연 속성, 물리 속성, 물성, 물리량이다. 물리량을 갖는 사물은 물리 사물, 물리 대상, 물질, 물체, 자연물이다. 따라서 측정이 이루어질 때마다 세계는 물체들로 이루어진 곳으로 나타난다. 측정을 거쳐 우리에게 나타나는 현상 세계는 물체들의 세계, 물질 세계, 물리 세계, 물리계, 자연 세계, 자연계, 코스모스다. 측정은 세계를 코스모스로 드러내는 과학 방법이다. 한편 측정은 한결의 원리를 전제한다. 한결의 원리는 측정을 측정답게 규제하는 원리다. 자연과학은 측정의 방법으로 짜인 앎의 체계이기에 한결의 원리는 자연과학 전체를 다스린다.

　　　측정의 방법에 따라 앎을 추구하는 자연과학자는 측정의 믿음직함을 보장하려고 "세계에 한결같음이 있다"를 믿는다. 한결의 원리는 바로 이 믿음, 교의, 독트린, 도그마, 원리다. 무엇이 '한결같음'인가? 오늘날 자연학자, 물리학자, 자연과학자에게 한결같음은 '보는 관점을 바꾸어도 달라지지 않음'이며 '좌표계를 바꾸어도 달라지지 않음'이다. 이제 한결의 원리는 "좌표계를 바꾸어도 달라지지 않는 모습이 세계에 있다"는 믿음으로 구체화된다. 좌표계를 바꾸어도 달라지지 않는 모습이 세계에 있다면 자연과학자는 그 모습을 찾아 '그 모습은 보존량이다'는 보존법칙을 세운다. "에너지는 보존량이다" 따위 보존법칙은 물리량을 정의한다. 자연과학자는 이들 정의와 법칙 꾸러미를 뼈대로 더욱 풍부한 자연과학 체계를 세운다.

"세계에 한결같음이 있다"나 "좌표계를 바꾸어도 달라지지 않는 모습이 세계에 있다"는 믿음은 객관 자연법칙이 있고 객관 자연과학이 가능하리라는 믿음을 낳는다. 곧 사물을 기술하는 좌표계를 다른 위치로 옮기거나, 다른 방향으로 돌리거나, 다른 시간으로 옮겨도 자연법칙은 달라지지 않는다. 또는 자연과학은 측정 위치에, 측정 방향에, 측정 시간에 따라 달라지지 않는다. 한결의 원리는 자연 현상을 측정하는 장치나 사람의 안팎 사정에 영향받지 않는 '한결같음', '보존량', '법칙', '구조'가 세계 안에 있음을 보장한다. 이 원리에 따르면 세계를 어느 자세, 어느 태도, 어느 시각, 어느 각도, 어느 틀로 보더라도 보존되는 한결같은 구조가 세계 안에 있다. 세계의 한결같은 구조 또는 측면은 '자연 측면'이며 '물리 측면'이다. 측정은 그 측면을 추리고 추상하는 일이며 자연과학 활동은 그 추상을 체계화하는 활동이다.

자연과학의 역사는 낮은 수준의 한결같음에서 더 높은 수준의 한결같음을 찾는 역사다. 더 높은 수준의 한결같음을 찾으면 그 한결같음을 바탕으로 기존 개념들을 다시 정의하고 그 개념들 사이의 관계를 새로 도출한다. 광속의 한결같음은 19세기 말에 발견한 매우 높은 수준의 한결같음이다. 아인슈타인은 광속의 한결같음이 모든 관성 좌표계에서 성립하도록 시간, 공간, 속도, 질량, 에너지 개념을 다시 정의했다. 그는 광속의 한결같음을 함축하지 않는 이론은 합당한 이론이 아니며 광속의 불변성을 측정하지 못하는 측정은 올바른 측정이 아니라는 도그마를 끝까지 밀고 나갔다. 이로써 특수상대성이론 자체가 하나의 자연과학 이론으로 떠올랐다. 한결의 원리와 광속의 한결같음은 특수상대성이론을 생성하는 바탕이다.

에미 뇌터는 한결의 원리와 실제 한결같음을 바탕으로 물리량 자체가 정의될 수 있음을 잘 밝혔다. 물리학은 좌표 변환에도 달라지지 않는 모습을 찾고 그것을 주요 물리량으로 정의한다. 한결의 원리에 따라, 고전역학은 운동량, 각운동량, 에너지를 정의하고, 전자기학은 전하량을 정의한다. 한결의 원리에 따라, 상대성이론은 질량을 정의하고, 양자역학은 고유스핀을 정의한다. 질량, 전하량, 고유스핀 따위의 물리량을 기준으로 알갱이들을 여러 갈래로 나눈다. 이런 식으로 자연과학은 세계를 물체들로 쪼개고 그 물체들을 물성에 따라 갈래짓는다. 1920년대 후반에 외진 위그너는 상대성이론의 성공을 본받아 양자역학을 포함해 모든 물리 이론을 한결의 원리에 따라 체계화하자고 제안했다.

물리학자들은 처음에 위그너의 제안을 대체로 무시했지만 20세기 후반에 접어들면서 그의 제안은 물리학에서 거의 표준이 되었다. 이미 위그너는 한결의 원리를 물질 알갱이

204

의 내부 심층 구조에 적용함으로써 질량, 전하량, 고유스핀 등 알갱이의 근본 속성을 재기술했다. 한결의 원리에 따라 '바탕 알갱이'가 정의되고 그 정의에 따라 바탕 알갱이들이 갈래지어 진다. 자연과학자, 자연학자, 물리학자는 1980년대에 '바탕 알 갱이의 표준 모형'을 마침내 완성했고 2012년에 그 실험 검증 을 거의 마쳤다. 이 모형에 따르면 물리 세계의 바탕 알갱이는 쿼크, 전자, 뉴트리노, 빛알 따위다. 이 알갱이들이 모여 양성 자, 중성자, 원자핵, 원자, 분자, 바위, 지구, 천체, 코스모스를 이룬다. 화학 대상이든 생물학 대상이든 지질학 대상이든 자 연과학의 대상은 이들 알갱이로 이루어졌다. 자연과학의 개별 분과는 자신의 탐구 대상에 물리량을 매김으로써 그 변화를 추 적하고 기술한다. 이로써 전체 자연과학 체계가 짜인다.

0613.   한결의 원리는 코스모스를 꾸민다

우리는 세계 안 현상들을 이해하려고 세계를 여러 물건과 여러 사건으로 쪼갠다. 물건과 사건을 모아 "사물"이라 하겠다. 세 계를 굳이 왜 여러 사물로 조각내어야 하는가? 세계가 여러 사 물로 조각나지 않는다면 변화 자체를 이해할 수 없다. 우리는 변화를 이해하려고 세계를 여러 사물로 나누고 한 사물이 다른 사물과 인과관계를 맺는다고 가정한다. 하지만 한 도식, 관점,

조망, 시각, 뷰포인트를 도입하지 않은 채 세계를 여러 사물로 나눌 수는 없다. 세계를 여러 사물로 분할하고 여러 모습에 따라 이들을 분류하는 일은 단순히 한 사물을 여러 관점에서 보는 일과 다르다. 세계를 여러 사물로 쪼개고 갈래짓는 일은 그냥 보통의 관점으로 할 수 없고 최상위 차원의 관점으로만 할 수 있다. 한결의 원리는 세계를 여러 물리 사물로 분할 및 분류하는 최고 수준의 관점, 관점의 관점, 메타관점, 메타뷰포인트다.

한결의 원리는 자연과학의 메타뷰포인트다. 자연과학은 한결의 원리에 따라 세계를 분할 및 분류한 뒤 세계 안 현상을 이해하는 믿음 체계다. 자연과학이 현상을 이해하는 방식은 다음과 같다. 먼저 한결의 원리와 세계의 한결같음을 바탕으로 물리량을 정의 및 측정한다. 이들 물리량을 기준으로 세계를 여러 물리 사물로 나눈다. 그다음 이들 물리량을 관계짓고 이 관계를 명제화함으로써 뉴턴 방정식, 맥스웰 방정식, 아인슈타인 방정식, 슈뢰딩거 방정식 따위 자연법칙을 확립한다. 마지막으로 개별 인과관계를 자연법칙의 한 보기로 여긴 뒤 이들 자연법칙으로 개별 인과관계를 설명한다. 물리 사물들 사이에 이런저런 인과관계가 성립한다는 믿음직한 믿음을 차곡차곡 쌓음으로써 마침내 세계 안 온갖 현상을 자연스레 이해한다.

한결의 원리라는 메타뷰포인트로 세계를 바라보면 세계는 물체들의 세계, 물리계, 자연계, 자연, 코스모스로 나타난다. 코스모스는 한결의 원리를 따르지 않는 모습을 세계에서 말끔하게 치우고 다듬어 꾸민 세계다. 코스모스는 측정의 청소도구로 정돈하고 치장한 세계의 한 측면이다. 이 때문에 세계가 메타뷰포인트를 벗어나 그 자체로 물리 세계라고 예단할 수는 없다. 세계는 곧 물리 세계라는 믿음, 나아가 세계는 물리 재료의 단순한 총합이라는 믿음은 자연과학을 넘어서는 믿음이다. 다만 한결의 원리가 우리가 가질 수 있는 유일한 메타뷰포인트면 우리는 한결의 원리에 따라 또는 자연과학의 눈으로 현상을 이해해야 한다. 이 경우 세계를 제대로 아는 길은 세계를 물리계로 기술하는 길뿐이다.

한결의 원리에 따라 세계를 측정하여 세계를 조각내는 방식이 유일한 방식이라 볼 까닭은 없다. 세계를 물리 사물로 조각내는 방식은 세계를 조각내는 여러 가능한 방식들 가운데 하나다. 세계를 쪼개고 갈래짓고 추리는 다른 방식이 있을 수 있다. 칸트는 우리가 오직 한 메타뷰포인트만 가질 수 있다고 생각한 듯하다. 하지만 나는 현상들을 추적, 기술, 설명, 예측하는 다른 메타뷰포인트, 다른 원리, 다른 방법이 있다고 믿는다. 그것은 해석의 방법이다. 해석은 측정과 전혀 다른 방식으로 세계를 나누고 세계를 드러낸다. 해석은 인문사회과학의 고유 방법이다. 자연과학이 세계를 측정할 수 있는 물리 현상들이 출몰하는 곳으로, 물리계로, 자연으로, 코스모스로 꾸미는 반면 인문사회과학은 세계를 해석할 수 있는 지향 현상들이 출몰하는 곳으로, 지향계로, 의미의 세계로, 코뮌으로 가꾼다.

07.

해석은
코뮌을 드러낸다

0701. 여러 대안 방법이 제안되었다

여태 인문사회과학자는 자연과학의 방법과 구별되는 새로운
방법을 여럿 제안했지만 그들의 제안에는 군데군데 흐릿함과
헷갈림이 있다. 한 과학자는 실험은 자연과학에 더 잘 어울리
지만 사물을 있는 그대로 관찰하는 일은 인문사회과학에 더 잘
어울린다고 말한다. 그는 있는 그대로를 관찰하는 방법을 "자
연주의 조사" 또는 "자연주의 탐구"라 부른다. 이것은 오해의
여지가 있는 이름짓기인데 사람과 사회의 현상은 본디 '인공
적'이고 '인위적'이다. 사람과 사회의 현상을 '자연 방식'이나 '자
연주의 방식'으로 탐구해야 한다는 말은 개념의 혼란을 줄 뿐
이다.

자연과학은 '객관성'을 추구하지만 인문사회과학은 '주관성'을 추구한다고 말하는 이가 있다. 바깥 물체를 다룬다는 점에서 자연과학은 '객체성'을 갖는다. 앎의 주체를 다룬다는 점에서 인문사회과학은 '주체성'을 갖는다. 하지만 자연과학이든 인문사회과학이든 그것이 과학인 한 그것은 참이거나 믿음직해야 한다. 참이거나 믿음직해야 한다는 점에서 인문사회과학도 객관성을 지녀야 한다. 다만 인문사회과학이 객관성에 이르는 방식은 자연과학이 객관성에 이르는 방식과 다르다. 측정의 객관성은 우리가 자연을 바라보는 틀에 아랑곳하지 않는 대칭성, 불변성, 한결같음에서 비롯된다. 이 한결같음 덕분에 자연과학자는 자연을 설명하고 예측하는 데 상당히 일치한다. 반면 해석의 객관성은 다른 사람을 제대로 이해하는 객관성이다. 이 객관성은 마음들 사이의 다름, 마음들이 헤아리는 참과 거짓, 착함과 못됨, 좋음과 나쁨, 아름다움과 못남 사이의 간격에서 비롯된다.

　　과학 방법을 양적 방법과 질적 방법으로 나눈 뒤 질적 방법이 인문사회과학에 더 잘 어울린다고 주장하는 이가 더러 있다. 자연과학 방법으로서 측정의 방법은 대체로 양을 다룬다. 하지만 양을 다룬다고 그것이 자연과학 방법에 더 가깝다고 생각하는 일은 잘못이다. 여론조사를 바탕으로 특정 시점의 전체 유권자 성향을 추론할 때 양의 방법을 쓴다. 한 정치인을 지지하는 시민의 수는 '양'이고 한 시민이 특정 정치인을 지지하는 강도도 '양'이다. 하지만 여론조사 방법은 측정의 방법이 아니라 여전히 해석의 방법이다. 여론을 조사하는 인문사회과학자는 유권자의 지지율이나 지지 강도를 알려고 유권자의 비의도 움직임을 측정하지는 않는다. 그는 오히려 발화나 기재 같은 유권자의 의도 행위를 해석한다.

인문사회과학자가 제안하는 질적 방법의 대표에는 '내러티브 방법'과 '생애사 방법'이 있다. 이들 방법을 쓰는 몇몇 학자는 이 방법들이 합리주의나 주지주의 또는 이성중심주의의 대안이라 잘못 생각한다. 그들은 명제, 논리, 추론, 이성을 많이 쓰는 방법이 오히려 자연과학 방법에 가깝다고 착각한다. 이 때문에 그들은 논리와 명제 표현보다는 비논리와 비언어 표현을 더 중요하게 여긴다. 하지만 내러티브, 생애사, 개인사, 구술사, 자서전, 문화기술지 따위의 '질적 방법'은 모두 해석의 방법이다. 이들 방법은 행위자가 목소리 내어 말하는 것, 그가 글로 쓴 것, 그가 뜻을 갖고 한 일들을 해석하는 데서 시작한다. 인문사회과학 연구가 자연과학 연구와 다른 점은 행위자가 의도와 목적과 주체성을 갖는다고 가정한다는 점이다. 내러티브 방법과 생애사 방법은 바로 이를 처음부터 가정한다. 행위자의 목적, 의도, 뜻, 이유를 해석하는 방법은 그것이 무엇이든 인문사회과학다운 방법이다.

0702.   인문사회과학은 고유 방법을 갖는다

20세기 전후 사회과학이 크게 성장할 때 막스 베버, 카를 만하임, 막스 셸러는 사회과학의 본모습을 드러내려 애썼다. 20세기 초 철학자들은 자연과학과 다른 새로운 탐구로 현상학, 해석학, 비판이론, 언어분석을 제안했다. 요즘 인문사회과학은 자연과학의 방법을 빌려 그 과학성을 인정받으려 한다. 자연과학 사실을 가져와 인문 담론 및 사회 담론을 만드는 일을 인문사회과학 연구의 핵심으로 여기는 이들도 있다. 자연과학 담론에서 애써 벗어나려는 인문과학자들은 "과학"을 뺀 이름 곧 "인문학"으로 자기 학문의 과학성을 오히려 감추거나 부정한다. 인문학이 문학이나 예술에 머물러야 한다는 리처드 로티의 생각은 인문학을 튼튼히 세우기보다 오히려 허문다.

흔히 자연과학과 인문사회과학의 차이는 탐구 대상의 차이일 뿐이라 말들 한다. 하지만 자연과학도 사람과 사회를 다루는데 다만 자연과학은 사람을 물체로 다루고 사회를 물체들의 무리로 다룰 뿐이다. 인문과학은 개별 인간 신체와 그 신체 운동의 자연과학이 아니며, 사회과학은 인간 군집과 그 군집 운동의 자연과학이 아니다. 인문과학은 사람됨의 과학이고 사회과학은 공동체의 과학이다. 사람됨과 공동체성은 측정으로 드러나지 않는다. 만일 몇몇 인문 연구와 사회 연구가 과학이고 그것이 자연과학과 다르다면 그것은 측정과는 다른 방법을 써야 한다. 자연과학과 인문사회과학 사이에 놓인 더 중요한 차이는 탐구 대상의 차이가 아니라 탐구 방법의 차이다.

인문사회과학은 사람과 사회의 움직임, 거동, 행동을 탐구한다. 사람과 사회의 행동 가운데는 고의로 일어난 행동이 있고 무심코 일어난 행동이 있다. 나는 "행위"와 "행동"을 다른 뜻으로 쓴다. 행위는 행동의 일종이지만 모든 행동이 행위이지는 않다. '행위'는 고의로 일어난 행동 곧 의도를 가진 행동이다. 모든 행위는 의도 행동이고 모든 의도 행동은 행위다. 자연과학은 물체의 행동을 연구하지만 인문사회과학은 행위자의 행위를 연구한다. 인문사회과학이 행위를 연구하려면 의도, 뜻, 의미, 의향, 지향, 동기, 이유, 까닭이 행동 안에 담겼음이 드러나도록 그 행동을 기술해야 한다. 측정으로는 행동의 의도를 드러낼 수 없다. 해석은 정의상 한 행동의 의도, 뜻, 의미, 의향, 지향, 동기, 이유, 까닭이 드러나도록 그 행동을 기술하는 일이다. 측정이 자연과학 자체를 생성하듯 해석은 인문사회과학 자체를 생성한다. 해석은 인문사회과학을 특징짓는 고유 방법이다.

0703.   행위이론과 사회이론은 해석이론이다

츄는 아침에 우산을 들고 집을 나섰다. 자연과학자는 츄 몸의 이 움직임을 측정의 방법으로 설명하고 예측하려 할 테다. 하지만 츄의 움직임을 츄의 의도 행위로 여기려면 측정의 방법은 오히려 츄의 움직임을 설명하는 데 걸림돌이다. 의도 행위를 설명하는 이론 가운데 가장 잘 알려진 이론은 결심이론이다. 나는 이를 "행위이론"으로 부른다. 행위이론은 한 행위자의 한 행위를 두고 그 행위자가 이런저런 믿음을 믿고 이런저런 바람을 바랐기 때문에 그 행위자가 그 행위를 했다고 설명한다. 또 그렇게 믿고 그렇게 바라면 그렇게 행위하리라 예측한다.

행위이론은 아침에 우산을 들고 집을 나서는 츄의 움직임 현상을 자연과학의 방식과는 다르게 설명한다. 이 이론에 따르면 츄의 움직임을 일으킨 원인은 츄 몸의 신경생리 사건이 아니다. 그 움직임의 원인은 츄가 그렇게 움직여야 했던 그의 동기다. 그의 동기·의도·이유는 츄가 믿는 믿음들과 그가 바라는 바람들이다. 예컨대 츄는 오늘 비가 온다고 믿으며 자기 몸이 비에 젖지 않기를 바란다. 행위이론은 츄의 믿음과 바람을 가져와 츄가 우산을 들고 집을 나서는 현상을 설명한다. 나아가 행위이론은 비가 오는 날 츄가 우산을 들고 집을 나서리라 예측한다. 이 예측이 언제든 맞지는 않겠지만 츄의 믿음과 바람이 더 잘 알려진 만큼 츄의 행위를 더 잘 예측할 수 있다.

행위이론을 확장하여 여러 행위자의 협력과 경쟁을 기술하고 예측할 수도 있다. 행위자들의 사회에서 벌어지는 다툼과 도움을 설명하고 예측할 때 사회과학자는 흔히들 게임이론 또는 전략이론을 쓴다. 나는 이를 "사회이론"으로 부른다. 사회이론에서 행위자들은 보수 또는 삶 때문에 서로 돕거나 서로 다툰다. 보수는 행위자의 바람을 수치화하는데 행위자는 더 큰 보수를 바란다. 물론 여기서 '보수'는 '금전 보수'만을 뜻하지 않는다. 사회이론에서도 행위자들은 이런저런 믿음을 믿고 이런저런 바람을 바랐기 때문에 그들이 그 행위를 했다고 설명한다. 또 그렇게 믿고 그렇게 바라면 그렇게 행위하리라 예측한다.

믿음은 한 명제가 참이라 여기는 믿음이다. 바람은 한 명제가 참이기를 기다리는 바람이다. 믿음과 바람은 행위자가 명제에 관계하는 태도 곧 '명제 태도'다. 자연과학자가 물체에 물리량을 줌으로써 물체의 움직임을 설명하고 예측하듯 인문사회과학자는 행위자에게 명제 태도들을 줌으로써 행위자의 행위를 설명하고 예측한다. 해석은 행위자에게 명제 태도를 주는 과정이다. 더 올바른 해석에 이르려면 인문사회과학자는 행위이론뿐만 아니라 사회이론까지 써야 한다. 이제 나는 행위이론과 사회이론을 모아 "해석이론"이라 부르겠다.

0704. 해석은 사물을 저 나름으로 갈래짓는다

자연과학은 "츄는 161cm이고 47kg이다"고 말함으로써 츄를 물리 사물로 기술한다. 이것은 츄의 몸이 갖는 물리 속성이다.

'161cm임'이나 '47kg임'은 측정이론이 상정하는 물리 속성이다. 자연과학은 물리 속성을 상정한 뒤 그 속성에 따라 세계를 물체들로 쪼개고 개별화하고 갈래짓는다. 하지만 물리 속성으로 물체들을 갈래짓고 개별화하는 자연과학의 방식으로는 행위임이나 행위자임이 드러나지 않는다. 개별 행위 및 개별 행위자는 다른 방식으로, 다른 어휘로, 다른 속성으로 개별화된다.

인문사회과학은 사람 현상과 사회 현상을 설명하려고 행위자들, 그들의 행위, 그 행위의 이유를 탐구한다. 행위자의 이유는 오직 해석으로만 드러난다. 자연과학이 측정의 도움으로 "츄는 161cm다"고 물체 츄를 기술하듯 인문사회과학은 해석의 도움으로 "츄는 '오늘 밤에 비가 온다'고 믿는다"고 행위자 츄를 기술한다. 측정은 물체에 '수'와 '단위'를 주지만 해석은 행위자에게 '명제'와 '태도'를 준다. 자연과학이 측정이론에 따라 물체의 속성으로서 물리량을 드러내듯 인문사회과학은 해석이론에 따라 행위자의 속성으로서 명제 태도를 드러낸다.

똑같은 수 3에 '미터'를 주느냐 '그램'을 주느냐에 따라 다른 물리 속성이 되듯 똑같은 명제 "나는 똑똑하다"에 '믿음'을 주느냐 '바람'을 주느냐에 따라 다른 마음 속성이 된다. 해석자는 해석으로 행위자가 품은 명제를 가늠하고 그것이 믿음인지 바람인지 가늠한다. 츄가 갖는 특수한 명제 태도들 덕분에 그는 한 행위자로 개별화된다. 인문사회과학은 해석이론에 따라 믿음이나 바람 따위 명제 태도를 상정함으로써 세계를 행위자들로 쪼개고 개별화하고 갈래짓는다. 이는 자연과학이 측정이론에 따라 질량이나 에너지 따위 물리량을 상정함으로써 세계를 물체들로 쪼개고 개별화하고 갈래짓는 일에 빗댈 수 있다.

0705.   해석은 행위자의 뜻을 보존한다

측정은 한결의 원리에 바탕을 두는데 이 원리는 측정을 이끄는 안내·지침·원칙이다. 한결의 원리는 관점이나 좌표계에 따라 '물리량들 사이의 관계'가 바뀌지 않도록 측정 과정을 규제한다. 이 원리 덕분에 물리량 자체가 흐릿하지 않고 헷갈리지 않게 정의되며 자연의 한결같은 모습이 비로소 드러난다. 자연과학자는 이 원리에 따라 물리량을 정의 및 측정하고 '물리량들 사이의 관계' 곧 '자연법칙'을 찾음으로써 매우 튼튼한 자연과학 체계를 얻는다. 이 원리에 따라 자연법칙을 추리고 이 원리의 눈으로 세계를 기술하면 세계는 우리에게 코스모스로 나타난다. 한결의 원리는 자연 세계를 다스리는 으뜸 원리인 셈이다. 인문사회과학자가 따라야 할 해석의 원리가 있는가? 그는 무슨 원리에 따라 명제 태도를 정의하고 행위자의 행위를 해석하는가? 그 원리를 찾으려면 먼저 해석자가 추적해야 하는 해석의 핵심 요소가 무엇인지 명확히 해야 한다.

측정의 결과는 "이 물체는 161cm다"나 "그 물체는 47kg이다" 따위 문장으로 표현된다. 반면 해석의 결과는 "이 사람은 '오늘 밤에 비가 온다'를 믿는다"나 "그 사람은 '나는 오늘 밤에 비에 젖지 않는다'를 바란다" 따위 문장으로 표현된다. 아무렇게 측정해서는 안 되듯 아무렇게 해석해서도 안 된다. 행위자와 그 행위를 제대로 기술, 설명, 예측하려면 원리 원칙에 따라 해석해야 한다. 측정에서 미터를 쓰느냐 피트를 쓰느냐에 따라 자연 물체가 달리 보이지 않듯 행위자의 태도를 기술하는 문장이 영어 문장이냐 한말 문장이냐에 따라 행위자가 달리 보이지 않아야 한다. 해석하는 사람은 행위자의 의향, 의지, 의도, 의미, 뜻을 보존해야 한다. 따라서 올바른 해석이 추적해야 하는 요소는 행위자의 뜻이다.

해석자는 해석되는 사람의 뜻을 헤아린다. 한자어 "해석"은 터박이말로 "뜻풀이" 또는 "뜻헤아림"이다. "해석"에 해당하는 영국말은 라틴말 "인테르프레스"에서 왔다. 이 낱말은 '두 사람 사이에서 뭔가를 사고팔도록 돕는 사람' 곧 '중개인'을 뜻한다. '해석'과 관련된 서양 낱말 가운데 가장 뿌리 깊은 낱말은 '번역자', '통역자', '해석자'를 뜻하는 그리스말 "헤르메네우스"다. 아리스토텔레스의 논리 책들 가운데 『헤르메네이아스』가 있는데 이 책은 문장의 뜻을 다루며 오늘날 이 책을 흔히들 『명제』라 부른다. 해석자가 뜻풀이해야 할 믿음과 바람을 "문장 태도"라 하지 않고 "명제 태도"라 한 일은 매우 다행스러운 일이다.

0706. 해석은 합리성을 가정한다

해석자는 행위자가 이러저러하게 행위하는 의도, 의지, 뜻, 이유, 까닭을 헤아려 그에게 어울리는 명제 태도를 준다. 행위자의 명제 태도들은 행위자가 그렇게 행위하는 그의 의도, 의지, 뜻, 이유, 까닭이다. 행위자의 의도, 의지, 뜻, 이유, 까닭은 행위자가 가진 '합리성'을 구성한다. 해석자는 자신의 헤아림을 동원하여 행위자의 합리성을 헤아린다. 동아시아에서 "합리성", "합리", "이성", "이유"는 영국말 "리즌"과 라틴말 "라티오"를 옮긴 낱말이다. 라틴말 "라티오"는 '생각하다', '셈하다', '여기다', '판가름하다'를 뜻하는 움직씨에서 왔다.

철학에서 "라티오"는 더 거슬러 올라가 그리스말 "로고스"와 관련된다. 터박이말 가운데 "로고스"에 가장 가까운 낱말은 "헤아림"이다. "헤아리다"는 '세다'를 뜻할 뿐만 아니라 '뜻을 알아차리다'도 뜻한다. "라티오"와 "로고스"는 '비율'을 뜻하기도 한다. 측정이 물리량들의 라티오와 로고스를 보존하듯 해석은 명제 태도들의 라티오와 로고스를 보존한다. 측정이 물리량들의 관계 곧 자연법칙을 보존하듯 해석은 명제 태도들의 관계를 보존한다. 명제 태도들의 관계는 행위자의 법칙, 행위의 법칙, 이유의 법칙, 이성의 법칙, 논리 법칙이다. 철학에서 이들 법칙은 '합리성'을 구성한다.

행위자는 아무렇게 믿지 않는다. 그는 까닭을 갖고 믿음직한 믿음을 믿는다. 그는 믿음직한 믿음을 헤아린 뒤 그

제II부 앎

것을 믿는다. 이와 같은 헤아림은 '이론 합리성' 또는 '이론이성'이다. 행위자는 아무렇게 바라지 않는다. 그는 까닭을 갖고 바람직한 바람을 바란다. 그는 바람직한 바람을 헤아린 뒤 그것을 바란다. '실천 합리성' 또는 '실천이성'은 믿음과 바람을 잘 헤아려 좋은 행위를 고르는 헤아림이다. "행위자는 헤아려 믿고 헤아려 바란다", "행위자는 이유를 갖는다", "행위자는 합리성을 갖는다"는 모두 비슷한 말이다. 행위이론과 사회이론은 "행위자는 이유를 갖는다"나 "행위자는 이론이성과 실천이성을 갖는다"는 근본 믿음에 바탕을 둔다. 이 근본 믿음은 해석이론을 짜고, 해석 과정을 이끌며, 해석을 다스린다.

한 호모 사피엔스가 합리성을 갖느냐 갖지 않느냐의 물음은 사실의 물음이다. 하지만 한 행위자가 합리성을 갖느냐 갖지 않느냐의 물음은 사실의 물음이 아니다. 행위자의 행위를 해석하려면 해석자는 "이 행위자는 이론이성과 실천이성을 갖는다"를 처음부터 믿어야 한다. "이유에 따라 움직이는 이는 이유를 갖는다"는 분석 명제다. "행위한다"는 '이유에 따라 움직인다'를 뜻하기에 "행위자"는 '이유에 따라 움직이는 이'다. 따라서 "행위자는 이유를 갖는다"는 거의 분석명제다. 누군가 이유를 갖는다면 그는 이미 합리성을 갖는다. 데이빗슨이 주장했듯 "한 생물이 명제 태도를 지닌다면 그 생물은 이미 거의 합리성을 갖는다."

한결같음이 아예 없어 도무지 측정될 수 없는 대상을 두고 그것을 물체라 여길 까닭이 없다. 마찬가지로 합리성이 아예 없어 도무지 해석될 수 없는 대상을 두고 그것을 행위자라 여길 까닭이 없다. "물체는 자연법칙을 따른다"나 "물체는 한결같은 모습을 띤다"가 '자연 운동'과 '물체' 개념을 낳듯 "행위자는 합리성을 갖는다"는 '행위'와 '행위자' 개념을 낳는다. 물체가 언제 어디서든 똑같이 움직이지는 않겠지만 물리량의 관계에 불변 요소 곧 한결같음이 있다. 행위자가 언제 어디서든 똑같이 믿고 똑같이 바라지는 않겠지만 명제 태도의 관계에 불변 요소 곧 합리성이 있다.

0707. 합리 행위자 없이는 인문사회과학도 없다

"모든 행위자는 합리성을 갖는다"는 말을 누구보다도 인문과학자가 먼저 조롱한다. 그들은 자신을 그냥 "인문학자"라 부르기를 더 좋아한다. 몇몇 인문학자는 행위자의 합리성을 가정하는 일이 인문학을 망친다고 생각한다. 그들은 사람은 몸을 가졌으며 감정과 욕망과 무의식의 다스림을 받는다고 말한다. 하지만 자연과학은 몸의 탐구를 인문학보다 훨씬 더 잘한다. 감정 표현과 감정 탐구는 다르다. 인문학과 예술은 감정 표현을 더 잘하겠지만 감정 탐구를 자연과학보다 더 잘할 수는 없다. 자연과학이 본능 탐구와 욕망 탐구를 더 못할 까닭이 없다. 프로이트의 '무의식'은 유전자일 수 있고, 지난날에 겪은 일의 신경 기록일 수 있고, 작은골이나 등골의 작용일 수도 있다.

　　　인문과학을 사람의 몸, 감정, 욕망, 무의식을 탐구하는 학문으로 여긴다면 인문과학자는 자연과학을 늘 참조해야 한다. 오늘날 대중은 자기를 더 잘 알고 싶어 철학보다 정신의학이나 심리학에 더 귀를 기울인다. 정신의학과 심리학은 몸과 감정과 무의식 탐구를 자연과학 방법을 써서 이미 잘해 왔다. 자연과학은 유전자, 호르몬, 신경전달물질, 내장 기생충, 물질대사 불균형, 약물 따위 때문에 우리 몸이 어떻게 달라질 수 있는지를 인문사회과학보다 훨씬 더 잘 알아낸다. 인문사회과학은 다만 뜻을 갖고 움직이는 행위자를 탐구할 뿐인데 유전자, 호르몬, 두뇌, 무의식 따위가 뜻·의지·의도·의미·이유를 갖지 않는다면 그것은 행위자가 아니다.

　　　인문사회과학자에게 사람은 합리, 이성, 이유, 의미에 따라 움직이는 행위자다. 자연과학자에게 사람은 세포와 분자와 원자 따위로 이루어진 호모 사피엔스일 뿐이다. 만일 호모 사피엔스가 순전히 자연과학 탐구의 대상이기만 하다면 호모 사피엔스의 행동에 의도가 담겼다고 가정하지 말아야 한다. 왜냐하면 자연과학 방식으로 개별화되는 물체는 본디 의도나 목적을 갖지 않기 때문이다. 몇몇 진화과학자는 호미니드 짐승들 나아가 호미니니 짐승들이 의도를 갖고 행위하는 양 이야기한다. 그렇게 이야기할 때 그들은 자연과학 방법이 아니라 역사과학의 방법을 진화과학에 쓰는 셈이다. 하지만 최근 엄밀 자연주의자들은 호모니니뿐만 아니라 사람한테서도 의도나 의지를 없애려 한다. 그가 진정한 자연주의자라면 마땅히 그렇게 해야 한다.

인문사회과학자는 행위와 행위자를 탐구한다. 행위는 '뜻 있는 움직임'이고 행위자는 '뜻 있는 움직임'을 일으키는 이'다. 물론 뜻은 합리, 이성, 이유 없이 생길 수 없다. 인문사회과학자는 뜻 있는 움직임을 일으키는 이, 뜻 있는 움직임, 뜻, 이유, 이성을 탐구의 출발점에서부터 전제한다. 그는 의도, 의향, 의지, 의미, 뜻이 있는 현상이 우리 세계에 벌어진다고 믿는다. 뜻 있는 현상이 이 세계에 아예 벌어지지 않는다면 인문사회과학이 있을 필요가 없고 자연과학만으로 충분하다. 더 정확히 말해 그런 현상이 아예 벌어지지 않는 세계에서는 이성과 이유를 갖는 행위자가 생길 수 없다. 그 세계에는 과학자 나아가 과학 자체가 생기지 않는다.

0708. 말 행위에는 주로 믿음이 담긴다

한 의도 행위로부터 행위자의 믿음과 바람을 해석하는 일은 쉬운 일이 아니다. 행위자의 믿음과 바람 가운데 하나가 고정되면 나머지 하나를 그의 의도 행위로부터 해석하는 일은 상당히 쉬운 과제로 바뀐다. 해석자가 행위자의 바람 "나는 비를 맞지 않는다"를 안다면 우산을 들고 집을 나서는 행위자의 행위로

제II부 앎

부터 해석자는 행위자의 믿음 "오늘 비가 온다"를 쉽게 얻는다. 해석자가 행위자의 믿음 "지금 비가 내린다"를 안다면 우산 없이 집을 나서는 행위자의 행위로부터 해석자는 행위자의 바람 "나는 비를 맞는다"를 쉽게 얻는다. 당연히 해석자는 행위자의 믿음과 바람을 잘못 해석할 여지가 있다.

대부분 행위에서 행위자의 믿음과 바람은 매우 복잡하게 얽힌다. 말하기 행위에서는 바람의 역할이 상당히 최소화되기에 말 행위로부터 행위자의 믿음과 바람을 해석하는 일은 덜 어려운 과제다. 이 때문에 영미철학이든 유럽철학이든 해석학과 해석이론은 대체로 말 행위의 해석에서 출발한다. 나아가 글로 하는 말이든 소리로 하는 말이든 말 행위의 해석은 인문과학자의 거의 모든 일이다. 행위 해석의 출발점에서 해석자는 행위자의 바람이 행위의 이유가 되지 않는다고 일단 가정한다. 믿음만이 행위의 이유가 되면 행위자의 바람을 모르더라도 해석자는 행위자의 믿음 내용을 그나마 손쉽게 드러낼 수 있다. 해석을 다스리는 원리를 또렷이 규정하려고 말 행위의 해석을 찬찬히 분석하겠다.

말 행위는 생각, 말, 앎을 겉으로 나타내는 행위다. 말 행위는 목소리 내어 말하기, 글을 써 말하기, 손짓 눈깜박임 등 몸짓으로 말하기 등 여러 가지다. 이들 가운데 가장 많이 쓰는 말하기는 기재와 발화다. 기재는 돌 쇠 나무 종이 따위에 무늬를 새겨 생각을 나타내는 일이다. 발화는 공기에 소릿결을 일으켜 생각을 나타내는 일이다. 이제 기재와 발화 가운데 발화에만 집중하여 말하기 행위를 이야기하겠다. 누군가 "잇츠 레이닝"이라 말했는데 우리는 처음에 이 말이 무슨 뜻인지 모른다. 해석, 뜻풀이, 뜻헤아림은 이 뜻을 알아내려는 인식 과정이다. 다른 누가 가르쳐 주지 않아도 우리가 발화자와 함께 지내다 보면 얼마 되지 않아 그의 말 "잇츠 레이닝"을 우리의 말 "지금 비 온다"로 해석한다. 사실 이것은 매우 놀라운 현상이다. 데이빗슨은 이 놀라운 현상을 제대로 설명하는 의미이론이 올바른 해석이론이라 보았다.

콰인은 무슨 말인지 아예 모르는 말을 처음으로 자기 말로 옮겨야 하는 상황을 "원초 번역"이라 했다. "원초"는 "래디컬"을 옮긴 말인데 나는 이를 "맨 처음"이나 "맨땅에"로 옮긴다. '맨땅에 해석' 또는 '맨 처음 해석'은 발화자의 언어에 관한 사전 지식이 없이 그의 발화 행위를 해석하는 일이다. 콰인과 데이빗슨은 1960년 이후 새로운 언어철학을 열었는데 그들은 의미 현상을 연구하려고 맨 처음 해석 상황을 분석했다. 맨 처음 해석 상황에서 해석자는 해석 대상이 "이고", "이거나", "이면", "아니다", "는 거짓이다", "는 참이다" 따위를 자신과 비슷하게 쓴다고 가정해야 한다.

0709. 믿음직함과 바람직함도 상정해야 한다

발화 행위를 해석할 때 문장 발화에 가장 먼저 주목해야 한다. 맨 처음 해석에서는 상대방의 발화를 일단 문장 발화로 여긴다. 명제는 정의상 문장의 뜻이기에 문장 발화를 해석하자마자 명제 자체가 상정된다. 해석자는 무엇보다 가장 먼저 문장 발화 "예스"와 "노"를 제대로 해석해야 한다. 해석자는 이내 "예스"를 "응"으로 해석하고 "노"를 "아니"로 해석한다. 해석자에게 발화 "응"은 "그 문장은 참이다"를 뜻하며 발화 "아니"는 "그 문장은 거짓이다"를 뜻한다. 해석자는 문장에 "참이다"나 "거짓이다"를 붙임으로써 문장에 뜻을 준다. 해석자와 발화자에게 '참'과 '거짓'은 바탕 개념이며 이 바탕 위에서 해석이 이루어지고 명제가 상정된다.

발화자가 "잇츠 레이닝"을 말하는 상황에서 맨 처음 해석자는 자신이 믿는 바를 곧장 떠올린다. 그 상황에서 해석자는 여러 가지를 믿는데 그 가운데 하나가 명제 "지금 비 온다"다. 일단 명제 "지금 비 온다"가 상정되면 해석자는 발화자에게 명제 "지금 비 온다"를 믿는 태도를 부여한다. 발화 "잇츠 레이닝"에 곧바로 뜻 "지금 비 온다"를 주기는 어렵다. 하지만 여러 다른 상황에서 발화자와 함께 지내면서 그의 믿음 나아가 그의 말뜻을 차츰 더 잘 헤아릴 수 있다. 발화자의 "예스"와 "노"를 바탕으로 그의 말 "잇츠 레이닝"이 해석자의 잠정 해석 "지금 비 온다"를 뜻하는지 다른 여러 상황에서 검사할 수 있다.

발화자가 문장 X를 발화하는 일은 그가 명제 X를 믿는 일인가? 발화자가 명제 Y를 바랐기에 문장 X를 발화했다면 그는 명제 X를 믿지 않고 오히려 명제 Z를 믿었기에 그렇게 발화했을 수도 있다. 하지만 맨 처음 해석에서 해석자는 발화자의 바람이 발화 행위에 거의 영향을 미치지 않는다고 가정한다. 만일 맨 처음 해석 상황에서 오직 행위자의 믿음만이 발화 행위의 이유가 된다면 해석자는 발화 행위자가 명제 X를 믿었기 때문에 문장 X를 발화했다고 충분히 가정할 수 있다. 발화 행위자가 "지금 비 온다"를 믿었기 때문에 문장 "잇츠 레이닝"을 발화했다면 해석자는 문장 "잇츠 레이닝"을 '지금 비 온다'로 충분히 해석할 수 있다.

　　해석자는 "잇츠 레이닝"의 발화 행위로부터 "잇츠 레이닝"의 뜻도 모른 채 발화자가 "지금 비 온다"를 믿는다고 해석한다. 문장 "잇츠 레이닝"의 뜻을 모르는 상황에서 해석자는 발화자가 무엇을 믿는지 어떻게 알 수 있는가? 해석자가 발화자에게 "지금 비 온다"를 믿는 태도를 부여하는 까닭은 해석자 자신이 "지금 비 온다"를 거의 100% 믿기 때문이다. 이처럼 맨 처음 해석에서는 바람의 요소를 무시하고 믿음직함의 요소도 무시한다. 물론 해석이 깊어지면 해석자는 행위자가 어중간하게 믿는 믿음과 그가 어중간하게 바라는 바람을 함께 고려하여 그의 행위를 해석한다. 행위자가 여러 명제를 어중간하게 믿을 때 0과 1 사이 믿음 세기를 상정한다. '믿음직함'은 바로 이 믿음의 세기를 나타낸다. 행위자가 여러 명제를 어중간하게 바랄 때 해석자는 바람직함을 상정한다.

　　　해석자는 맨 처음 해석에서 자신이 "지금 비 온다"를 굳게 믿는다는 까닭에서 "지금 비 온다"를 믿는 태도를 발화자에게도 부여한다. 이 일은 발화자와 자신이 명제 태도들의 체계를 공유한다고 가정하는 일이다. 이 가정은 해석자 자신이 헤아려 믿음직한 믿음을 믿고 바람직한 바람을 바라듯 발화자도 그렇게 믿고 바란다는 가정이기도 하다. 이는 발화자가 자신만큼의 헤아림, 이성, 합리성을 갖는다고 가정하는 일이다. 맨 처음 해석에서 너의 행위를 해석하려고 나는 다음을 믿는다. 너는 나만큼 제대로 믿고 나만큼 제대로 바란다. 이 믿음으로 나는 뜻 있는 현상을 일으키는 존재로 너를 드러낸다. 나아가 나는 너가 나만큼 잘 헤아리기를 바란다. 이 바람으로 나는 뜻 있는 현상을 일으키는 존재로 너를 키운다.

0710.　사랑 없이 해석되지 않는다

해석자 사나는 남준을 해석하려 한다. 먼저 사나는 남준이 이유·이성·합리성을 가졌다고 가정한다. 그렇게 가정하지 않으면 남준에게서 해석해야 할 무엇이 나타나지 않는다. 이유·이성·합리성은 '참이다', '믿음직하다', '바람직하다', '좋다', '아름답다'의 규범을 따르는 힘이다. 이 규범을 따르지 않는 이는 해석되는 이, 말하는 이, 뜻을 갖는 이, 믿음과 바람을 갖는 이, 행위하는 이일 수 없다. 믿는 이는 논리 규칙에 따라 믿고, 믿음직함의 공리에 따라 믿음직함을 가늠한다. 행위하는 이는 "믿음직함과 바람직함의 곱이 가장 큰 행위를 고르라"는 베이즈 원칙을 따른다. 이론이성은 믿음과 믿음직함을 헤아리는 일을 맡고, 실천이성은 믿음직함과 바람직함을 함께 헤아려 좋은 행위를 고르는 일을 맡는다.

　　　해석자는 해석 대상이 이론이성과 실천이성의 규범을 따르리라 믿거나 그렇게 바란다. 다른 이를 이같이 바라보는 마음가짐을 영국말로 "채러티"라 한다. 옥스퍼드영어사전에 적힌 "채러티"의 여러 뜻 가운데 '다른 사람의 또렷한 잘못과 모자란 점에 비추어 그들의 성격, 말, 생각, 행위를 다정하고 희망차게 판단하는 성향'이 있다. "채러티"의 이런 쓰임새는 신약성경의 "사랑은 나쁜 것을 생각하지 않고 참과 함께 기뻐한다"에서 나왔다. 이 구절의 "채러티"는 영미에서 "러브"로 달리 쓰고 우리나라에서는 "사랑"으로 옮긴다. 몇몇 학자는 이를 "자비"나 "관용"으로 옮긴다. 비슷하게 쓰인 개념으로는 공자의 '충서'가 있다. 마음 한가운데서부터 다른 이의 마음을 나의 마음과 같게 여기는 자세다.

　　　가정컨대 한 해석자는 맨 처음 해석 상황에서 발화자의 말소리를 조사하여 소리 "스노 이즈 화이트"를 우리말 "눈은 희다"로 임시로 옮겼다. 그 해석자는 처음에 발화자의 "오어"를 "이고"로 옮기고 그의 "낫"을 "아니다"로 옮겼다. 야릇하게도 그 발화자는 "스노 이즈 화이트 오어 스노 이즈 낫 화이트"라 소리 내었다. 이는 "눈은 희고 눈은 희지 않다"로 옮겨야 한다. 그 해석자는 다음 둘 가운데 하나를 골라야 한다. 첫째, 발화자는 "이고"와 "아니다"를 자신과 다르게 쓴다. 만일 해석자의 논리가 마땅하다면 발화자는 터무니없는 논리를 가진 셈이다. 둘째, 해석자는 "오어"나 "낫"을 잘못 옮겼다.

 콰인은 둘째를 고르면서 다른 사람이 터무니없는 논리를 가졌을 가능성이 작다고 생각했다. "대화하는 이의 어리석음은 어떤 점을 넘어서면 나쁜 번역보다 덜 그럴듯하다." 콰인은 여기서 "되도록 많은 진술이 참이 되게끔 번역하라"는 원칙을 적용한 셈이다. 닐 윌슨은 1959년 논문에서 "되도록 많은 진술을 참으로 만드는 것을 지시 대상으로 고르는" 원칙을 "사랑의 원칙"이라 했다. 콰인은 1960년 『말과 사물』에서 맨 처음 해석 상황에서 해석을 성취하려면 이 원칙을 도입해야 한다고 주장했다. 그는 사랑의 원칙을 문장 논리에만 좁게 적용했다. 하지만 발화자의 말을 제대로 해석하려면 해석자는 사랑의 원칙이 미치는 범위를 양화 논리뿐만 아니라 '아마도 추론'까지 넓히고, 나아가 실천이성과 행위에까지 넓혀야 할 테다.

 데이빗슨은 콰인보다 훨씬 넓게 사랑의 원칙을 적용했다. 그는 이 원칙을 번역을 돕는 지침 정도가 아니라 의미, 뜻, 심성 개념 자체를 구성하는 원리로 여겼다. 그는 '사랑의 원칙'을 '사랑의 원리'로 드높인 셈이다. 1970년에 나온 논문 「마음 사건」에서 그는 사랑을 다른 사람이 "일관되며, 참말들을 믿는 이며, 착함을 좋아하는 이"임을 드러내는 자세로 그렸다. 그는 사랑의 원리를 명제 태도 전반에 적용했다. 이렇게 해야만 행위자의 명제 태도들이 우리에게 제대로 떠오른다. 다른 사람의 말을 해석할 때 일단은 그의 말이 대체로 맞는 말이 되도록 그의 낯선 문장에 뜻을 주어야 한다. 그렇지 않고서는 행위자에게서 믿음, 바람, 이유 따위를 찾아낼 방법이 없다. 데이빗슨은 1974년 논문 「개념 도식이라는 바로 그 관념」에서 이렇게 말한다. "사랑은 선택사항이 아니라 먹혀드는 이론을 얻기 위한 필수조건이다." "우리가 사랑을 좋아하든 안 좋아하든 만일 우리가 다른 이들을 이해하고 싶다면 우리는 대부분의 사안에서 그들이 옳다고 여겨야 한다."

　　'한결', '한결같음', '비율'에 따라 사물을 측정할 때 '물체'와 '물리량'이 나타나듯 '사랑', '진선미', '합리성'에 따라 사물을 해석할 때 '행위자'와 '명제 태도'가 나타난다. 움직이는 사물을 믿음과 바람을 갖는 행위자로 기술하려면 해석자는 사랑의 자세를 갖고 그의 움직임을 기술해야 한다. 사랑은 다른 이가 이론이성에 맞게 믿으며 실천이성에 맞게 바라고 행위하는 이임을 애써 드러내려는 자세다. 사랑은 해석 대상이 진선미 개념에 따라 말하고, 생각하고, 믿고, 바라고, 행위한다는 점을 인정하는 자세다. 사랑의 원리에 따라 사물과 현상과 세계를 해석할 때 의도, 의지, 의미, 뜻, 심성이 비로소 나타난다. 한결의 원리가 '자연 사물', '물체', '물성', '물리량'을 정의하듯 사랑의 원리는 '지향 사물', '행위자', '심성', '명제 태도'를 정의한다.

0711.   사랑은 군집과 코뮌을 가른다

해석의 목표는 나와 다른 이의 의견 일치나 의지 일치가 아니라 다른 이를 이해하는 일이다. 이해 과정의 출발점에서 해석자는 사랑의 원리에 따라 다른 이의 믿음과 바람을 가늠한다. 맨 처음 해석이 이루어진 뒤에야 차츰 그와 나 사이의 차이점을 알아차릴 수 있다. 내가 때때로 미덥지 못한 믿음을 가지듯 그도 때때로 미덥지 못한 믿음을 가진다. 내가 때때로 바람직하지 않은 바람을 가지듯 그도 때때로 그렇다. 해석이 깊어지고 올바른 이해에 이르면 다른 이가 미덥지 못한 믿음을 믿고 바람직하지 않은 바람을 바란다고 해석해야 할 때가 온다. 당연히 행위자들은 다르게 믿고 다르게 바란다. 하지만 행위자들은 비슷한 또는 똑같은 진선미 개념을 갖는다.

만일 사람들이 아예 다른 '참이다'와 '거짓이다' 개념을 갖는다면 나는 다른 이의 믿음을 이해할 길이 없다. 만일 사람들이 아예 다른 '좋다', '나쁘다', '착하다', '못됐다' 개념을 갖는다면 나는 다른 이의 바람을 이해할 길이 없다. 다른 이의 믿음과 바람을 이해할 길이 아예 없고 그의 행위를 이해할 길이 아예 없다면 사람과 사회를 탐구하는 인문사회과학 전체가 무너진다. 이 경우 호모 사피엔스에 관한 자연과학만이 유일한 인간과학으로 남는다. 사랑의 원리는 해석의 가능성을 보장함으로써 인문사회과학을 창출한다. 나아가 사랑의 원리는 이 세계 안에서 뜻에 따라 움직이는 사물, 뜻에 따라 사는 삶, 사람, 사람들, 사람들의 모임을 드러낸다.

　　'동물 군집'과 '공동체'를 가르는 기준은 그것이 자연의 법칙을 따르는가 진선미의 규범을 따르는가다. 공동체는 해석의 공동체며 진선미의 공동체고 이유의 공동체다. 공동체 안에서 우리가 서로를 해석하는 과정에서 나, 너, 우리의 명제 태도가 차츰 또렷해진다. 나와 사회에 대한 우리의 이해가 더 깊어지는 일은 인문과학의 진보며 사회과학의 진보다. 이 과정에서 우리는 더 많은 이유를 품으며 우리의 이론이성과 실천이성을 더 다듬는다. 해석 과정은 단순한 인식 과정을 넘어선다. 글을 쓰고 읽는 과정, 말하고 듣는 과정, 이미 일어난 일을 해석하고 그 뜻을 묻는 과정은 한 짐승이 사람이 되어가는 긴 과정이다. 해석 과정은 사람됨의 과정이며 인간화의 과정이다.

　　처음에 우리는 유전자와 신경과 호르몬의 지배를 받는 호모 사피엔스로 태어난다. 하지만 차츰 진선미에 따라 믿고, 바라고, 행위하고, 만드는 사람으로 자란다. 이 과정이 이루어지는 진선미의 공동체를 나는 "코뮌"이라 부른다. 코뮌은 사람이 자라는 곳이다. 코뮌은 사람들의 세계며 행위자들의 세계다. 세계를 사랑의 원리에 따라 해석하여 쪼개고 갈래 짓고 개체화할 때 세계는 코뮌으로 드러난다. 코스모스가 전체 세계의 한 측면이듯 코뮌도 전체 세계의 한 측면이다. 코뮌 안에서 생겨 자란 사람은 자신이 자란 코뮌을 가꾼다. 이로써 그는 더 많이 자라고 나아가 코뮌 안에서 새로운 사람을 키운다. 이것이 바로 사람의 세계사며 뜻의 역사다.

제III부

마음

08. 마음은 몸 안에 있지 않다

0801.　마음은 뜻에 따라 움직인다

너무 아파 병원에 갔다. 어디가 아픈 줄도 모르겠고 말도 안 나오는데 처음 보는 의사 앞에서 눈물만 흘렸다. 심장이 터질 듯 아프고 열이 나는데 의사가 준 것은 고작 '시간이 약이다'는 처방전. 노래 「병원에 가다」에 나오는 이야기다. 나는 때때로 상처 입는다. 모서리에 부딪히고 칼에 베이며 넘어져 찰과상을 입는다. 몸에 아무 물체가 닿지 않아도, 친구의 꾸지람에, 같이 사는 사람의 게으름에, 세상의 끔찍한 일에 상처 입는다. 이럴 때 나는 정확히 어디를 다친 것일까? 사랑하는 이가 불현듯 날 불러내 고개를 숙이고 나지막이 절교를 이야기한다. 또는 한밤에 문자 메시지 "우리 헤어져" 하나를 달랑 보낸다. 그의 이야기가 내 귀를 찌르지도 그 문자가 내 눈을 때리지도 않았다. 그 이야기와 문자에 세균이 묻지도 않았다. 그런데도 나는 너무 아파 아무 일도 못 한다.

오이디푸스가 이오카스테를 하나의 물리 사물로만 여긴다면 그와 함께한 잠자리는 그를 아프게 하지 않는다. 이오카스테가 자기 어머니라는 사실을 오이디푸스가 알 때 바로 이 앎은 그를 온통 혼란에 빠뜨리고 자기 눈을 찌르지 않고서는 견딜 수 없는 아픔을 몰고 온다. 그 아픔은 자기 눈을 송곳으로 찌르는 아픔보다 더 아프다. 암 바이러스가 정상 세포를 망치는 세부 물리 과정을 내가 알든 모르든 그것은 내 몸에서 작용을 계속한다. 이 일은 내 몸에서 일어나는 물리 반응의 본모습이다. 사랑하는 이가 나에게 절교를 이야기할 때 내가 딴청을 피우느라 못 들었다면, 그 이야기를 내가 농담으로 여겼다면, 그의 문자 메시지를 내가 이해하지 못했다면, 그의 절교 선언은 나에게 영향을 끼치지 못한다.

헤어져야 하더라도 나에게 일어났던 일을 내가 어떻게 해석하느냐에 따라 나는 아파 죽을 지경일 수 있고 그에게 진달래를 뿌려줄 수도 있다. 앎이 차이를 만드는 일, 해석에 따라 결과가 달라지는 일, 믿음과 바람에 따라 나의 반응이 달라지는 일은 마음의 일이다. 마음은 뜻에 따라 움직이는 무엇이다. 내 몸의 신경생리 현상은 대체로 나의 해석, 나의 뜻풀이, 내 뜻에 거의 아랑곳하지 않는다. 내 몸은 그때그때 형성된 신경회로, 전위 흐름, 힘살에 축적된 에너지에 지배받을 뿐이다. 나는 신경세포, 신경전달물질, 호르몬, 뉴런 전위에 곧바로 영향을 줄 수 없다. 나는 다만 나의 믿음과 바람을 갱신함으로써 두뇌의 논리회로를 바꾸고 이로써 내 몸을 움직인다. 나의 믿음과 바람을 갱신하는 일은 말하자면 내 몸에 내장된 젖은 소프트웨어를 수정하는 일이다.

0802.   사람은 물체가 아니다

사람 몸은 측정의 방법으로 개별화된 물체고 사람 마음은 해석의 방법으로 개별화된 행위자다. 사람 몸은 물체로서 자연법칙에 따라 움직이고 사람 마음은 행위자로서 뜻에 따라 움직인다. 이것은 사람의 움직임에 자연 반사 운동과 의도 행위가 뒤섞였음을 뜻한다. 사람은 한 측면에서는 몸뚱이며 그냥 생물이지만 다른 측면에서는 뜻을 지닌 해석체다. 한 사람 한 사람이 모두 다른 까닭은 그들이 다른 신경과 다른 유전자를 가졌기 때문만은 아니다. 그 까닭은 그들이 다른 믿음과 다른 바람을 가졌기 때문이기도 하다.

자연과학은 사람을 유전자, 신경, 세포, 호르몬 따위로 하나하나 쪼개 그것들의 물성을 측정하고 물리 어휘들로 그 한 사람을 기술한다. 하지만 이것은 그 한 사람을 매우 복잡한 하나의 물체로 만드는 일이다. 한 사물을 물체가 아니라 사람으로 이해하려면 그 사물을 측정하는 데 그치지 않고 그를 해석하기도 해야 한다. 그를 해석하려면 그가 겪었던 일, 그가 뜻을 갖고 했던 일, 그가 만난 사람들과 나눈 이야기를 귀담아듣고 새겨들어야 한다. 이 해석을 거친 뒤에야 그 사람 안에서 끝없이 이어지고 끝없이 서로 맞물린 명제들의 짜임이 드러난다.

　　　　그는 이런 명제를 믿고 그런 명제를 바라고 저런 명제를 두려워하거나 뉘우치고 아쉬워한다. 방탄소년단이 노래했듯 한 사람 한 사람은 작은 세계며 작은 우주다. "한 사람에 하나의 역사, 한 사람에 하나의 별, 칠십억 개의 빛으로 빛나는 칠십억 가지의 세계." 나는 너에게 해석됨으로써 나가 되고 너는 나에게 해석됨으로써 너가 된다. 너는 나와 영원히 다르며, 나는 너를 영원히 파악하지 못하고, 나는 너를 영원히 사로잡을 수 없다. 해석은 이것을 알아가는 기나긴 과정이다. 이 해석으로 너는 나와 다른 세계로 드러나며, 이윽고 한 사람 한 사람이 하나의 세계로 나타난다. 너는 한결같은 이라기보다 사랑스러운 이며 사랑하는 이다.

0803.　마음은 측정되지 않는다

측정의 결과는 "이 물체는 161cm다"나 "그 물체는 47kg이다" 따위 문장으로 표현된다. 이 세계 안에서 '이 물체'나 '그 물체'

를 고르는 일도 측정의 업무다. 측정 과정이 없다면 물체 자체가 개별화될 수 없다. 예컨대 "전자임"은 대충 말해 "질량이 $9.1093826×10^{-28}$그램이고 전하량이 $-1.602176634×10^{-19}$쿨롬이고 고유스핀이 1/2인 사물임"이다. 측정 과정 없이 "는 2미터다", "는 3킬로그램이다", "는 전자다", "는 산소다", "는 단백질이다", "는 호모 사피엔스다" 따위 물리 술어를 만들 수 없다. 측정 과정을 거쳐 인식 주체는 "이 단백질은 $3.23×10^{-19}$그램이다"나 "이 세포는 지름은 0.07밀리미터다" 따위 물리 정보를 얻는다. 그는 이들 정보를 바탕으로 '이 단백질', '이 세포', '이 짐승'을 개별화한다.

　　한편 해석의 결과는 "그 행위자는 '오늘 저녁에 비가 온다'고 믿는다"나 "그 행위자는 '나는 비를 맞지 않는다'를 바란다" 따위 문장으로 표현된다. 이 세계 안에서 '이 행위자'나 '그 행위자'를 고르는 일도 해석의 업무다. 해석 과정이 없다면 믿음과 바람은 개별화되지 않고 행위자 자체가 개별화되지 않는다. 한 행위자가 갖는 믿음과 바람뿐만 아니라 두려움이나 뉘우침 따위의 온갖 태도들은 그의 '마음'을 이룬다. 해석 과정을 거쳐 인식 주체는 "이 행위자는 '지금 여기 나는 사랑스럽다'고 믿는다"나 "그 행위자는 '모든 이가 진선미에 따라 생각한다'를 바란다" 따위 해석 정보를 얻는다. 그는 이들 정보를 바탕으로 '이 마음'이나 '그 행위자'를 개별화한다.

　　물체의 물리량이 해석 과정으로 드러나지 않듯 행위자의 명제 태도는 측정 과정으로 드러나지 않는다. 무슨 최

첨단 측정장치를 쓰더라도 몸 안에서는 한 톨의 믿음도 한 줌의 바람도 검출할 수 없다. 마음은 측정으로 포착되지 않는다. 자연과학만이 유일한 과학이라 믿는 이들은 측정으로 포착되지 않는 믿음, 바람, 의지, 지성, 마음을 과학의 영역 바깥으로 추방한다. 이들 자연과학주의자는 세계 안에는 오직 물리 사물, 자연 사물, 측정 대상만이 있다는 자연주의를 받아들인다. 그들은 물리량에 따라 세계를 물체들로 쪼개고 갈래짓는 방식이 세계를 개별화하는 유일한 방식이라 믿는다. 이들 자연주의자는 낱말 "마음"이나 개념 '마음'을 몸의 부분이거나 몸의 기능으로 바꾸어 이해한다.

많은 과학자와 철학자는 마음 쓰는 일과 생각하는 일이 몸속이나 머릿속에서 일어나는 양 말한다. 그들은 마음이 몸속 또는 머릿속 어딘가에 웅크리고 있는 양 말한다. 마음을 그런 식으로 말하는 일은 마음에 관해 잘못 말하는 첫걸음이다. 몸으로서 나와 마음으로서 나는 똑같은 공간 연장과 시간 지속을 갖지 않는다. 왜 그러한가? 마음이 개별화되는 방식과 몸이 개별화되는 방식이 아예 다르기 때문이다. 물리 공간과 시간을 차지하는 내 몸은 코스모스의 부분으로서 물체지만 마음으로서 나는 코뮌의 부분으로서 행위자다. 물체는 세계의 부분이지만 코뮌의 부분이 아니며 행위자는 세계의 부분이지만 코스모스의 부분이 아니다.

0804.　마음은 코뮌 안 사물이다

사물의 개별화는 세계에 본디 생긴 골과 결에 따라 이루어지지 않고 개별화하는 이의 이론 체계에 따라 이루어진다. 측정이론과 해석이론은 사물을 개별화하는 두 이론 체계다. 측정이론은 나름의 물리 어휘와 물리 좌표계에 따라 물체들을 개별화하고 해석이론은 나름의 지향 어휘와 정신 좌표계에 따라 행위자들을 개별화한다. 개별화, 개체화, 사물화를 낳는 이론 체계는 측정하는 이 또는 해석하는 이가 갖는 믿음 체계거나 명제 태도의 체계다. 따라서 앎의 주체이자 행위의 주체가 가진 명제 태도들의 전체 그물은 사물의 개별화에 영향을 준다. 이것은 콰인이 『말과 사물』에서 이미 치밀하게 논증했던 바다.

　　　코뮌 안에서 어린아이는 어른에게 말을 배움으로써 개별화, 개체화, 사물화의 원리를 차츰 배운다. '참이다', '거짓이다', '이고', '이거나', '이면', '모든', '몇몇' 따위 개념을 배우는 과정은 말길을 배우는 과정이며 아이에게 말길이 깃드는 과정이다. 나아가 아이는 '나', '여기', '지금', '이', '그', '저' 따위 개념도 배운다. 이들 개념은 행위자의 '자기중심 좌표계'를 이룬다. 행위자는 이 자기중심 좌표계를 바탕으로 온갖 믿음 체계와 바람 체계를 짠다. 보기를 들어 그는 자신이 지킬인지 하이드인지 헷갈릴 때조차도 "나는 지킬이거나 하이드다"를 믿는다. 그는 여기가 서울인지 파리인지 헷갈리고 지금이 아침인지 저녁인지 헷갈릴 때조차도 "지금 여기는 서울의 아침이거나 파리의 저녁이다"를 바란다.

　　　　아이가 어른에게 낱말을 배우는 과정은 예전에 이미 길게 이야기했다. 아이가 처음에 "돌"을 또렷이 목소리 내더라도 그는 아직 개별 돌을 파악하거나 인식하지 못한다. 어른의 얼굴, 오물거리는 입술, 손바닥, 손가락, 흔들리는 팔뚝, 손안의 돌, 그 밖의 장면들 모두가 하나의 복잡한 신호로서 아이에게 주어진다. 아이는 어른의 목소리 "돌"과 자신의 옹알이 "돌"을 한 뭉텅이로 들으며 청각 신호와 시각 신호를 한 뭉텅이로 받아들인다. 하지만 아이 앞에서 돌을 흔들고 "돌"을 발화하는 어른에게 그 돌은 이미 그에게 개별화된 돌이다. 코뮌 안 많은 이들이 그 돌이 별개 사물임을 굳게 믿는다. 언제 어디부터 언제 어디까지가 '그 돌'인지는 코뮌 안에 널리 퍼진 믿음 체계에 달려 있다.

　　　　언젠가 아이는 "돌"을 "이것은 돌이다"를 뜻하는 말로 발화하는데 "이것"이 뜻하는 바 때문에 아이는 차츰 "이 돌"의 뜻을 파악한다. 이 과정은 내가 코뮌 안에서 '이', '이것', '이때', '이곳' 개념을 배우는 과정이다. '이'와 더불어 '그', '저', '나', '여기', '지금' 따위의 개념 체계 또는 어휘 체계는 현상들의 꾸러미'에서 '한 사물'로 나아가는 마음의 체계다. 만일 내가 현상들의 꾸러미를 나의 '자기중심 좌표계' 안에 놓지 않는다면 나는 '이 돌'이든 '이 사람'이든 '이 사물'을 파악할 수 없다. 나는 '이 돌'을 만지고 아래위로 살피며 '이 돌'을 예컨대 '이 사람'과 구별한다. "이 돌"과 "이 사람" 따위를 제대로 표현함으로써 나는 세계를 사물들로 개별화하고 갈래짓는다.

개별화, 개체화, 사물화 과정은 주체의 세계 분할 및 범주화 작용이다. 주체는 전체 세계에서 저기부터 거기까지 저때부터 그때까지의 현상들을 '한 사물'로 테두리짓고 이로써 그 사물을 개별화 및 개체화한다. 측정 주체는 공간 좌표와 시간 좌표 안 물리 현상들을 나름대로 테두리지어 한 물체를 개별화한다. 해석 주체는 명제 태도들의 마당 안 지향 현상들을 나름대로 테두리지어 한 행위자를 개별화한다. 테두리짓는 주체, 측정 주체, 해석 주체로서 마음은 해석 대상일 수 있지만 측정 대상일 수는 없다. 마음 자체를 측정의 좌표계 안에서 테두리지어서는 안 된다. 몸의 테두리와 마음의 테두리는 다르다. 마음은 몸 안에 있지 않고 몸은 마음 안에 있지 않다. "이 몸"과 "이 마음"은 같은 한 사물을 가리키지 않는다.

낙태를 찬성하는 사람과 반대하는 사람은 언제부터 언제까지를 '한 사람'으로 여길지 논쟁한다. 홀이름 "설리"는 무엇을 가리키는가? 어떤 이는 그가 어머니 뱃속에서 처음 나왔을 때부터 그가 죽을 때까지로 잡는다. 다른 이는 수정될 때부터 백골이 진토가 될 때까지로 잡는다. 또 다른 이는 더 길게 태초부터 영원까지로 잡는다. '한 사람'의 테두리를 언제 어디부터 언제 어디까지로 잡을지는 코뮌 안 개별화 주체들의 믿음과 바람에 달려 있다. 설리가 이미 죽었더라도 그는 지금도 여전히 훼손해서는 안 되는 명예를 갖는다. "이 돌"이나 "이 사람"이 가리키는 개별자는 세계에 본디 난 골과 결에 따라 골라진 사물이 아니다. "이 몸"과 "이 마음"도 마찬가지다.

옛날 사람들은 해나 별을 행위자로 보았다. 이것은 세계를 잘못 쪼개고 개별화하는 일이다. 하지만 이것은 세계를 행위자들로 쪼개고 개별화하는 모든 일이 잘못임을 뜻하지 않는다. 세계 안 현상들을 묶어 이를 한 명제 태도로 개별화하고 여러 명제 태도를 묶어 이를 한 행위자의 이유로 개별화하는 해석이론의 기획은 아직 실패하지 않았다. 태어난 날과 죽는 날을 측정하고 키와 가슴둘레를 측정함으로써 나는 물리 현상들의 전체 체계 안에서 또는 코스모스 안에서 내 몸을 테두리짓는다. 믿음과 바람을 해석함으로써 나는 명제 태도들의 전체 체계 안에서 또는 코뮌 안에서 내 마음을 테두리짓는다. 삶은 몸의 삶만 있지 않고 자람은 몸의 자람만 있지 않다. 마음의 삶이 있고 마음의 자람이 있다. 행위자로서 내 마음은 명제 태도들의 전체 체계 안에서 차츰 자란다. 코스모스 안에서는 한 점에 지나지 않는 나는 코뮌 전체를 뒤덮을 만큼 자랄 수 있다.

0805. 나는 짐승으로 태어난다

꼬마 길고양이 하나가 현관 앞에서 서글피 울었다. 그 녀석은 꼬리를 들고 내 발 주위를 맴돌았다. 한밤 천둥소리가 너무 커서 나는 컴컴하고 축축한 동굴 속 원시인처럼 뒤척인다. 가엾게 울며 따라다니는 그 길고양이는 이 소리가 얼마나 두려울까? 그 짐승은 마음을 가졌을까? 1800년 프랑스에서 12세 소년이 깊은 숲속에서 발견되었는데 사람들은 그를 "빅토르"라 불렀다. 2001년 칠레에서 11세 소년 알렉스가 개 무리에서 발견되었다. 생긴 것만 사람을 닮았을 뿐 이들의 행동은 사실상 늑대나 개와 거의 차이가 없었다. 빅토르와 알렉스는 마음을 가졌을까? 갓난아이는 마음을 가진 채 태어나지 않으며 그 몸뚱어리 안에서 마음이 저절로 생기지도 않는다. 나아가 호모 사피엔스 종의 단순한 집단은 마음을 만들지 못한다. 갓난아이들이 수십 또는 수백이 함께 자라더라도 이들 안에서 마음이 저절로 생기지는 않을 테다.

나는 처음에 마음 없이 태어나지만 어느덧 마음을 지니고 생각하는 자아로 자란다. 내가 마음을 갖는다는 사실은 내 머리나 가슴 깊숙이 어딘가에 비밀스러운 기관이 있음을 뜻하지 않는다. 그 사실은 내가 사는 이 세계에 이미 다른 마음이 있음을 곧 내가 코뮌에 거주함을 말해준다. 내가 생각하기 이전에 이미 다른 마음이 내 곁에 있어야 했다. 내가 생각하려면 생각하는 다른 마음이 내 삶에 개입해야 한다. 나는 언제 마음을 갖는가? 나 말고 다른 마음이 있음을 내가 간파하는 때다. "나는 생각한다. 따라서 나는 있다"는 데카르트의 추론은 전혀 틀리지 않았다. 하지만 그는 이와 더불어 "나는 생각한다. 따라서 다른 마음이 있다"까지도 성찰해야 했다.

0806.   사랑 없이 마음이 깃들지 않는다

먹이는 일, 껴안는 일, 소리 지르는 일 등 아이와 어른 사이의 단순한 접촉만으로는 아이에게 마음이 생기지 않는다. 마음을 싹틔우는 접촉은 다른 이를 의식하여 자기 살갗 바깥에 다른 사물이 있음을 깨우치는 접촉이다. 아이의 마음을 키우는 어른은 아이를 밀실에 감금하지 않고 열린 곳에 내놓는다. 이 때문에 인큐베이터 안에서는 어느 아이도 마음을 가질 수 없다. 아이의 마음을 키우는 어른은 아이를 어른의 지배 공간에만 머무는 부속물로 여기지 않는다. 그는 아이를 다른 마음으로 여기며 세계의 공동 거주자로 여긴다. 다른 자아를 세계의 공동 거주자로 여기고 환대하는 이 마음가짐을 나는 "사랑"이라 부른다.

나를 세계의 공동 거주자로 여기고 환대하는 다른 이의 사랑이 없었다면 나는 마음을 갖지 못한 채 짐승처럼 나만의 감각 마당 안에 갇혀 살 테다. 사랑하는 일은 자기 생각을 다른 이에게 주입하는 일이 아니며 자기 뜻대로 다른 이를 조종하는 일이 아니다. 사랑하는 이는 이 세계를 코뮌으로 여긴다. 그는 사랑받는 이가 가치의 코뮌에 참여하기를 바란다. 사랑하는 이는 사랑받는 이가 올바른 가치에 따라 행하고 만들기를 바란다. 그는 사랑받는 이가 참말하기를, 착하게 행위하기를, 아름답게 만들기를 바란다. 바로 이러한 사랑이 아이에게 마음이 깃들게 한다.

0807. 마음은 코뮌 안에서 자란다

내가 '말하는 이들의 모둠' 또는 '뜻을 나누는 이들의 모둠' 안에서 자라지 못했다면 나는 말할 수 없다. 코뮌은 '뜻을 나누고 말하는 이들의 모둠'이다. 코뮌이 없다면 말길이 있을 수 없고 말하는 이가 있을 수 없다고 나는 아주 예전에 이미 말했다. "나는 말한다"와 "코뮌은 있다"는 서로 떼려야 뗄 수 없는 진실이다. 나는 "마음은 무엇인가?"에 답하려고 "나는 말한다", "나는 뜻한다", "나는 안다", "나는 믿는다", "나는 행위한다" 따위를 여태 이야기했다. 뜻을 나누고 말하는 이들의 모둠을 이야기하지 않은 채 마음이 무엇인지 이야기하는 거의 모든 이야기는 헛소리다. 마음을 갖는 일은 뜻을 나누고 말하는 일이며 뜻을 나누고 말하는 일은 마음을 갖는 일이다.

코뮌은 뜻에 따라 움직이는 행위자들의 공동체다. 행위자들이 드러내는 의도 행위의 체계는 의도, 의향, 뜻, 의미의 체계를 이룬다. 명제 태도들의 체계는 '믿음과 바람의 체계', '뜻의 체계', '말의 체계'다. "말은 무엇인가?"에 답하려면 '자연 체계'나 '신경생리 체계'보다는 '명제 태도의 체계'나 '행위의 체계'를 먼저 성찰해야 한다. 나는 나 홀로만 명제 태도의 체계를 갖는 존재가 아니다. 또한 나는 명제 태도의 체계를 나 혼자만의 힘으로 내 안에 장착할 수 없다. 나는 다만 코뮌 안에서 사랑받고 키워짐으로써 차츰 명제 태도를 지닐 뿐이다. 코뮌 안에 형성된 명제 태도의 체계 및 행위 체계 안에서만 나의 명제

제Ⅲ부 마음

태도가 처음 꼴을 띠고 조금씩 또렷해진다. 나의 태도는 코뮌 안 다른 이의 태도와 얽히는데 이로써 나는 능동 주체로서 코뮌에 참여한다. 바로 이 과정이 내가 뜻을 갖고 마음을 지니며 차츰 '나'로 자라는 과정이다.

　　나는 이 세계에 한 짐승으로 태어나 이 세계 안에서 사랑받으며 차츰 '행위하는 이', '뜻을 갖는 이', '말하는 이', '마음을 갖는 이', '나'로 자란다. 아무 뜻도, 아무 믿음도, 아무 바람도 없이 태어난 나는 다른 이의 사랑으로 차츰 어렴풋하고 흐릿한 믿음과 바람을 갖는다. 이 어설픈 믿음과 바람을 바탕으로 더욱 믿음직함 믿음, 더욱 바람직한 바람, 더욱 또렷한 뜻을 지닌다. 나를 둘러싼 세계를 측정함으로써 이 세계는 나에게 어느 정도 '코스모스'로 드러나고 나를 둘러싼 세계를 해석함으로써 이 세계는 나에게 어느 정도 '코뮌'으로 드러난다. 만일 이 세계가 코뮌이 아니고 코스모스이기만 했다면 이 세계 안 어느 사물도 이 세계를 해석할 수 없고 '의미', '뜻', '의도'를 가질 수 없다. 이 경우 그 어느 사물도 '나'로 자랄 수 없으며 이 세계는 누군가에게 코스모스로 드러날 수도 없다. 당연히 이 세계가 코뮌이기만 하고 카오스일 수도 없다. 그 안에서 내가 "나는 말한다"고 말할 수 있는 이 세계는 코스모스며 코뮌이어야 한다.

0808. 마음은 열린 공간에서 드러난다

추적추적 비 내리는 주말 오후 전화가 왔다. 쓸쓸하게 속삭이는 목소리. "그동안 무척 그리웠어요. 한 번도 그대를 잊은 적이 없어요." 누구일까? 전화기에서 들리는 그 목소리는 사람 목소리가 분명하다. 그런데 그것이 정말로 사람이 낸 목소리일까? 저기 건너편 전화기에서 소리를 낸 존재가 과연 마음을 가진 이였을까? 우리는 전화기에서 들려오는 목소리만으로도 그가 마음을 가진 존재라 착각한다. 그가 마음을 지녔으리라는 우리 판단에는 무슨 근거가 있을까? 그 목소리는 컴퓨터가 만든 기계음일 수 있다. 컴퓨터 공학자들은 언젠가 기계도 마음을 가지리라 예상한다. 과연 기계도 사람처럼 마음을 지닐 수 있을까? 이 물음에 답하려면 동물이든 기계든 주어진 시스템이 마음을 가졌는지 안 가졌는지를 검사하는 방법을 고안해야 한다.

한 사물이 마음을 가졌느냐는 물음은 그 사물이 생각하느냐는 물음이며 그 사물이 말하느냐는 물음이다. 도널드 데이빗슨은 1990년 논문 「표상과 해석」에서 한 사물에 어떤 것을 덧붙여야 그것이 생각할 수 있는지 또는 사람한테 어떤 것을 없애도 여전히 생각하는 이로 남을 수 있는지 물었다. 첫째, 몸을 이루는 특정 재료는 마음을 갖는 데 원리상 장애가 되지 않는다. 탄소와 산소 및 질소 대신에 규소나 인 및 황으로 만든 조직체가 마음을 지닐 수 없다고 말할 까닭이 없다. 지성과 감성 및 의도는 몸을 이루는 특정 물질과 원리상 무관하다. 이 말은 마음 현상이 물질과 아예 무관하다는 말은 아니다.

한 사물이 마음을 지니려면 아마 나름의 물질 구조를 지녀야 할 테다. 하지만 에너지 준위가 다르다는 사실 말고 탄소와 규소 사이에 특별한 차이가 없다는 점에서 탄소와 마음의 관계는 태양계의 호모 사피엔스에게 우연히 일어난 일이다. 둘째, 사물이 무슨 모습을 띠며 그 크기가 어느 정도인지는 그것이 마음을 갖는지 안 갖는지와 크게 관련이 없다. 셋째, 한 사물이 무슨 방식으로 이 코스모스에 나타났는지도 크게 중요하지 않다. 한 물품이 사람과 비슷한 방식으로 잉태되고 출산되어야 그것이 마음을 가질 수 있는 것은 아니다. 겉모습이 뱀처럼 생겼든 오징어처럼 생겼든, 피부가 점액질이든 갑각질이든, 알에서 나왔든 실리콘밸리의 연구실에서 조립되었든, 이런 점들은 한 사물이 마음을 지니는 데 큰 장애가 되지 않는다.

앨런 튜링은 주어진 시스템이 마음을 가졌는지 안 가졌는지를 검사하는 방법 곧 '튜링 테스트'를 고안했다. 그는 기계의 기원, 재료, 외양이 마음과 무관하다는 점을 또렷이 이해했다. 튜링 테스트는 베일 뒤에 검사대상을 놓고 그와 물음과 응답을 주고받으며 그 대상이 사람인지 기계인지 알아맞힌다. 튜링은 검사대상을 왜 베일 뒤에 감추어야 했을까? 검사대상이 사람 닮은 얼굴을 지니면 우리는 그가 마음을 가진다고 예단할 성싶다. 얼굴만 보고 그가 마음을 가졌다고 예단해서는 안 되겠기에 그 검사대상을 베일 뒤에 감춘다. 또한 검사대상이 사람 비슷한 목소리를 내더라도 그것이 사람이라고 예단해서는 안 되겠기에 물음과 응답은 문서나 모니터 출력으로 이루어진다.

튜링에 따르면 만일 우리가 한 대상과 응답을 주고받으면서 그 대상이 사람인지 기계인지 잘 가릴 수 없다면 그 검사대상은 사람처럼 생각하고 마음을 갖는다고 봐야 한다. 왜 응답을 주고받는 일이 생각 또는 마음의 검출에 중요한가? 응답을 주고받는 일은 뜻을 드러내는 일이고 그 일은 마음을 갖는 일이기 때문이다. 이를 보건대 한 시스템이 마음을 갖는지 또는 생각하는지를 검사하는 테스트는 검사대상이 뜻을 드러내는지 검사해야 한다. 하지만 우리가 이해하는 말의 문법을 지키는 낱말들의 조합을 출력하더라도 그 대상이 뜻을 드러낸다고 예단해서는 안 된다. 돌에 "나는 너를 사랑한다"고 적혔더라도 바로 그 돌이 나를 사랑한다는 뜻을 드러낸 것은 아니다.

사람의 뜻이 골 안에 있지 않듯 뜻은 출력 시스템의 내부 기계 구조가 아니다. 또한 뜻은 출력들의 단순한 조합구조도 아니다. 이미 말했듯 한 시스템이 사람처럼 마음을 갖는지 검사하려면 그것이 '예쁜 사람'이라고 미리 단정해서는 안 된다. 마찬가지로 검사대상의 출력이 뜻을 갖는지 갖지 않는지가 궁금할 때는 이 출력이 우리가 평소에 알던 그런 뜻을 가졌다고 예단해서는 안 된다. 돌에 적힌 "나는 너를 사랑한다"에서 "나"는 그 돌을 가리키지 않는다. 오픈AI의 챗GPT가 "오늘은 여기 풀이 예쁘다"고 음성 출력할 때 그 "오늘"이 언제를 뜻하고 그 "여기"가 어디를 뜻하고 그 "풀"이 무슨 사물을 뜻하는지 파악해야 한다. 이를 파악하려면 그 소리가 발화되는 바깥 열린 공간을 확인해야 한다. 따라서 한 시스템이 마음을 갖는지 또는 생각하는지 검사하려면 밀실이 아니라 바깥에서 그와 대화해야 한다.

우리가 "공룡은 지금은 사라진 옛날 동물이다"를 표현하려면 "동물"을 먼저 이해해야 한다. 그것이 그림이든 실물이든 적어도 한 사물과 접촉한 역사를 가져야 그는 "동물"을 이해할 수 있다. 바깥 사물과 접촉한 역사를 아예 갖지 않는 시스템은 뜻있는 표현을 출력할 수 없다. 한 출력이 바깥 사물을 가리키는 출력이 되려면 그것을 출력한 이는 여하간 바깥 사물과 접촉한 역사를 지녀야 한다. 따라서 시스템의 출력이 뜻을 갖는지 검사하려면 우리는 그 시스템이 바깥 사물과 접촉한 역사로부터 그 출력이 비롯되었음을 확인해야 한다. 물론 우리가 만나 이야기 나누는 사람한테는 그런 것을 따져 묻지 않는다. 통상의 대화에서 우리는 상대방을 사람으로 여기고 그가 뜻있는 표현을 말한다고 미리 가정한다.

거대언어모델 인공지능 시스템을 로봇에 접속하는 일은 그 로봇이 말하도록 설계하는 일이 아니다. 그것을 장착하는 일은 그 로봇을 통해 적절한 음성을 출력하도록 설계하는 일일 뿐이다. 인공지능 서버가 실리콘밸리에 있든 강릉에 있든 그것은 그 로봇이 있는 자리에 있지 않다. 우리 몸이 제주에 있다면 우리는 그 장소에서 벌어지는 일들을 지각하고 감각한다. 로봇이 뜻을 지니려면 그 로봇은 자기가 놓인 그 자리를 지각하고 그것에 반응해야 한다. 로봇이 뜻을 지녔는지 검사하려면 우리는 열린 장소에서 그 로봇에게 말을 걸어야 한다. 뜻, 의미, 생각, 마음은 오직 열린 시공간에서 긴 경험의 역사를 거쳐서만 생성되고 드러난다. 마음은 일시에 주입될 수 없다. 바깥 사물과 접촉한 역사가 아예 차단된 인큐베이터 안에서는 기계든 생물이든 어떤 사물도 마음을 가질 수 없다.

0809. 나의 역사는 내 마음을 이룬다

풍향계는 바람의 방향을 모르지만 날개에 부딪히는 공기 알갱이의 충격에 따라 움직인다. 해바라기는 저기 바깥에 해가 있음을 알지 못하지만 빛알과 옥신의 상호작용 때문에 해를 향해 굽는다. 풍향계나 해바라기와 달리 나는 바람과 해가 내 살갗 바깥에 있음을 알아차린다. 내가 바깥을 알아차릴 수 있는 까닭은 내가 마음을 가졌기 때문이다. 내 마음은 집에 두고 온 고양이, 멀리 떠난 옛사랑, 언젠가 가고픈 개마고원을 향한다. 내 마음은 나에게 일어나는 수많은 일과 온갖 느낌의 먼 원인을 찾아 바깥을 헤맨다. 내 마음은 현재의 바깥 공간뿐만 아니라 시간을 거슬러 과거에도 나아가 시간이 한참 흐른 먼 미래에도 관심을 둔다.

두 컵에 에탄올이 담겼다. 한 컵의 에탄올은 쌀을 발효한 뒤 증류해 얻었고 다른 컵의 에탄올은 화학 반응을 거쳐 실험실에서 정제했다. 두 에탄올의 물성은 같다. 영상 78°C에서 끓고 영하 114°C에서 얼며 나트륨과 반응하여 수소 기체를 낸다. 물성은 역사를 묻지 않으며 현재 상태만 중요하다. 울릉도 심해 암반수를 정수한 물과 공장 폐수를 증류한 물은 물성이 같더라도 내 마음은 두 물을 다르게 여긴다. 마음은 역사를 물으며 현재 상태만이 아니라 그 사물이 과거부터 거쳐 온 역사를 중요시한다. 당연히 물은 마음을 갖지 않기에 물이 거쳐온 역사가 물의 상태를 결정짓지 못한다. 하지만 마음을 갖는 사물은 그 사물이 거쳐온 역사에 따라 그 사물의 상태가 바뀔 수 있다. 나는 사건의 역사를 반영하여 믿음을 갖고 바람을 갖는다.

두 사람이 현재의 물성이 똑같더라도 그들이 거쳐온 역사가 다르다면 두 사람은 다른 심성을 지닐 수 있다. 현재의 나를 모든 물성에서 완전히 똑같이 복제하더라도 그 복제물은 나와 다르다. 이를테면 나는 마음을 갖지만 그 복제물은 아예 마음을 갖지 않는다. 마음은 역사 과정을 거쳐 형성되는 무엇이다. 유전자나 해부 구조 및 신경 구조가 나와 똑같더라도 지금의 나와 다른 역사를 거친 사람은 나와 다른 사람이다. 내가 지금과 달리 부잣집에서 더 잘생기게 태어났다면 그렇게 자란 그 사람은 더 잘생기고 부자인 '나'가 아니라 나와는 아예 다른 사람이다. 내가 겪은 역사는 유일한 역사며 이 유일한 역사 덕분에 내 마음은 유일한 마음이다.

지금의 내 몸을 없애고 똑같은 몸을 다시 만들더라도 내 마음은 다시 생기지 않을 수 있다. 지금과 똑같은 마음이 다시 생기려면 지난 역사를 똑같이 되밟아야 한다. 마음의 역사는 결정된 역사가 아니기에 똑같은 역사를 되밟을 수 없고 똑같은 마음이 다시 생길 수도 없다. 무엇이 나의 정체성을 이루는가? 유전자, 호르몬, 신경망, 외형 등 나의 현재 물성은 나의 정체성을 상당 부분 결정한다. 하지만 내 물성의 한계 안에서 지금까지 살아온 나의 역사에 나의 진정한 모습이 담긴다. 진정한 나를 알고 싶다면 내가 이 세계에서 겪은 실제 역사를 되돌아보아야 한다. 나는 내가 겪은 지난 역사의 연속성을 의식하고 지난 역사를 재해석함으로써 새 마음을 얻고 새 역사를 연다. 당연히 기억과 역사는 구별되어야 하는데 주입된 기억은 역사를 대신할 수 없다.

09. 마음은 세계를 바꾼다

0901. 나는 할 수 있다

엄밀한 예측은 아니더라도, 초인공지능 슈퍼컴퓨터의 도움으로, 내가 일정 시간 구간과 공간 구역 안에 있으리라 상당히 높은 믿음직함을 지닌 채 예측할 수는 있다. 이를테면 나는 내년 1월에 적어도 하루는 서울에 머무리라 99.99%의 믿음직함으로 예측된다. 만일 내가 그 예측을 사전에 들었다면 나는 올해 12월 31일에 전남 강진에 가서 한 달 넘게 삶으로써 그 예측이 거짓임을 몸소 보여줄 수 있다. 이것은 무엇을 뜻하는가? 기존 규칙과 법칙 및 주어진 조건 아래서 일어나리라 예측되는 사건조차도 나는 대체로 그 사건을 막을 힘을 지닌다. 이는 내가 자유의지를 지닌다는 가설로 설명할 수 있다. 만일 나에게 자유의지가 없다면 그 예측을 듣고도 나는 그 예측이 거짓임을 몸소 보여줄 수 없었을 테다.

거꾸로 기존 규칙과 법칙 및 주어진 조건 아래서 거의 일어나지 않으리라 예측되는 사건조차도 나는 대체로 그 사건을 일으킬 힘을 지닌다. 이를테면 내가 내년 1월 1일에 울릉도에서 낚시하는 일은 거의 일어나지 않으리라 예측된다. 만일 내가 그 예측을 사전에 들었다면 나는 올해 12월 31일에 울릉도에 가서 다음 날 낚시함으로써 그 예측이 거짓임을 몸소 보여줄 수 있다. 나아가 나는 아무도 예측할 수 없는 일을 쉽게 그리고 정확히 예측하곤 한다. 무슨 초인공지능 슈퍼컴퓨터도 어느 과학자도 내가 내년 1월 1일 오전 12시 정각에 광화문 1미터 앞에 있으리라 예측하지 못한다. 하지만 나는 그런 일을 예측하고 그 예측대로 실제로 행위할 수 있다. 이 현상들도 내가 자유의지를 지닌다는 가설로 설명할 수 있다. 만일 나에게 자유의지가 없다면 내가 그토록 정확히 예측할 수는 없었을 테다.

몇몇 학자는 사람의 모든 행위가 자유롭지는 않다는 까닭에서 "사람은 자유롭다"나 "사람은 자유의지를 갖는다"를 부정한다. 하지만 자유의지를 주장하는 이들은 "사람의 모든 행동은 자유롭다"나 "사람은 바라는 모든 일을 할 수 있다"를 주장하지 않는다. 그들은 다만 "이 세계에 자유로운 사건이 적어도 하나는 일어난다"를 주장할 뿐이다. 나는 "나는 할 수 있다"를 믿는다. 나는 내가 모든 일을 할 수 있음을 믿지 않는다. 나는 내가 바라는 모든 일을 할 수 있음도 믿지 않는다. 다만 나는 이 세계에 다른 일이 벌어질 수 있게끔 적어도 한 행위를 행할 수 있음을 믿을 뿐이다. 바로 이 믿음이 "나는 할 수 있다"가 뜻하는 바다.

"나는 할 수 있다"를 말할 때 나는 이것이 100% 확실히 참이라 주장하지 않는다. 나의 주장은 다음이다. "나는 적어도 하나를 자유롭게 할 수 있다"의 믿음직함은 "나는 아무것도 자유롭게 할 수 없다"의 믿음직함보다 훨씬 높다. 또한 "나는 적어도 하나를 자유롭게 할 수 있다"의 바람직함은 "나는 아무것도 자유롭게 할 수 없다"의 바람직함보다 훨씬 높다. 나에게 자유의지가 있음을 엄밀하게 논증할 수는 없다. 다만 "나는 할 수 있다"를 믿는데 이 믿음은 다른 논증의 출발점이다. 여태 나는 "나는 할 수 있다"를 믿을 만하게 하는 형이상학 체계의 밑그림을 그리려 했다. 데카르트, 스피노자, 라이프니츠부터 칸트, 헤겔, 훗설, 데이빗슨까지 이성주의 철학자는 그 그림을 그리려 온 삶을 바쳤다.

하느님의 예정 교리와 근대 역학 법칙을 함께 받아들였던 대부분의 초기 서양 근대 철학자는 세계의 변화가 결정되었다고 믿었다. 세계 결정주의는 세계의 모든 일이 이전 사건과 법칙에 따라 결정된다는 견해다. 세계 결정주의가 옳다면 세계에는 벌어지기로 이미 결정된 사건들만이 지금 벌어진다. 이것이 옳다면 사람은 결정된 일 말고 다른 일을 벌일 수 없다. 세계의 변화가 결정되었다면 "개별 마음으로서 나는 할 수 있다"를 참말로 만들 길이 없다. 나는 "나는 할 수 있다"를 믿는 대신에 "세계는 결정되었다"를 믿지 않는다. 내 철학의 목표는 "세계는 결정되지 않았다"를 증명하는 일이 아니다. 오히려 결정되지 않고 자유로운 세계를 기존 과학 체계와 어긋나지 않게 그리고 짜임새 있게 그리는 일이다.

　세계 결정주의가 성립하는 세계에서, 내가 나에게 일어나는 사건의 원인일 수 있는 길은, 내가 자기원인, 자기통제, 자율일 수 있는 길은 내가 세계 자체가 되는 길밖에 없다. 이 점에서 스피노자의 논증은 매우 받아들일 만하다. 하지만 만일 개별 주체로서 내가 세계 자체가 아니라 세계의 부분이면 세계 결정주의가 성립하는 세계에서 나는 자기원인일 수 없다. 내가 세계가 아닌 한 세계 결정주의와 나의 자유의지는 양립할 수 없다. 자유의지는 "환상", "착각", "허구", "잘못된 믿", "관념 바이러스"일 뿐이라 주장하는 자연주의자가 차츰 늘어나는 최근 경향은 그들이 그만큼 더 솔직해졌음을 말해준다. 하지만 내가 만난 대부분의 자연주의자는 자유의지를 환상이라 여기면서도 표리부동하게도 그 환상을 끝내 버리지 않는다.

　이미 결정된 일 말고 다른 일이 이 세계에 아예 벌어질 수 없다면 "나는 할 수 있다"는 참일 수 없다. 내가 바라는 자유의지는 '다른 일이 벌어질 수 있음'을 전제하는 자유의지다. 다른 일이 벌어질 수 있음을 전제하는 자유의지는 세계 결정주의와 양립할 수 없다. 나는 자유의지를 받아들이려고 세

258　　　　　　　　　　　　　　　　　　제Ⅲ부 마음

계 결정주의를 버린다. 몇몇 학자는 세계 결정주의를 포기하는 대신 불확정 개념을 써서 우연 과정이 자유의지를 낳는다고 주장한다. 내 생각에 이는 일종의 속임수다. 우연 과정이나 마구잡이 과정은 자유롭지 않으며 의지일 수도 없다. 자유의지는 자연의 마구잡이 과정이나 양자 현상에서 비롯되지 않는다. 자유의지의 원천이 있다면 그것은 이성 또는 이유일 테다. 이유, 합리성, 이성, 논리, 말길은 물리 사물들 사이의 시공간 관계나 물리 상호작용에서 비롯되지 않는다.

0902. 마음 사물을 도입해야 한다

세계는 온갖 현상과 변화로 가득 찬 듯하다. 세계의 변화를 설명하려고 우리는 세계가 여러 사물로 이루어졌다는 믿음을 자연스레 받아들인다. 우리가 겪는 온갖 현상들을 몇몇 사물로 묶고 이를 인과 관계로 맺어 세계의 현상과 변화를 이해한다. 사물은 무엇인가? 사물이 무엇인지 이해하는 일은 쉽지 않다. 많은 이가 사물을 물건과 사건으로 나누는데 이에 여러 견해가 있다. 첫째, 오직 물건만 있고 사건은 물건이 드러내는 모습이다. 둘째, 오직 사건만 있고 물건은 사건이 드러내는 모습이다. 셋째, 물건과 사건은 둘 다 있는데 물건과 사건은 아예 다른 갈래다.

세 견해는 장단점이 있다. 이미 말했듯 세계를 여러 사물로 쪼개고 갈래짓는 일은 세계에 본디 난 결이나 골을 따라 이루어지지 않는다. 사건 없이 오직 물건만 도입함으로써 세계의 변화를 잘 설명할 수 있으면 그것으로 다행이다. 물건 없이 오직 사건만 도입함으로써 세계의 변화를 잘 설명할 수 있으면 그것으로 다행이다. 만일 물건과 사건을 둘 다 도입해야 세계의 변화를 잘 설명할 수 있다면 나는 흔쾌히 둘 다 도입한다. 몇몇 학자는 사건을 바탕으로 물건을 이해하고 대부분 학자는 물건을 바탕으로 사건을 이해한다. 물건을 바탕으로 사건을 이해하는 이는 한 사건을 '한 물건이 한 시점에 한 속성을 갖는 일'로 이해한다. 요즘에는 사건을 바탕으로 물건을 이해하는 방식이 세계의 변화를 이해하는 더 좋은 방식으로 차츰 받아들여진다.

　　세계의 변화를 설명하는 여러 방식 가운데 더 중요한 견해 차이가 있다. 그것은 사물을 물리 사물과 마음 사물로 나누는 일을 받아들이냐 마느냐의 차이다. 모든 사물을 물리 사물로 여기는 견해, 모든 사물을 마음 사물로 여기는 견해, 사물에는 물리 사물과 마음 사물이 있음을 받아들이는 견해가 서로 경쟁한다. 마음 사물 없이 오직 물리 사물만 도입함으로써 세계의 변화를 잘 설명할 수 있으면 그것으로 다행이다. 물리 사물 없이 오직 마음 사물만 도입함으로써 세계의 변화를 잘 설명할 수 있으면 그것으로 다행이다. 만일 물리 사물과 마음 사물을 둘 다 도입해야 세계의 변화를 잘 설명할 수 있다면 나는 흔쾌히 둘 다 도입한다.

나는 적어도 하나를 자유롭게 행위할 수 있다. 나는 "나는 할 수 있다"가 참인 세계에 산다. 내가 사는 이 세계는 "나는 할 수 있다"가 성립하도록 변화하는 세계다. 달리 말해 나는 자유의지에 따라 세계에 변화를 창출할 수 있다. 하지만 만일 마음 사물이 없다면 나는 마음 사물이 아니다. 만일 내가 마음 사물이 아니면 나는 다만 물리 사물로서 자연법칙에 따라 세계의 변화 안에 휘말릴 뿐이다. 이 경우 나는 자유의지에 따라 세계에 변화를 창출할 수 없다. 따라서 마음 사물을 도입하지 않으면 내가 사는 이 세계가 "나는 할 수 있다"가 성립하도록 변화하는 세계임을 설명할 수 없다. 다시 말해 마음 사물을 도입해야 세계의 변화를 제대로 설명할 수 있다. 이에 나는 흔쾌히 마음 사물을 도입한다.

나는 세계의 변화를 이해하는 두 가지 방식이 있다고 주장했다. 하나는 한결의 원리에 따라 물리량을 정의 및 측정함으로써 세계의 변화를 이해하는 방식이다. 이 방식으로 측정과학 곧 자연과학의 체계가 짜인다. 자연과학은 세계를 물리 세계, 자연 세계, 코스모스로 드러낸다. 스피노자의 말처럼 자연 세계는 세계의 한 측면에 지나지 않는다. 다른 하나는 사랑의 원리에 따라 명제 태도를 정의 및 해석함으로써 세계의 변화를 이해하는 방식이다. 이 방식으로 해석과학 곧 인문사회과학의 체계가 짜인다. 인문사회과학은 세계를 해석 세계, 지향 세계, 의미 세계, 사상 세계, 정보 세계, 마음 세계로 드러낸다. 스피노자는 이 세계를 "하느님"이라 했지만 나는 이 세계를 "코뮌"이라 한다. 당연히 코뮌은 세계의 한 측면에 지나지 않는다.

나는 데카르트와 달리 마음과 물질이 서로 다른 두 가지 실체라고 주장하지 않는다. 나는 오직 한 실체만 받아들이는데 그것은 전체로서 세계다. 나는 실체로서 전체 세계를 기술하는 두 가지 원리가 있음을 주장할 뿐이다. 나의 이원주의 곧 '두원리주의'는 스피노자의 견해와 몇 가지 점에서 다르다. 스피노자는 물체로서 내 몸과 내 몸의 관념으로서 내 마음이 똑같은 하나라 주장한다. 하지만 나는 이와 같은 개별자 동일성을 받아들이지 않는다. 물리 사물은 측정의 관점에서 코스모스를 분할 및 분류하여 얻은 코스모스의 부분이다. 마음 사물은 해석의 관점에서 코뮌을 분할 및 분류하여 얻은 코뮌의 부분이다. 이처럼 마음 사물의 개별화와 물리 사물의 개별화는 아예 다른데 코스모스의 부분으로서 내 몸과 코뮌의 부분으로서 내 마음은 다른 사물이다. 나아가 나는 스피노자와 달리 보편 결정주의 또는 세계 결정주의를 받아들이지 않는다.

물건을 위주로 말하면 코스모스는 물리 물건 곧 물체의 체계고 코뮌은 마음 물건 곧 행위자의 체계다. 사건을 위주로 말하면 코스모스는 물리 사건의 체계고 코뮌은 마음 사건의 체계다. 측정 주체는 물리 사건이 무엇이며 무슨 물리 사건이 코스모스에서 실제로 일어나는지를 묻는다. 전문 측정 주체로서 물리학자는 한결의 원리를 바탕으로 상대성이론, 양자역학, 양자마당이론, 양자중력을 체계화하고 이 앎을 써서 물리 사건을 코스모스 안에 자리매김한다. 해석 주체는 마음 사건이 무엇이며 무슨 마음 사건이 코뮌에서 실제로 일어나는지를 묻는다. 전문 해석 주체로서 철학자는 사랑의 원리를 바탕으로 논리학, 인식론, 윤리학, 미학, 형이상학을 체계화하고 이 앎을 써서 마음 사건을 코뮌 안에 자리매김한다.

　　　　마음 사건은 코뮌을 이루는 마음 사물이다. 하지만 코뮌은 물체나 몸의 군집이 아니다. 이 때문에 마음 사건을 몸에서 일어나는 무엇으로 이해해서는 안 된다. 전통 철학은 마음 사건을 먼저 이해하지 않은 채 마음 물건을 이해하려 했다. 마음 사건이 무엇인지 이해하려면 코뮌을 명제 태도의 거대한 짜임으로 이해해야 한다. 명제 태도를 이야기하지 않은 채 마음 물건을 그 자체로 이해하려는 시도는 철학자를 늘 혼란에 빠뜨렸다. 사건을 바탕으로 물건을 이해하면 물건은 사건들의 복합체다. 이 이해에 따르면 한 물체는 전체 코스모스 안에서 일정 공간과 시간 안에서 일어난 물리 사건들의 꾸러미다. 한 행위자는 전체 코뮌 안에서 일정 논리 관계나 이유 관계를 갖는 마음 사건들의 꾸러미다. 이런저런 명제 태도의 꾸러미는 한 행위자 또는 한 마음을 구성한다.

　　　　명제 태도는 명제를 지향하는 태도인데 명제는 '참', '거짓', '믿음직함', '바람직함'의 평가를 받도록 구조화된 정보 짜임이다. 가능한 정보 짜임들이 아주 많겠지만 문장을 발화하거나 기재하는 일은 그러한 정보 짜임을 나타내는 일이다.

'참', '거짓', '믿음직함', '바람직함'의 평가를 받는 것들은 서로 모종의 관계를 맺어야 한다. 그 관계는 말하자면 논리, 이유, 이성, 합리성이다. 이유 관계는 문장 논리와 양화 논리뿐만 아니라 믿음직함의 공리와 바람직함의 공리까지도 포함한다. 나는 논리 관계나 이유 관계가 물리 사물들 사이의 시공간 관계나 물리 상호작용에서 비롯될 수 없다고 누차 말했다. 말길, 이성, 이유, 정보는 물리 상호작용에서 비롯되지 않기에 세계에 자유를 낳는 원천일 수 있다. 만일 정보가 세계를 바꾼다면 이는 곧 마음이 세계를 바꾸는 일이다.

0903. 마음은 힘을 갖는다

많은 과학자와 철학자는 마음이 사물을 움직일 만한 힘을 갖지 못한다고 주장한다. 마음이 사물을 움직이지 못한다는 오해는 명제 태도가 사물을 움직이지 못한다는 오해이기도 하다. 명제 태도가 사물을 움직이지 못한다는 오해는 명제가 사물을 움직이지 못한다는 직관에서 비롯되었다. 수가 사물을 움직이지 못하듯 명제도 사물을 움직이지 못한다. 하지만 수와 물리량은 다르며 명제와 명제 태도는 다르다. 물리량이 세계의 변화를 설명하려고 상정되었듯 명제 태도도 세계의 변화를 설명하려고 상정되었다. 물리량과 명제 태도는 사물의 움직임과 다양성을 설명하는 무엇이다.

자연 현상을 이해하려는 이는 역학 운동을 낳는 원인으로 질량, 운동량, 에너지 따위 물리량을 도입한다. "물리량은 현상들의 물리 관계를 추적한다"나 "물리량은 사물들의 물리 차이를 낳고 한 사물의 물리 변화를 일으킨다"는 측정이론의 중심 교의다. 마찬가지로 사람과 사회 현상을 이해하려는 이는 의도 행위를 낳는 원인으로 믿음과 바람 따위 명제 태도를 도입한다. "명제 태도는 현상들의 이유 관계를 추적한다"나 "명제 태도는 사물들의 마음 차이를 낳고 한 사물의 마음 변화를 일으킨다"는 해석이론의 중심 교의다. 현상의 다양성과 변화가 물리량에 담기듯 현상의 다양성과 변화는 명제 태도에도 담긴다. 한 물체의 물리량들이 그 물체를 움직일 힘을 갖듯 한 행위자의 명제 태도들은 그 행위자를 움직일 힘을 갖는다.

자연과학은 물리 사물에 물리량을 줌으로써 물리 사물의 다양성과 변화를 잘 설명하고 예측했다. 이 성공 덕분에 자연과학의 중심 가설 "물리량은 물리 사물을 바꿀 힘을 갖는다"는 더욱 믿음직해졌다. 인문사회과학은 사람과 사회의 차이와 변화를 추적하려고 사람들에게 명제 태도를 준다. 인문사회과학은 명제 태도에 따라 행위자, 사회, 공동체가 변화한다고 가정한다. 행위자에게 명제 태도를 줌으로써 행위자 및 사회의 변화를 잘 설명하고 예측할 수 있다면 인문사회과학의 중심 가설 "명제 태도는 마음 사물을 바꿀 힘을 갖는다"는 더욱 믿음직해진다. 반대로 행위자에게 명제 태도를 주는 일이 행위자와 사회의 변화를 설명하고 예측하는 데 아무 도움이 되지 않는다면 그 중심 가설을 버려도 된다.

물리학의 이론 체계가 정교화될수록 '원인'이나 '힘' 개념은 이론 안에서 차츰 사라지고 그 대신 모든 변화를 법칙에 따른 물리량의 변화로 기술한다. 정교화된 물리학 이론은 운동방정식과 마당방정식처럼 물리량의 변화와 관계를 이야기할 뿐이고 원인으로서 '물리 힘'은 이론 안에서 감추어진다. '에너지' 개념이나 '퍼텐셜' 개념은 '힘' 개념을 대신하고 물리량의 변화 자체를 그냥 '물리 힘'이나 '물리 힘의 미침'으로 이해한다. 철학에서 '형상', '관념', '정념', '감정', '정동', '정보', '동기', '목적', '의향', '의지', '이유', '이성', '지성', '앎' 개념은 때때로 '마음의 힘' 개념을 대신한다. 체계화된 해석이론은 논리 관계나 이유 관계에 따라 명제 태도의 변화를 기술할 텐데 이 경우 굳이 원인으로서 '마음의 힘'을 드러내 이야기할 필요가 없다. 나는 명제 태도의 변화 자체를 '마음의 힘'이나 '마음 힘의 미침'으로 이해한다.

마음들은 물리 사물들 사이에 끼어들어 인과 그물을 이루는 듯하다. 마음 사물이 물리 사물의 변화를 일으키고 물리 사물이 마음 사물의 변화를 일으키는 양 이야기하는 일은 "나는 할 수 있다"를 표현하는 하나의 방식이다. "나는 할 수 있다"는 믿음은 세계 너머의 무엇을 우리 세계에 불러들이지 않는다. 이 믿음은 세계는 바뀌고, 그 바뀜이 결정되지 않았으며, 새 행위자와 새 사건이 지금도 떠오른다는 믿음을 요구할 뿐이다. 헤아려 믿고 헤아려 바라는 사람은 지금도 세계를 바꾼다. 이곳저곳 때때로 사람이 새로 떠오르고 그들은 믿음과 바람을 바꿈으로써 세계에 새 사건을 일으키고 새 역사를 연다.

0904.   역사는 힘을 갖는다

세계에 몇몇 사건이 자유롭게 일어난다면 그 세계는 열린 세계다. 자연과학은 열린 세계를 허용하는가? 현대 자연과학은 사건이 사전에 결정되지 않은 채 우연히 또는 어쩌다 일어날 수 있음을 허용한다. 특히 양자역학은 사건들 가운데 무슨 사건이 일어날지 예측하지 못하며 다만 각 사건이 일어날 확률을 예측할 뿐이다. 하지만 의지의 자유는 우연 현상이나 마구잡이 현상을 넘어선다. 의지의 자유를 허용하려면 물리 상호작용으로 해명할 수 없는 마음의 힘을 받아들여야 한다. 그런 마음의 힘은 어디서 찾을 수 있는가? 만일 오직 현재 물성만이 세계를 바꿀 힘을 지닌다면 자유로운 사건은 일어날 수 없다. 나는 "오직 현재 물성만이 세계를 바꿀 힘을 지닌다"를 거부한다. 만일 역사나 그 해석이 세계를 바꿀 힘을 지닌다면 당연히 "오직 현재 물성만이 세계를 바꿀 힘을 지닌다"는 거짓이다. 이에 나는 마음의 힘을 사건들의 역사나 그 역사의 해석에서 찾는다.

만일 한 화상의 원인은 태양이고 다른 화상의 원인은 강한 전등 빛이지만 두 화상의 현재 물성이 같다면 두 화상은 똑같은 화상인가? 현재의 물성만이 동일성을 규정한다면 두 화상은 똑같은 화상이다. 하지만 정교하게 위조된 지폐는 조폐공사에서 제조된 지폐와 현재의 모든 물리 측면에서 완전히 같더라도 진짜 지폐와 다르다고 생각들 한다. 원인의 차이나 역사의 차이를 고려한다면 사물의 현재 물성만으로는 그 사물의 동일성을 완전히 규정할 수 없다. 가정컨대 현재 물성의 동일성은 두 사물의 완전 동일성을 함축하지 않는다. 이에 나는 이른바 '심성의 히스테리시스 논제' 또는 '심성의 역사 논제'를 가정한다. "한 사물의 현재 마음 속성은 그 사물이 예전부터 밟아온 과정 경로 역사를 거쳐 실현 및 결정된다."

아이의 신경 상태가 태아 때 a에서 출발해 b와 c를 거쳐 m에 이르러 "이것은 돌이다"를 소리 내는 경우와 a에서 출발해 e와 f를 거쳐 m에 이르러 "이것은 돌이다"를 소리 내는 경우에, 비록 그 아이의 현재 두 신경 상태와 두 소리가 같더라도, 그 소리 사건은 다르게 해석될 수 있다. 이를테면 앞 경우의 m과 그 소리는 외부 사물을 지각하고 지시하는 마음 사건이지만 뒤 경우의 m과 그 소리는 단순한 소리 지르기 사건일 수 있다. 한 사건이 외부 사물을 지각하고 지시하는 사건이 되려면 그 사건은 모종의 역사를 거쳐야 한다. 이것이 내가 가정한 '심성의 역사 논제'가 말하는 바다. 하지만 이 논제만으로는 자유의 가능성을 보장할 수 없는데 더 과감한 가설이 필요하다. 그것은 현재가 같더라도 과거 역사가 다르면 다른 미래를 열 수 있음을 보장하는 가설이다.

물리학에 따르면 물리계의 현재 상태와 현재 상호 작용은 그 이후 변화를 거의 결정한다. 물리 사물의 경우 현재가 같다면 역사의 차이는 미래의 차이를 만들 수 없다. 마음이 힘을 지니려면 '심성의 역사 논제'만으로는 충분하지 않다. 역사의 차이가 미래의 차이를 창출함을 보장하려고 나는 더욱 과감한 논제를 제안한다. 그것은 '역사의 태엽 가설'이다. "역사의 차이는 다른 결과를 낼 수 있다." 이 가설은 역사의 모든 차이가 늘 다른 결과를 낸다고는 주장하지 않는다. 컴퓨터 안팎의 모든 물성이 똑같은 두 컴퓨터는 제조공정이 다르더라도 똑같은 결과를 내며 똑같이 작동한다. 하지만 아이의 신경 상태가 태아 때 a에서 출발해 b와 c를 거쳐 m에 이른 경우와 a에서 출발해 e와 f를 거쳐 m에 이른 경우에 비록 아이의 두 신경 상태가 같더라도 그 아이는 이후에 다르게 움직일 수 있다. 이것이 방금 가정한 '역사의 태엽 가설'이 말하는 바다.

"나는 할 수 있다"는 믿음을 그럴듯한 믿음으로 만들려고 나는 '심성의 역사 논제'와 '역사의 태엽 가설'을 받아들인다. 이것들을 받아들이는 일은 현대 심리철학과 언어철학의 몇몇 통찰과 잘 어울린다. 수반 없는 실현: 심성은 물성을 바탕으로 실현되지만 심성은 현재의 물성에 수반되지 않는다. 역사 외부주의: 의미, 내용, 심성은 외부 세계와 넓고 긴 인과 접촉 역사를 거쳐 구성된다. 무법칙성: 마음은 힘을 갖지만 마음의 변화는 엄밀 법칙화할 수 없다. 물리 사건들만의 인과 관계는 엄밀 법칙의 한 사례겠지만 마음 사건이 개입된 인과 관계는 그렇지 않다. 이들 수반 없는 실현, 역사 외부주의, 무법칙성으로부터 다음을 추정한다. 이 세계를 물리 알갱이들로 완전히 해체한 뒤 다시 일순간 모든 물성에서 완전히 똑같은 새 세계를 재구축하더라도 그 안에 마음은 출현하지 못할 수 있다. 또한 물성의 완전한 복제만으로는 사람의 행위를 그대로 시뮬레이션할 수 없다.

0905.   사람은 새 역사를 연다

사람은 다루기 까다로운 존재다. 한 사람의 테두리는 그 몸의 테두리와 같지 않다. 만일 한 사람의 테두리가 그 몸의 테두리와 같다면 그의 마음은 그 테두리 안에 머물러야 한다. 아우구스티누스와 데카르트가 잘 말했듯 마음의 테두리는 공간 경계가 아니다. 사람의 마음이 몸 안 어딘가에 웅크리고 있다는 생각은 철학에서도 과학에서도 게으른 생각이다. 이 게으른 생각을 바탕으로 마음이 있다고 말하거나 없다고 말하는 모든 이야기는 막다른 골목에 다다른다. 몸의 자람을 마음의 자람으로 여기지 않아야 하듯 몸의 자람을 사람의 자람으로 여기지 않아야 한다. '심성의 역사 논제'와 '역사의 태엽 가설'에 따르면 마음은 특수한 유형의 물성 꾸러미라기보다 특수한 유형의 역사다. 마음은 물성의 복제로 일거에 주입되지 않는데 굳이 말하자면 마음은 역사를 거쳐 차츰 생긴다.

태어나자마자 밀림에 버려져 사람들과 접촉 없이 여우에게 길러진 한 아이를 생각하겠다. 그가 다 자란 뒤 한 동물학자에게 우연히 발견되어 동물행동연구소로 이송되었다. 연구원들은 그를 "채민"이라 부르는데, 만일 채민이 어느 날 갑자기 보통 사람이 그 시간 그 장소에서 가질 법한 신체 상태를 지닌다면 채민은 그 시간 이후부터 생각하고 말하며 행위할 수 있는가? 과거를 되돌아보면 채민은 뜻을 표현하는 반응을 드러낼 만한 상호작용 역사를 겪은 적이 없다. '심성의 역사 논제'와 '역사의 태엽 가설'을 가정한다면 채민은 보통 사람과 달리 뜻을 갖지 못하며 자유롭게 행위하지 못할 테다. 마찬가지로 사람의 신경망을 그대로 복제한 안드로이드나 로봇이 곧바로 마음을 지니리라 예단해서는 안 된다.

마음은 코스모스 안에서 기술될 수 없기에 사람의 역사를 오직 코스모스의 역사 안에서 이해해서는 안 된다. 코스모스 안 대부분 사물은 역사 과정을 거치지만 단순한 역사만으로는 마음이 출현하지 않는다. 당연히 한 사물에게 심성이 출현하려면 그 사물은 자신의 역사를 기억해야 한다. 하지만 실제 역사를 거치고 그 역사를 기억하는 일만으로는 마음이 출현하는 데 충분하지 않다. 한 사물이 겪은 역사가 그 사물의 심성을 구성하려면 그 사물은 자신의 역사를 나, 너, 바깥 사이 삼각작용의 역사로 해석해야 한다. 마음을 생성하는 역사는 자신의 역사를 나, 너, 바깥 사이 삼각작용의 역사로 해석하게 하는 역사다. 이 역사는 사랑의 역사, 뜻의 역사, 코뮌의 역사다. 일단 첫 마음이 생기면 그다음에는 자기 역사를 재해석함으로써 새 마음을 얻고 새 역사를 연다. 이것이 바로 사람의 역사다.

제Ⅲ부 마음

글쓴이소개

글쓴이 김명석은

물리학과 수학과 철학을 공부했습니다. 철학박사를 받은 다음 경북대 기초과학연구소 연구초빙교수, 대통령 직속 중앙인사위원회 PSAT 전문관, 국민대학교 교수로 연구하고 일하고 가르쳤습니다. 현재 학아재 학장이며 이화여자대학교 연구교수입니다. 「심적 차이는 역사적 차이」, 「인식론에서 타자의 중요성」, 「존재에서 사유까지: 타자, 광장, 신체, 역사」, "Ontological Interpretation with Contextualism of Accidentals", 「자연의 원리: 측정과 자연 현상」, 「나, 지금, 여기의 믿음직함」을 비롯해 50여 편의 학술 논문을 썼습니다. 쓴 책으로는 『두뇌보완계획 100』, 『두뇌보완계획 200』, 『과학 방법』, 『엔트로피』, 『확률: 믿음과 우연』, 『정보: 코드와 비트』, 『플라톤의 소피스트』, 『스피노자의 에티카: 세계』, 『예수 텍스트』가 있습니다. 후기분석 철학의 인식론과 언어철학, 언어와 사고의 기원, 의미의 형이상학, 뜻 믿음 바람 행위의 종합이론, 학문의 우리말 토착화, 양자역학의 존재론 해석, 측정과 물리 현상, 해석과 마음 현상, 믿음의 철학을 주로 공부합니다.

myeongseok@gmail.com

마음의 탄생: 말, 앎, 마음

초판 1쇄 발행일 2025년 10월 17일

지은이 김명석

발행인 김민수
발행처 도서출판 겹
출판등록 제395-2025-000102호(2025년 5월 1일)
주소 (10583) 경기도 고양시 덕양구 지정로 60, 103-1303
전화 02-2275-8300
전자우편 layerbooks@naver.com

기획·편집 도서출판 겹
디자인 (주)디자인콘 designcone.co.kr
조판 (주)진프로세스 02-2277-3511
표지인쇄 (주)나인애드 02-2272-4157
표지코팅 (주)유림문화씨엔피 02-2268-5570
표지박 광진금박 02-2278-2434
내지인쇄·제본 경성문화사 02-713-3284
보관·물류 고려출판물류 031-946-9898

ISBN 979-11-992643-0-4 03100